Business Development

Andreas Kohne

Business Development

Prozesse, Methoden und Werkzeuge

3. Auflage

 Springer Vieweg

Andreas Kohne
Hessisch Oldendorf, Deutschland

ISBN 978-3-658-37913-1   ISBN 978-3-658-37914-8   (eBook)
https://doi.org/10.1007/978-3-658-37914-8

Die Deutsche Nationalbibliothek verzeichnet diese Publikation in der Deutschen Nationalbibliografie; detaillierte bibliografische Daten sind im Internet über http://dnb.d-nb.de abrufbar.

Planung/Lektorat: Petra Steinmueller
Springer Vieweg ist ein Imprint der eingetragenen Gesellschaft Springer Fachmedien Wiesbaden GmbH und ist ein Teil von Springer Nature.
Die Anschrift der Gesellschaft ist: Abraham-Lincoln-Str. 46, 65189 Wiesbaden, Germany

Ich widme dieses Buch meiner Frau Linda.

Vorwort zur dritten Auflage

Was haben Mäuse und Menschen, die in einem Labyrinth nach Käse suchen, mit Business Development zu tun? Spencer Johnsen nutzt in seinem erfolgreichen Buch „Die Mäusestrategie für Manager" genau diese Metapher, um zur permanenten Veränderung anzuregen; der Hauptaufgabe von Business Development (vgl. [1]).

Die Geschichte handelt von zwei Mäusen und zwei Menschen. Sie leben gemeinsam in einem Labyrinth. Dort finden sie eines Tages einen Raum, der mit leckerem Käse gefüllt ist. Sowohl die Mäuse als auch die Menschen essen täglich von dem Käse und lassen ihn sich gut schmecken. Während die Menschen es zur Routine werden lassen, genau in diesem einen Raum Käse zu essen, bemerken die Mäuse hingegen schnell, dass der Käse immer weniger wird, und begeben sich rechtzeitig im Labyrinth auf die Suche nach neuen Futterquellen. Nach einiger Zeit finden sie eine weitere Kammer, die mit noch schmackhafterem Käse gefüllt ist. Die Menschen jedoch verbleiben in der ersten Kammer und müssen eines Tages feststellen, dass der gesamte Käse aufgegessen ist. Sie ärgern sich maßlos, da sie ihr Leben darauf ausgelegt hatten, in diesem Raum Käse vorzufinden. Einer der beiden Menschen erkennt nach einer Zeit des Grübelns und Haderns, dass sich ihre Situation grundlegend geändert hat und sie sich anpassen müssen, da sie sonst verhungern. Er überwindet seine Angst und beginnt im Labyrinth ebenfalls nach neuen Nahrungsquellen zu suchen. Die ersten Versuche bleiben ergebnislos. Doch nach einiger Zeit findet auch er die Kammer mit dem neuen Käse.

Die Geschichte zeigt sehr anschaulich, dass sich niemand darauf verlassen kann, dass morgen noch die gleichen Gegebenheiten vorherrschen wie heute. Nur wer sich umsieht, Chancen wahrnimmt und nicht stehen bleibt, wird etwas Neues und Lukratives finden.

LEGO würde heute noch Holzspielzeug verkaufen, Nintendo Kartenspiele herstellen und Amazon wäre ein Online-Buchhändler unter vielen. Unternehmen müssen akzeptieren, dass die fortschreitende Digitalisierung und Globalisierung, disruptive Innovationen sowie weltweite Krisen oder Kriege Kundenbedürfnisse, Lieferketten und ganze Märkte über Nacht verändern können. Wer sich darauf einstellt, sowie zeitnah und flexibel reagiert, der wird auch zukünftig erfolgreich am Markt agieren können.

Business Development bietet genau für diese Herausforderung eine Lösung. Mit den richtigen Prozessen, Methoden und Werkzeugen, die in diesem Buch beschrieben werden, sorgt Business Development dafür, dass ein Unternehmen mit seinen Produkten und Dienstleistungen mit dem Markt und den Bedürfnissen der Kunden wächst.

In der dritten überarbeiteten und erweiterten Auflage dieses Buches werden die für das Business Development wichtigen Key Performance Indicators (KPIs) beschrieben. Es wird erläutert, warum eine Krise auch eine Chance sein kann, und es werden aktuelle, digitale Geschäftsmodelle vorgestellt, die für jedes Unternehmen relevant sind. Mit dem Gartner Hype Cycle, McKinseys „Three Horizons Model" und der Innovationslandkarte der Firma board of innovation werden weitere Werkzeuge für das Business Development aufgezeigt. Durch ein ausführliches Interview mit Björn Radde (Vice President Digital Experience bei T-Systems) wurde das Buch ergänzt und mit Zitaten aus Wissenschaft und Wirtschaft abgerundet.

Während der Mensch in der Geschichte neuen Käse sucht, fasst er seine Erfahrungen und Erkenntnisse, die er bei der Suche gewonnen hat, zusammen und schreibt sie als Erinnerung für sich selbst und für seinen Freund an die Wände des Labyrinths. An eine Wand schreibt er: „Was würdest du tun, wenn du keine Angst hättest?" In diesem Sinne wünsche ich Ihnen jederzeit den Mut, die gewohnte „Umgebung" zu verlassen und sich auf die erfolgreiche Suche nach Neuem zu begeben.

Hessisch Oldendorf   Dr. Andreas Kohne
Mai 2022

Literatur

1. Spencer Johnson. *Die Mäuse-Strategie für Manager: Veränderungen erfolgreich begegnen.* Ariston, 2015.

Inhaltsverzeichnis

Über den Autor

Dr. Andreas Kohne. (Foto mit freundlicher Genehmigung der Materna Information & Communications SE)

Andreas Kohne Als Experte für Innovation, Transformation und Kommunikation veröffentlicht Andreas Kohne relevantes Fachwissen auf prägnante und verständliche Art und Weise. Seine Publikationen gehören international zur Standardlektüre in Wirtschaft und Wissenschaft und erscheinen in deutscher und englischer Sprache.

Der Autor arbeitet als Business Development Manager in der IT-Branche und begleitet Firmen und Behörden auf ihrem Weg durch die Digitalisierung.

Als gefragter Speaker, Trainer und Berater vermittelt Andreas Kohne praxisrelevantes Fachwissen. Mit einer gelungenen Mischung aus Expertise, Interaktion und Motivation ist er als Tech-Translator international unterwegs. Dabei gelingt es ihm, komplexe digitale Strukturen und Prozesse allgemeinverständlich zu veranschaulichen.

Andreas Kohne studierte an der TU Dortmund Informatik sowie Betriebswirtschaftslehre und promovierte dort berufsbegleitend in Informatik.

Er lebt mit seiner Frau in der Nähe von Hannover.

info@andreaskohne.de
https://www.andreaskohne.de

Abbildungsverzeichnis

Einleitung

Zusammenfassung

Die Geschäftswelt ändert sich immer schneller. Die Digitalisierung, Globalisierung und Technologisierung der Märkte schreitet immer rascher voran. Unternehmen, die bei dieser hohen Geschwindigkeit weiter erfolgreich auf dem Markt bestehen wollen, müssen sich permanent an die sich ändernden Gegebenheiten und Kundenbedürfnisse anpassen. Genau hierbei unterstützt das Business Development. Es optimiert einzelne Unternehmensbereiche, Produkte oder Dienstleistungen und richtet sie permanent an den Marktbedürfnissen aus. Um bei diesen Veränderungen im Unternehmen auch die Mitarbeiter einzubinden, ist ein erfolgreiches Change Management erforderlich, welches hilft, die nötigen Veränderungen zu kommunizieren und zu verankern. Gleichzeitig müssen die Stakeholder der jeweiligen Produkte und Bereiche zu jeder Zeit informiert und in wichtige Entscheidungen mit einbezogen werden. Um dies alles zu gewährleisten, muss eine Unternehmenskultur geschaffen werden, für die Veränderung und Optimierung die Normalität ist.

Wir leben in einer Zeit von ständiger und immer schneller werdender Veränderung. Die alles umfassende Digitalisierung greift immer schneller um sich und beeinflusst alle Lebensbereiche. Dies betrifft das Privat- wie auch das Geschäftsleben. Das Internet hat die Kommunikation und den weltweiten Handel in weniger als einem Jahrzehnt komplett verändert und es ist kein Ende in Sicht. Cloud Computing und mobile Endgeräte wie Tablets und Smartphones sind aus dem Alltag nicht mehr wegzudenken und verändern die Art und Weise, wie Menschen untereinander und wie Unternehmen mit ihren Kunden kommunizieren. Ganze Wertschöpfungsketten haben sich in das Internet verlagert und es entstehen täglich neue Geschäftsmodelle.

Diese rasante Entwicklung bringt auch Veränderungen in der Erwartungshaltung von Kunden und Mitarbeitern in Bezug auf Produkte, Dienstleistungen und die Art, wie im

© Springer Fachmedien Wiesbaden GmbH, ein Teil von Springer Nature 2022　　　1
A. Kohne, *Business Development*,
https://doi.org/10.1007/978-3-658-37914-8_1

Unternehmen gearbeitet und kommuniziert wird, mit sich. Beispielsweise wird die Erwartungshaltung der Mitarbeiter an ihr Unternehmen, dort mit der gleichen Selbstverständlichkeit wie im privaten Bereich mit mobilen Endgeräten produktiv arbeiten zu können und soziale Kommunikationsmedien einzusetzen, mit dem Begriff Consumerization zusammengefasst. Umsetzungen in der Geschäftswelt können im Trend des BYOD (Bring your own Device) gesehen werden. BYOD erlaubt es, private Smartphones und Tablets als normales Arbeitsgerät einzusetzen und firmeninterne Dienste wie E-Mail, Kalender und Datendienste zu nutzen (vgl. [1]). Dabei handelt es sich aber nur um eine interne Änderung.

Wie bereits erwähnt, steigt die Erwartungshaltung der Kunden ebenfalls mit der fortschreitenden Digitalisierung. Produkte und Dienstleistungen müssen deshalb mehr denn je permanent überdacht und angepasst werden; neue Produkte müssen schneller und preiswerter am Markt positioniert werden. Dafür müssen die althergebrachten Entwicklungsmethoden über Bord geworfen und durch zeitgemäße, agile Methoden ersetzt werden. Findet ein solcher permanenter Veränderungsprozess nicht statt, kann es sein, dass traditionelle Unternehmen und deren Geschäftsmodelle über Nacht links und rechts überholt und weit hinter neuen Marktbegleitern gelassen werden. Heutzutage ist es keine große Hürde mehr, ein eigenes, Internet-basiertes Unternehmen auf die Beine zu stellen, das potentiell über Nacht Millionen von Nutzern weltweit zu seinen Kunden zählt. Diese neue Situation in der Geschäftswelt stellt viele Unternehmen mit traditionellen Geschäftsmodellen vor große Herausforderungen. Die Geschäftszyklen haben sich rapide verändert und verkürzt. Es ist heute keine Seltenheit mehr, dass ein Internet-Start-up innerhalb von sechs Monaten von völliger Unbekanntheit zum weltweiten Giganten mit riesigen Nutzerzahlen wird, nur um dann von einem noch größeren Unternehmen oder Investor geschluckt zu werden und wieder komplett zu verschwinden. Diese Ereignisse werden als disruptive Veränderungen bezeichnet (vgl. [2]). In dieser kurzen Zeit können solche Unternehmen einen massiven Schaden in den klassischen Märkten anrichten und möglicherweise sogar Unternehmen in den Ruin treiben. Denken Sie zum Beispiel an die Einführung des mp3-Standards für die Musikwiedergabe. Fast über Nacht wurde eine ganze Industrie dem Erdboden gleichgemacht und sie versucht in Teilen immer noch, sich zu erholen. Musikabspielgeräte wie Kassetten- und CD-Spieler waren auf einmal nicht mehr nötig und trotzdem konnte die komplette Musiksammlung jederzeit mit sich herumgetragen werden. Aber nicht nur die Hersteller der Abspielgeräte hatten ein massives Problem, auch die Hersteller der Tonträger verzeichneten massive Umsatzeinbußen. Inzwischen werden Musik-Download-Portale ganz selbstverständlich eingesetzt und es haben sich Dienste gegründet, die gegen eine feste Gebühr Zugriff auf riesige Musikmengen on demand anbieten. Der gleiche Trend zeichnet sich seit ein paar Jahren auch in der Filmindustrie ab. Hier treibt der immer weiter fortschreitende Internet-Breitbandausbau die Nutzerzahlen der Streaming-Dienste stetig weiter in die Höhe. Dieser Trend wird in der nächsten Zeit die Art und Weise, wie Fernsehen und Filme konsumiert werden, ebenfalls komplett wandeln.

Genauso wie die Digitalisierung schreitet die Globalisierung und Internationalisierung der Märkte immer schneller voran. Die weltweiten Logistiknetze werden feinmaschiger und die Geschwindigkeit des internationalen Güterverkehrs nimmt weiter zu. Ebenso schreitet der forschungsbedingte Fortschritt in allen Bereichen von der Entwicklung neuer Produkte bis hin zu ihrer Fertigung weiter voran.

Diese Beispiele sind nur zwei unter vielen. Die Digitalisierung und Internationalisierung der Märkte kann ganze Branchen von einem Tag auf den anderen auslöschen oder grundlegend verändern. Verlierer sind oft die alteingesessenen Unternehmen, die sich auf den Erfolgen der Vergangenheit ausruhen und nicht damit rechnen, dass ein kleines Start-up ihnen innerhalb kürzester Zeit ihre komplette Kundschaft abziehen könnte. Die Gewinner dieser neuen Zeit sind diejenigen Unternehmen, die es schaffen, solche Veränderungen zu erkennen und sehr schnell darauf reagieren und sich im Zweifel spontan neu erfinden können.

Vor allem Unternehmer, die in der Vergangenheit sehr erfolgreich waren, denken, dass eine (radikale) Veränderung ihres Wertangebots nicht in Frage kommt und oft kann man den Satz „Das haben wir schon immer so gemacht ..." hören. Dies ist ein Totschlagargument gegen Veränderung, die aber dringend nötig ist. Dass eine einst gute Idee, die sich erfolgreich verkaufen ließ, mittel- bis langfristig nichts mehr wert ist, belegt auch eine Studie des DIM (Deutsches Institut für Marketing, vgl. [3]). Sie besagt, dass 80 % aller Unternehmen in den ersten fünf Jahren scheitern. In den ersten zehn Jahren sind es sogar 24 von 25 Unternehmen. Der Grund ist einfach: Es konnten mittelfristig nicht mehr genug Neukunden gewonnen werden und Bestandskunden konnten nicht mehr mit aktualisierten Angeboten an das Unternehmen gebunden werden.

Deswegen ist in jedem Unternehmen, egal, ob Dienstleistungs- oder Produktunternehmen, eine ständige Innovation, Veränderung und Anpassung an die neuen Marktgegebenheiten und Kundenanforderungen gefragt. Damit diese Veränderung auch gelingt und von Dauer ist, muss sie geordnet und planbar vonstattengehen. Genau hier liegt die grundlegende Idee des Business Developments. Das Business Development soll innerhalb eines Unternehmens dafür Sorge tragen, dass die hergestellten Produkte oder die angebotenen Dienstleistungen optimal auf einen gegebenen Zielkundenbereich abgestimmt sind. Weiterhin trägt das Business Development die Verantwortung für die permanente Anpassung der Produktportfolios an die sich ändernden Marktgegebenheiten. Dazu gehört zum Beispiel auch der Aspekt des Partnermanagements. Hierbei werden die Partner eines Unternehmens gezielt ausgewählt und gesteuert, sodass gemeinsam mehr Geschäft entsteht.

Das Business Development kommt klassisch aus den IT-nahen Unternehmen. Dort waren die umwälzenden Veränderungen in den letzten Jahrzehnten am größten. Inzwischen hat sich das Business Development aber in vielen Branchen durchgesetzt, da es zahlreiche Vorteile auch für Unternehmen, die nicht rein von der IT leben, mit sich bringt. Zum Beispiel wird in den Bereichen Biotechnologie, Chemie und Pharmazie massiv auf Business Development gesetzt, da die Internationalisierung und der immer größere Vorfertigungsgrad von günstigen Zulieferungsprodukten ein ganz anderes Geschäft verlangen. Grundsätzlich ist das Business Development aber für alle Unternehmen in allen Bereichen ab einer gewissen Größe unabdingbar. Dabei lässt sich kein fester Wert für die Anzahl der Mitarbeiter angeben. Selbst Unternehmen, die gerade ihre Gründungsphase abgeschlossen haben, müssen sich und ihre Produkte permanent an den Markt anpassen. Ob dafür eine eigene Unternehmenseinheit gegründet oder die Aufgabe zum Beispiel vom Vertriebs- oder Marketingleiter mitübernommen wird, hängt von vielen individuellen Faktoren ab, auf die hier nicht näher eingegangen werden soll.

Dieses Buch stellt Ihnen im weiteren Verlauf das Business Development ausführlich vor, zeigt Ihnen, wie Sie ein Business Development in Ihrem Unternehmen aufbauen und optimal betreiben können und welche Disziplinen berücksichtigt werden müssen. Dazu ist das Buch wie folgt aufgebaut: Zuerst wird in Kap. 1 das Business Development definiert und von anderen Unternehmensbereichen abgegrenzt. Weiterhin werden die wichtigsten Stakeholder und die nötige Unternehmenskultur genau beleuchtet. Danach wird in Kap. 2 das Business Development detailliert vorgestellt. Dabei wird genau zwischen der Rolle des Business-Development-Managers, der Organisationseinheit und dem eigentlichen Prozess unterschieden. Nachfolgend wird das Thema Portfolio in Kap. 3 beleuchtet und beschrieben, welche Auswirkungen Business Development auf die zukunftsweisende Portfolioentwicklung hat. Als Nächstes widmet sich das Buch dem Bereich der Ressourcen in Kap. 4. Hierbei werden das Skill Management, die Verwaltung von internen und externen Ressourcen, das Thema Mergers & Acquisition sowie das Thema Controlling besprochen. Daran schließt sich eine Betrachtung des Zielmarktes in Kap. 5 an. In diesem Abschnitt werden die Themen Marktbeobachtung, Risikoanalyse, Marktsegmentierung und Internationalisierung angesprochen. Anschließend wird das Herzstück des Business Developments, die Marktbearbeitungsstrategie, ausführlich in Kap. 6 vorgestellt. Hierbei geht es unter anderem um die Preisgestaltung, das Vertriebs-, das Partner- und das Marketingkonzept sowie um das Sales Enablement. Im weiteren Verlauf wird das Business Development in einer fiktiven Fallstudie in Kap. 7 in Aktion gezeigt. In Kap. 8 befindet sich ein ausführliches Interview mit Björn Radde (Vice President Digital Experience, T-Systems) über das Thema Business Development. Abschließend zeigt Kap. 9 die sechs Schritte zum erfolgreichen Business Development. Abgerundet wird das Buch in Kap. 10 mit Stimmen aus Wissenschaft und Wirtschaft.

Bitte beachten Sie, dass im Folgenden bei Formulierungen stets die männliche Form gewählt wird. Dies stellt eine einheitliche Lesbarkeit sicher und soll in keinem Fall diskriminierend gemeint sein. Es sind stets alle Geschlechter angesprochen. Bitte beachten Sie weiterhin, dass dieses Buch den Bereich Business Development möglichst ganzheitlich beschreiben möchte. Dazu wird das Konzept des Business Developments so beschrieben, dass es für alle Unternehmensarten einsetzbar ist. Darum wird im Folgenden nicht konsequent zwischen Produkt und Dienstleistung unterschieden.

Doch jetzt wünsche ich Ihnen viel Vergnügen mit diesem Buch und hoffe, dass es Ihnen hilft, einen umfassenden Eindruck des Themas Business Development zu gewinnen. Egal, ob Sie als Manager Business Development in Ihrem Unternehmen einführen oder optimieren wollen oder Sie schon jetzt oder zukünftig in diesem Bereich arbeiten. Ich hoffe, dieses Buch liefert Ihnen Antworten und Anregungen und hilft Ihnen, Ihr Business zukunftssicher und kundenorientiert zu gestalten und zu entwickeln.

1.1   Business Development

Das Business Development ist in den letzten Jahren in vielen Branchen der zentrale Motor für Veränderungen und Anpassungen der getätigten Geschäfte geworden. Dabei ist das Business Development keine klar umrissene Aufgabe oder eine klar definierte Rolle. Es ist vielmehr eine Sammlung von verschiedenen Herangehensweisen, die, richtig eingesetzt, helfen, ein Unternehmen permanent an den Wünschen und Anforderungen der Kunden auszurichten und eine möglichst hohe Marktdurchdringung zu erreichen. Dadurch kommt es oft zu Missverständnissen. Wörtlich aus dem Englischen übersetzt bedeutet Business Development „Geschäftsentwicklung". Dies ist aber irreführend, da Business-Development-Aufgaben sich immer nur einem konkreten Firmenbereich, einem Produkt oder einer Dienstleistung widmen. Geschäftsentwicklung im deutschen Sinne wäre eher das Corporate Development, welches sich der strategischen Unternehmensplanung, der Optimierung und dem Ausbau eines Unternehmens als solchem widmet. Besser lässt sich der Begriff Business Development mit „Geschäftsfeldentwicklung" übersetzen. Hier wird deutlich, dass das Business Development einzelne Bereiche ganz konkret optimiert und ausbaut.

Die Aufgaben des Business Developments lassen sich grob etwa wie folgt zusammenfassen (vgl. [4]). Business Development soll:

1. bestehende, aber unerfüllte Marktbedürfnisse befriedigen,
2. neue Technologie, Produkte oder Dienstleistungen auf den Markt bringen,
3. einen bestehenden Markt mit einem neuem Geschäftsmodell verbessern, aufbrechen oder verändern und
4. einen ganz neuen Markt schaffen.

In der Regel arbeitet das Business Development in den Bereichen 1. bis 3. Oft wird in diesen Bereichen mit dem Marketing, der Produktion und der Entwicklungsabteilung zusammengearbeitet. Der 4. Punkt soll hier nicht unerwähnt bleiben, doch er ist den ganz großen Unternehmen einer jeweiligen Branche vorbehalten, die die Zeit und das nötige Kapital aufbringen können, mit neuen Produkten einen ganz neuen Markt zu schaffen. Apple ist hier sicherlich ein gutes Beispiel.

Beispiel

Vor der Einführung des ersten iPads im Jahr 2010 gab es noch überhaupt keinen Markt für Tablet-Computer und vor der Markteinführung des iPhones im Jahr 2007 gab es faktisch keine Smartphones. Bereits im Jahr 2013 überschritt die Zahl der verkauften mobilen Endgeräte (Smartphones und Tablets) den Verkauf von klassischen PCs und Notebooks. Es ist also möglich, solch einen Erfolg zu haben, aber im Normalfall geht es um Business-Veränderungen in einem kleineren Maßstab. ◄

Viele, vor allem kleinere Firmen, stehen oft vor dem Problem, dass sie nur wenige Umsatzträger (Produkte und/oder Dienstleistungen) im Portfolio haben und diese oft nur bei einer sehr geringen Anzahl an Kunden platzieren können. Dies kann viele Gründe haben. Zum Beispiel wird ein IT-Beratungsunternehmen zuerst Aufträge in der näheren Umgebung akquirieren, da ansonsten weitere Kosten für Fahrten und Spesen anfallen und das Unternehmen über gewisse Ortsgrenzen vielleicht gar nicht bekannt ist. Es kommt sogar häufig vor, dass 80 % des gesamten Umsatzes einer Firma mit nur einem Kunden erzielt wird. Es besteht also eine sehr hohe Abhängigkeit von diesem Kunden. Aber auch, wenn Geschäfte mit weiteren Kunden getätigt werden, ist es nie von Vorteil, wenn ein Kunde übermäßig wichtig für ein Unternehmen ist. Dies ist zum Beispiel ein klassischer Ansatzpunkt für Business Development.

Eine zentrale Aufgabe des Business Developments ist es, neue Kunden für bestehende Produkte zu gewinnen und existierende Kundenbeziehungen auszubauen. Um dies zu erreichen, müssen die angebotenen Produkte optimal an den Marktbedürfnissen ausgerichtet sein und den Kunden (im Optimalfall) in einer für ihn wichtigen Situation unterstützen oder ein zentrales Problem des Kunden lösen. Es ist somit nicht damit getan, einfach durch den Vertrieb mehr Akquise zu tätigen. Es müssen grundlegende Veränderungen und Anpassungen an den Produkten und der Art und Weise, wie sie verkauft werden, vorgenommen werden. Natürlich spielt der vertriebliche Aspekt eine große Rolle im Business Development. Es müssen permanent neue Kunden und möglicherweise neue Märkte erschlossen werden und existierende Kunden müssen an das Unternehmen gebunden und mit weiteren Produkten beliefert werden. Klassisch wird hier von Cross- und Up-Selling gesprochen. Dabei wird beim Up-Selling einem Kunden mehr von einem bestehenden Produkt verkauft und beim Cross-Selling werden weitere Produkte aus dem Portfolio an einen bestehenden Kunden verkauft.

Diese permanente Anpassung und Optimierung des Produktportfolios ist für viele Unternehmen nicht üblich. Sie bewegen sich seit Langem mit einem erfolgreichen Produkt in einem stabilen Markt. Leider verändert sich der Markt in den letzten Jahren immer schneller und es ist auch kein Ende in Sicht. Die Veränderung, getrieben durch die weltweite Digitalisierung, Technisierung und Globalisierung, wird wohl eher noch an Geschwindigkeit zunehmen. Quasi über Nacht können heutzutage ganze Märkte umgeworfen oder sogar ausgelöscht werden. Hierbei wird von sogenannten Big Bang Disruptions gesprochen (vgl. [2]). Disruptive Veränderungen sind dabei grundsätzliche massive Marktveränderungen, die durch neue Technologie oder die gewinnbringende Kombination bestehender Technologien zu einem völlig neuen Produkt getrieben werden. Vor allem die Kombination bestehender Technologien zu neuen Lösungen kostet im Grunde genommen nichts mehr, da mehr oder weniger gefahrlos digitale Produkte (Hard- und Software) zu neuen Paketen geschnürt werden können, ohne große Kosten oder Produktionshallen zu beanspruchen. Sie können mehr oder weniger sicher sein, dass irgendwo auf dieser Welt zu diesem Zeitpunkt in einer Garage gerade jemand an einer Idee arbeitet, die Ihr Geschäft schon morgen gefährden könnte. Genau darum ist das Business Development heutzutage unerlässlich, da sich Unternehmen aus eigener Kraft meist nicht schnell genug anpassen können. Sie benötigen einen Motor, der die permanente Veränderung am Laufen hält und stets neue Ideen entwickelt und diese mit dem Markt abgleicht. Das Business Development ist dafür verantwortlich, gemeinsam mit der Geschäftsleitung neue Visionen zu entwickeln, die das Unternehmen in eine gewinnbringende Zukunft führen. Aber denken Sie an den berühmten Satz von Helmut Schmidt: „Wer Visionen hat, soll zum Arzt gehen." Achten Sie also bei den Visionen darauf, dass sie auf realen Daten und Fakten basieren und nicht am Markt vorbeigeplant sind. Hierfür ist eine große Agilität im Unternehmen notwendig. Genau diese Flexibilität in der Adaption und Entwicklung von neuen Ideen obliegt dem Business Development. Eine zentrale Aufgabe des Business Developments ist es, dafür zu sorgen, dass die Veränderung und Anpassung des Unternehmens zur Normalität wird. Dies wird durch ein begleitetes Innovationsmanagement umgesetzt, welches permanent den Status quo herausfordert und Markt- und Kunden-orientierte Produkte hervorbringt. Dafür wird ein konkreter Prozess benötigt, welcher permanent durchlaufen werden sollte. Genau dieser Prozess wird in Abschn. 2.5 ausführlich beschrieben.

Es gibt bei all der Veränderung auch ein paar Aspekte zu beachten, die ein genaueres Hinsehen erfordern. In einigen Fällen kann es sich nämlich auszahlen, einen langen Atem zu beweisen, anstatt nach kurzer Zeit, in der ein Produkt vielleicht am Markt noch nicht so angenommen wurde, wie es geplant war, wieder aufzugeben und weiterzuziehen. Schnelle Veränderung ist gut, sie sollte aber nicht zu Lasten von einem gesunden und organischen Wachstum von Firmen, Ideen und Produkten gehen. Somit ist eine genaue Beobachtung des gesamten Portfolios und der Marktgegebenheiten ebenfalls eine zentrale Aufgabe des Business Developments. Eine wichtige Aufgabe dabei ist es auch, den Lebenszyklus der einzelnen Portfolioelemente genau zu überwachen und Elemente, die nicht mehr aktuell sind und sich nicht mehr gewinnbringend produzieren oder verkaufen lassen, abzukündigen und aus dem Portfolio zu entfernen. Auf das Portfoliomanagement wird in Kap. 3 im Einzelnen eingegangen.

Jede Veränderung des Portfolios sollte dabei natürlich zielgerichtet sein. Das heißt, dass nur neue Produkte eingeführt werden, wenn auch ein konkreter und bewerteter Markt existiert. Dabei ist es sehr hilfreich, neue Produkte und Dienstleistungen an konkreten Engpässen des Kunden auszurichten. In Abschn. 2.5.1 wird dazu im Einzelnen auf die Engpasskonzentrierte Strategie (EKS) eingegangen. Diese Strategie kann dazu eingesetzt werden, um zum einen Kundenlösungen zu optimieren und optimal zu positionieren und zum anderen, um das Portfolio stets zu kontrollieren und zu konsolidieren (vgl. [5]).

Das Business Development ist für eine permanente Marktbeobachtung zuständig. Aktuelle Strömungen am Markt müssen frühzeitig erfasst und bewertet werden. Dabei muss herausgefunden werden, welche Neuerungen und welche Technologien zum einen zukunftsweisend sind und zum anderen auch zum Unternehmen und seinem Geschäft passen. Somit ist eine solide Marktbeobachtung unerlässlich. Zusätzlich sollten die Business-Development-Manager in einem stetigen Austausch mit den Kunden sein, um zu erfahren, was sie zurzeit beschäftigt, welche Herausforderungen und Probleme sie haben und wo sie gerade Unterstützung benötigen. Auch hierbei ist wieder Vorsicht geboten, denn es reicht nicht immer, nur auf Kundenwünsche zu reagieren. Diese sind im Einzelnen sehr individuell und es sollte aus den Wünschen aller Kunden ein Meinungsbild erstellt werden, welches der Firma helfen kann, sich neu zu positionieren und vorhandene Produkte zu optimieren. Oft reicht dies aber nicht. Kunden erwarten auch, dass Hersteller oder Dienstleister mit neuartigen Ideen aufwarten. Dieses Problem hat schon Henry Ford erkannt und in seinem berühmten Zitat zusammengefasst: „Wenn ich die Menschen gefragt hätte, was sie wollen, hätten sie gesagt schnellere Pferde." Er wollte damit sagen, dass Kunden in ihrem Denken oft durch ihre eigenen Erfahrungen limitiert sind und damit keine Innovationen einfordern. Doch genau darin liegt die Aufgabe des Business Developments: innovative Lösungen zu entwickeln, welche einen konkreten Bedarf im Markt befriedigen.

Neben der Kommunikation mit den Kunden ist die Kommunikation und Steuerung von Partnern und externen Lieferanten und Dienstleistern eine zentrale Funktion des Business Developments. Das Geschäft ist heutzutage kleinteiliger geworden und nur wenige Firmen sind vollkommen unabhängig von Zulieferern. Dies können Rohstofflieferanten, Bauteillieferanten, Logistikpartner, Hard- und Softwarepartner, Vertriebspartner (im In- und Ausland), Freelancer und Near- und Offshoringpartner sein. All diese Partner müssen nach vorgegebenen Kriterien ausgesucht werden, es müssen Partnerverträge geschlossen und überwacht werden, es müssen Preisverhandlungen geführt werden, es müssen gemeinsame Businesspläne erstellt werden und möglicherweise sogar zusammen geworben und akquiriert werden. All dies muss mit einer zentralen Strategie vonstattengehen. Das Business Development ist die ideale Einheit, um diese Aufgaben zu übernehmen, da hier ein strategisches Ökosystem rund um die eigenen Innovationen und bestehenden Produkte errichtet und gepflegt werden kann.

Weiterhin wird hier noch auf einen Bereich eingegangen, der immer wichtiger wird. Durch die permanente Beschleunigung und Internationalisierung der Märkte kommt es in vielen Branchen zurzeit zu großflächigen Konsolidierungen. Viele Firmen schaffen aus sich selbst heraus nicht mehr das gewünschte organische Wachstum. Somit verstärken sie sich mit Zukäufen. Dieser Bereich wird oft mit dem Begriff „Mergers & Acquisitions" (M&A) bezeichnet. Dabei geht es um die intelligente Suche, Bewertung und Auswahl möglicher Zielfirmen, die das Portfolio optimal ergänzen. Genau diese Vorauswahl ist ideal im Business Development platzierbar. Je nachdem wie Ihre Firma aufgestellt ist, kann auch der gesamte M&A-Prozess im Business Development verankert werden. Dieser führt über die konkrete finanzielle Bewertung des Ziels über den eigentlichen Kauf bis hin zur Integration in das bestehende Unternehmen, nachdem der Kauf abgeschlossen ist. In Abschn. 4.5 wird dieser Bereich ausführlich vorgestellt.

Bevor Sie ein Business Development in Ihrem Unternehmen implementieren, sollten Sie noch ein paar Aspekte beachten. Klären Sie zuerst für sich den Zweck Ihrer Firma. Diese grundlegenden Überlegungen helfen nachher im Strategieprozess, sich auf die Kernkompetenzen zu fokussieren und das Unternehmen in eine Richtung zu entwickeln, die auch glaubwürdig ist. Stellen Sie sich dazu folgende Fragen in dieser Reihenfolge: Warum gibt es die Firma? Wie helfen Sie Ihren Kunden? Womit helfen Sie Ihren Kunden? Die wichtigste Frage ist dabei sicherlich die Frage nach dem Grund für die Existenz Ihrer Firma. Ist diese geklärt, ergibt sich der Rest von selbst. Eine starke und glaubwürdige Antwort auf das „Warum" hilft Ihnen in jedem Gespräch mit Ihren Kunden und Partnern, da Ihre Absicht ganz klar ist und sich Ihre Mehrwerte für den Kunden klar darstellen lassen. Der Kunde kann sich somit also leichter mit Ihrer Firma und den Produkten identifizieren (vgl. [6]).

Achten Sie bei der konkreten Umsetzung von Business Development darauf, dass der Grundgedanke, nach dem das Business Development arbeiten sollte, der des Lean Managements ist. Dies bedeutet, dass Sie schlanke Prozesse implementieren, die Ihnen helfen, auch im Unternehmen agil zu sein und sich an Umstrukturierungen anzupassen. Diese Prozesse sollen weiterhin leichtgewichtig sein, damit eine Flexibilität und eine hohe Handlungsgeschwindigkeit gegeben sind. Achten Sie weiterhin darauf, dass im Zentrum aller Überlegungen stets der Markt und Ihre Kunden stehen sollten. Richten Sie sich also nach den Anforderungen des Marktes und achten Sie selbst auf kleinste Veränderungen, um sich schnell anzupassen.

Abschließend stellt sich noch die Frage, wer in einem Unternehmen für das Business Development zuständig ist. Auch hier gibt es wieder keine klare Antwort, da diese Aufgabe von Unternehmen zu Unternehmen anders ausgelegt wird, mit anderen Rechten und Pflichten belegt wird und natürlich auch von der Größe und Struktur eines Unternehmens abhängig ist. In kleineren Unternehmen hat diese Position (bewusst oder unbewusst) oft der Geschäftsführer inne. Bei größeren Unternehmen wird diese Aufgabe auch des Öfteren von dem Vertriebsleiter mitübernommen oder sie ist auch im Marketing zu finden. Je größer ein Unternehmen ist und je vielfältiger die Aufgabenbereiche einer Firma sind, desto wahrscheinlicher ist es, dass es ein eigenes Team oder gar eine eigene Abteilung für das Thema Business Development gibt. Aus welchen Personen solch ein Team dann aufgebaut wird, hängt auch wieder stark von dem gewünschten Ziel ab. Eine genaue Definition der Rolle eines Business-Development-Managers gibt Abschn. 2.2.

Was auch immer auf Ihr Unternehmen zutrifft, beginnen Sie zuerst damit, die Funktion des Business Developments zu definieren. Legen Sie konkrete Ziele fest, die Sie erreichen wollen. Sollen etwa Kosten in einem bestimmten Bereich gesenkt werden? Soll der Umsatz mit einem Produkt gesteigert werden? Wollen Sie Ihre Marktposition absichern oder sogar ausbauen? Soll der EBIT (Earnings Before Taxes And Interest) oder der Gewinn gesteigert werden? Sollen mit bestehenden oder neuen Produkten neue Märkte erschlossen oder bestehende ausgeweitet werden? Wollen Sie Ihren Umsatzartenmix überarbeiten? Soll eine neue Wachstumsstrategie für einen gegebenen Bereich erarbeitet werden? Zweck des Business Developments ist eine professionelle Bewertung des eigenen Geschäfts, um daraus eine klare Strategie für einzelne Bereiche abzuleiten. Entscheiden Sie erst danach, wie eine organisatorische Struktur in Ihrem Unternehmen aussehen könnte. Denken Sie an das Bauhaus-Prinzip: Form follows function. Brauchen Sie ein dediziertes Team oder kann die Aufgabe (noch) in Personalunion (gemeinsam mit dem Geschäftsführer, Vertriebsleiter, Marketingleiter, Abteilungsleiter usw.) geführt werden? Wird gar eine Reorganisation oder

Umstrukturierung in Teilen des Unternehmens notwendig? Soll das Business Development nur für einen dedizierten Bereich aufgebaut werden oder potentiell für alle Firmenbereiche zuständig sein? Erst nachdem Sie diese Fragen ausführlich geklärt haben, können Sie gezielt über den Aufbau eines Business Developments in Ihrem Unternehmen nachdenken. Wie genau eine Business-Development-Organisationseinheit aussehen könnte, wird ausführlich in Abschn. 2.4 beschrieben.

Wie Sie bisher gesehen haben, ist das Business Development eine umfangreiche, verantwortungsvolle und wichtige Aufgabe. Das Business Development sorgt an zentraler Stelle für eine permanente Veränderung Ihres Unternehmens und Ihrer Produkte. Achten Sie deshalb bei der Implementierung oder Umstrukturierung Ihres Business Developments darauf, dass Sie die Person, das Team oder die Abteilung nicht als zahnlosen Tiger aufsetzen. Damit ist gemeint, dass das Business Development weitreichende Vollmachten benötigt, um die vorgestellten Aufgaben umsetzen zu können. Nur so kann sich das Business Development voll entfalten. Andernfalls kann die Abteilung nichts weiter sein als ein Ideengeber, dessen Ideen wohl nie umgesetzt werden. Sollten Sie also eine echte Veränderung wollen, beachten Sie diesen Punkt genau. Achten Sie aber weiterhin darauf, dass das Business Development durch das Management kontrolliert wird und weitreichende Entscheidungen nur gemeinsam mit dem Management getroffen werden können.

1.2   Ziele für Geschäftsveränderung

Um sich den neuen Marktsituationen anzupassen, müssen sich Unternehmen permanent verändern. Diese Aufgabe muss vom Management gewollt und zielgerichtet unterstützt werden. Das Business Development kann hier in vielen Bereichen unterstützen. Laut Narasimhan et al. gibt es fünf strategische Ziele, die eine Veränderung des Geschäfts haben kann (vgl. [7]):

1. *Globale Präsenz:* Hierbei soll das operative Geschäft internationalisiert und die globale Marktabdeckung vergrößert werden. Business Development kann hier mit globaler Marktbeobachtung unterstützen und lohnende Märkte finden. Dabei sollten internationale Trends und soziale Veränderungen miteinbezogen werden.
2. *Kundenorientierung:* Diese Veränderung hat das Ziel, maßgeschneiderte Kundenlösungen zu bieten und aktiv auf die Wünsche der Kunden einzugehen. Durch gezielte Marktforschung und Kundenumfragen kann das Business Development hier Markttrends, Wünsche und Bedürfnisse herausfiltern und gezielt in den Entwicklungsprozess einbringen.
3. *Innovation:* Neue Ideen für Produkte oder Geschäftsmodelle sollen entwickelt werden. Dies kann zum Beispiel gemeinsam mit Partnern (z. B. Forschungsunternehmen) oder aus dem Business Development heraus geschehen.

4. **Wendigkeit:** Hierbei sollen die Geschäftsprozesse angepasst und agiler gemacht werden. Dies bezieht sich vor allem auf die Unternehmensstrategie, Betriebsabläufe und die Unternehmenskultur. Dies sind klassische Aufgaben, die sich auf das Unternehmen als solches beziehen und nicht direkt mit den Produkten, Kunden und Zielmärkten zu tun haben. Somit ist dies eine Aufgabe für das Corporate Development.

5. **Nachhaltigkeit:** Dieses Ziel wird für viele Unternehmen immer wichtiger, da die Endkunden verstärkt darauf achten. Es geht konkret um den Umgang mit Ressourcen, Umweltfreundlichkeit sowie soziale Verantwortung. Auch hier kann das Business Development mit gezielter Marktbeobachtung wichtige Markt- und Umwelttrends ermitteln, Kundenwünsche erfragen und die Ergebnisse in die Produktentwicklung und Produktion einfließen lassen.

Das Erreichen der hier beschriebenen Ziele erfordert in vielen Bereichen eine Veränderung an Prozessen, Regeln, Abläufen und Gewohnheiten. Darum ist ein erfolgreiches Change Management sehr wichtig.

1.3 Change Management

Nachdem bereits die wichtigsten inhaltlichen Aufgaben des Business Developments beschrieben wurden, soll an dieser Stelle auch noch erwähnt werden, dass es ebenfalls eine nicht zu vernachlässigende Aufgabe des Business Developments ist, die Veränderungen im Unternehmen bekannt zu machen und dafür Sorge zu tragen, dass die Änderungen auch wirklich umgesetzt werden. Bei diesen Veränderungen kann es sich zum Beispiel um die Bekanntmachung eines neuen Produkts oder eines neuen Partners handeln, um eine neue vertriebliche Herangehensweise für ein bestehendes Produkt oder um die Erläuterung eines neuen Geschäftsmodells. All dies wird unter dem Oberbegriff „Change Management" zusammengefasst. Dabei handelt es sich um ein gezieltes Vorgehen, bei dem weitreichende Veränderungen in einem Unternehmen kommuniziert und implementiert werden (vgl. [8]). Oft werden diese Change-Prozesse auch durch die interne Marketingabteilung mit entsprechenden Kommunikationsmaßnahmen begleitet.

Für ein erfolgreiches Change Management haben sich einige wichtige Aufgaben herauskristallisiert. Im Folgenden werden die zwölf Erfolgsfaktoren nach Gerkhardt und Frey kurz zusammengefasst (vgl. [9]):

1. **Umfassende Symptombeschreibung & Organisationsanalyse:** Im ersten Prozessschritt müssen die Ursachen ausführlich erörtert und beschrieben werden. Seien Sie hierbei so genau wie möglich und nehmen Sie kein Blatt vor den Mund, auch wenn es sich um die eigene Firma handelt. Klären Sie Fragen wie zum Beispiel: Wo steht das Unternehmen jetzt? Wie ist es strukturiert und aufgebaut? Wie wird der Markt angegangen? Wie

wird auf die Kundenbedürfnisse eingegangen? Warum ist eine Veränderung überhaupt notwendig?

2. ***Visionen und Ziele definieren:*** Definieren Sie danach aus der Ausgangssituation heraus eine Vision, die genau beschreibt, wie Ihr Unternehmen nach der Veränderung aussehen wird. Wie wird Ihr Produkt aussehen? Wie und in welchen Märkten wird es durch wen über welche Kanäle positioniert? Wie sehen die Umsatz- und Gewinnzahlen aus?

3. ***Gemeinsames Problembewusstsein:*** Schaffen Sie im nächsten Schritt ein gemeinsames Problembewusstsein unter allen Beteiligten. Achten Sie dabei darauf, dass alle Stakeholder (vgl. Abschn. 1.4) von Beginn an involviert sind und permanent über den weiteren Ablauf informiert werden.

4. ***Führungskoalition/Befürworter:*** Suchen Sie sich danach in allen Schlüsselpositionen Befürworter der Veränderung und machen Sie sie zu Botschaftern, die mit gutem Beispiel vorangehen und Ihnen helfen, die Veränderung in das Unternehmen zu tragen. Sorgen Sie dafür, dass diese Mitarbeiter als Multiplikatoren in ihren jeweiligen Bereichen dienen und möglichst viele weitere Personen von den Vorteilen der Veränderung überzeugen. Dadurch erlangen Sie schneller eine Akzeptanz bei allen Beteiligten. Beachten Sie, dass vor allem das Management die Veränderung mittragen muss und sich klar hinter Sie stellt. Andernfalls wirkt das Vorhaben unglaubwürdig.

5. ***Kommunikation:*** Denken Sie bitte von Anfang an an eine umfassende Kommunikation. Am besten setzen Sie direkt zu Beginn der Veränderung eine Kommunikationsstrategie gemeinsam mit Ihrem internen Marketing auf. Somit stellen Sie sicher, dass alle Mitarbeiter zu jeder Zeit alle wichtigen Informationen haben. Der Bereich Kommunikation wird nochmals ausführlich in Abschn. 2.5.9 behandelt.

6. ***Zeitmanagement:*** Viele Veränderungen sind unternehmenskritisch oder zumindest sehr wichtig für das Unternehmen. Sorgen Sie also dafür, dass Sie von vorneherein einen möglichst konkreten Zeitplan haben, den Sie permanent mit der Realität abgleichen und eintretende Verzögerungen nachjustieren. Beachten Sie, dass Sie ausreichend Puffer einbauen und kontrollieren Sie permanent den Plan. Kommunizieren Sie Abweichungen und entwickeln Sie Ausweichszenarien. Nur so stellen Sie sicher, dass das Veränderungsprojekt zeitnah beendet wird.

7. ***Projektorganisation und Verantwortlichkeiten:*** Kein Projekt sollte ohne eine konkrete Organisation und ohne klare Verantwortlichkeiten gestartet werden. Dies ist zwar offensichtlich, doch oft scheitern Projekte genau an solchen Fehlern. Es muss genau einen Projektleiter geben, der das Projekt führt und verantwortet. Je nach Größe und Umfang des Projekts werden dann weitere Mitarbeiter hinzugezogen und mit definierten Aufgaben und Verantwortlichkeiten versehen. Dabei muss jede Aufgabe mit einem eindeutigen Budget, einem klaren Ziel und einer Deadline versehen werden, zu der das (Teil-)Projekt abgeschlossen werden muss. Für die genaue Organisation und Durchführung von Projekten gibt es verschiedenste Vorgehensmodelle, die dann auch noch von jedem Unternehmen individuell ausgelegt werden. Wichtig ist nur, dass Sie ein konkretes Vorgehen mit eindeutigen Strukturen und einer sauberen Dokumentation haben.

8. ***Hilfe zur Selbsthilfe, Qualifikation und Ressourcen:*** Reden Sie permanent mit allen Stakeholdern. Erklären Sie die Notwendigkeit des Projekts lieber einmal zu viel als einmal zu wenig. Stellen Sie sicher, dass alle Mitarbeiter die benötigten Ressourcen wie Zeit und Budget zur Verfügung haben, sonst entsteht schnell Unmut, der sich im ganzen Projekt fortsetzen kann. Machen Sie Betroffene zu Beteiligten und sorgen Sie dafür, dass alle an einem Strang ziehen.

9. ***Schnelle Erfolge (Quick Wins):*** Während eines Veränderungsprojekts ist es sehr wichtig, schnell erste Ergebnisse zu präsentieren und Zwischenziele zu erreichen. Diese werden als Quick Wins bezeichnet. Ein schneller Quick Win zu Beginn eines Projekts setzt ein positives Zeichen und hilft den Mitarbeitern, schneller die Vorteile des Projekts zu erkennen. Wenn Sie eine große Veränderung über einen langen Zeitraum im stillen Kämmerlein planen und nur Gerüchte über mögliche Auswirkungen per Flurfunk verteilt werden, kann das das Projekt schnell in Gefahr bringen. Suchen Sie also direkt zu Beginn ein positives Zwischenziel, das Sie relativ schnell erreichen können, und kommunizieren Sie dies über geeignete Medien innerhalb des Unternehmens.

10. ***Flexibilität im Prozess:*** Beachten Sie bei all der Planung, dass Sie flexibel innerhalb des Prozesses sind. Arbeiten Sie nicht starr das Projekt nach Plan ab, sondern passen Sie sich und das Projekt je nach Situation an die Gegebenheiten an. So wird garantiert, dass sich in der Zwischenzeit ergebene (äußere) Veränderungen miteinbezogen werden und Ihr Projekt am Ende erfolgreich ist und sich noch an der Realität orientiert.

11. ***Monitoring/Coaching im Prozess:*** Überwachen Sie den Prozess permanent und bieten Sie Hilfe und Unterstützung an. So wird sichergestellt, dass die Ziele eingehalten werden und die Veränderung bei allen ankommt. Involvieren Sie möglicherweise einen Coach, der Ihnen dabei hilft, die Veränderung an die Belegschaft zu kommunizieren.

12. ***Verankerung der Veränderung:*** Sorgen Sie abschließend dafür, dass die Veränderung permanent verankert wird, sowohl in den Köpfen Ihrer Mitarbeiter als auch in der DNS Ihres Unternehmens. Berichten Sie dazu nach Abschluss des Projekts und auch darüber hinaus die Ergebnisse und zeigen Sie weiterhin die Vorteile auf. Sorgen Sie ebenfalls dafür, dass das Management die Veränderung über das Projekt hinaus auch nach außen hin lebt; so zeigen Sie allen Mitarbeitern die Wichtigkeit und Nachhaltigkeit der Veränderung.

1.4 Stakeholder

Business Development steht nicht für sich allein. Vielmehr ist das Business Development eine zentrale Aufgabe mit Schnittstellen in die verschiedensten Firmenbereiche. Somit arbeiten die Business-Development-Manager auch mit vielen verschiedenen Personen aus den unterschiedlichsten Abteilungen zusammen. Unterschiedliche Personen haben ein vielseitiges Interesse an der Weiterentwicklung des Portfolios. Alle Personen und Personengruppen, die direkt oder indirekt vom Business Development betroffen sind, werden als Stakeholder bezeichnet. Im Folgenden werden einige wichtige Stakeholder vorgestellt. Die Liste ist natürlich nicht vollständig und kann von Unternehmen zu Unternehmen variieren.

- *Management:* Das Management hat ein großes Interesse daran, dass das Unternehmen stets neue und marktrelevante Produkte und Dienstleistungen entwickelt und vertreibt. Meist ist das Business Development durch das Management initiiert worden und berichtet direkt an das Management. Außerdem ist es das Management, das einer neuen Produktidee final zustimmen muss, bevor es in die Produktion und in den Vertriebsprozess übergeben werden kann.
- *Vertriebsleitung:* Da der Vertrieb später dafür verantwortlich ist, die neuen Produkte zu verkaufen, sollte zu einem frühen Zeitpunkt die Vertriebsleitung in die Entwicklung und Verprobung neuer Produkte miteinbezogen werden. Der Vertrieb stellt die Verbindung zum Kunden dar und kann somit auch Feedback des Marktes mit in den Business-Development-Prozess einbringen. Weiterhin kann der Vertrieb bei der Festlegung der Preis- und sonstiger Vertriebsstrukturen unterstützen.
- *Marketingleitung:* Neue Produkte müssen beworben und im Zielmarkt bekannt gemacht werden. Dazu wird heute mit den Mitteln des Marketings eine Kommunikationsstrategie entwickelt und implementiert. Um frühzeitig entsprechende Kampagnen zu planen, sollte das Marketing mit in den Business-Development-Prozess integriert werden.
- *Fachabteilungen:* Neue Produkte und Dienstleistungen sowie Verbesserungen bestehender Angebote werden für spezielle Fachabteilungen entworfen. Sie stellen später sicher, dass das Produkt hergestellt werden kann oder das entsprechende Personal für die Dienstleistungen vorhanden ist. Somit sollten die jeweils fachverantwortlichen Personen in das Business Development miteinbezogen werden. Sie können dabei helfen, das zukünftige Produkt nicht an der Unternehmensrealität vorbeizuentwickeln.
- *Controlling:* Ein weiterer wichtiger Stakeholder ist das Controlling. Das Controlling sollte ebenfalls frühzeitig in den Prozess miteingebunden werden, um festzulegen, welche Metriken später in der Verkaufsphase in welcher Weise gemessen werden müssen und welche Auswirkungen dies auf die Geschäftszahlen hat. Um zu überprüfen, ob das neue Produkt gut am Markt ankommt, müssen entsprechende Umsatz- und Erlöserhebungen eingerichtet werden. Es kann auch sein, dass das neu entwickelte Produkt oder die Dienstleistung ein komplett neuartiges Geschäftsmodell besitzt und mit den bisherigen Controlling-Mechanismen nicht kontrollierbar ist. Hier kann das Controlling schon frühzeitig eingreifen und beraten.
- *Kunden:* Ein wichtiger, wenn nicht der wichtigste Stakeholder, wird gerne vergessen. Der Kunde sollte mit seinen Wünschen und Erwartungen stets im Zentrum aller Überlegungen stehen. Denn was hilft das tollste und schönste Produkt, wenn niemand es kaufen möchte? Es hat sich herausgestellt, dass es sinnvoll ist, zu Beginn des Business-Development-Prozesses eine genaue Markt- und Kundenanalyse durchzuführen und zu einem späteren Zeitpunkt bereits Prototypen mit realen Kunden zu besprechen. So wird sichergestellt, dass das Produkt nicht am Markt vorbeientwickelt wird.

Nachdem hier die wichtigsten Stakeholder für den Business-Development-Prozess aufge-
führt wurden, wird im nächsten Kapitel das „VUCA-Konzept" vorgestellt.

1.5   VUCA

Die Welt wird immer komplexer und vernetzter. Auswirkungen von strategischen Entscheidungen sind immer schwieriger vorherzusagen und langfristige Planungen sind in vielen
Bereichen unmöglich geworden. Dieses Phänomen wird oft mit „VUCA" bezeichnet. Bei
dem Begriff handelt es sich um eine Abkürzung, die zunächst vom amerikanischen Militär
zur Beschreibung der unübersichtlichen Situation nach dem Zusammenbruch der UdSSR
geprägt wurde. Später wurde dieser in der Wirtschaft übernommen und bezieht sich oft auf
den Bereich der Digitalisierung. Im Einzelnen bedeutet VUCA:

- *V – Volatility (englisch für: Flüchtigkeit):* Alles um uns herum verliert an Beständigkeit.
  Alte Gesetzmäßigkeiten gelten nicht mehr. Ereignisse liefern zufällige Ergebnisse und
  Schlüsse von Ursache auf Wirkung werden in Teilen unmöglich.
- *U – Uncertanty (englisch für: Unsicherheit):* Pläne verlieren an Gültigkeit. Lange Vor-
  hersagen, Berechnungen und Prognosen werden von der Realität überholt. Die Fortent-
  wicklung von Märkten kann nicht mehr klar vorhergesagt werden.
- *C – Complexity (englisch für: Komplexität):* Alles ist miteinander verwoben. Änderungen an einem Teil können zu nicht mehr vorhersagbaren Ergebnissen an anderen Teilen
  führen. Es wird unmöglich, große Systeme zu verstehen und zu beherrschen.
- *A – Ambiguity (englisch für: Mehrdeutigkeit):* Nichts ist mehr eindeutig. Entscheidungen sind nicht mehr richtig oder falsch. Vielmehr gilt: „Es kommt darauf an." Anforderungen an Unternehmen können paradox oder widersprüchlich sein.

Das Management einer Firma und auch das Business Development müssen sich dieser
vorherrschenden Komplexität bewusst sein und den Spagat zwischen der Optimierung des
bestehenden Portfolios und der Innovation in einem unsicheren Umfeld meistern. Dabei wird
das Wissen aus Erfahrung immer unwichtiger, da es häufiger neue, noch nie dagewesene
Situationen zu bewältigen gilt, die eine vollkommen neue Bewertung benötigen. Teilweise
gibt es radikale Veränderungen in den Märkten, altbekannte Branchengesetze werden obso-
let und Kunden von heute sind nicht mehr zwangsläufig Kunden von morgen. Es zeigt sich
immer häufiger, dass lineares Denken, Planen und Handeln nicht mehr zielführend sind.
Es muss kurzfristiger geplant und häufiger kontrolliert und korrigiert werden. Im Grunde
genommen sind die meisten langfristigen Pläne und Strategien das Papier nicht mehr wert,
auf dem sie gedruckt werden. Frei nach dem Motto: „Planen ist alles, der Plan ist nichts"
sollten die Ziele klar im Blick sein und bei der Erreichung der Ziele permanent nachjustiert
werden, um auf dem richtigen Weg zu bleiben.

So lautet die Antwort auf die Herausforderungen der VUCA-Welt wieder VUCA:

- *V – Vision (englisch für: Vision/Ziel):* Ein Unternehmen muss ein klares Ziel mit einem starken „Warum" haben. Hierdurch wird ein Sinn vermittelt, der heute mehr im Fokus steht als das reine Produkt oder eine Marke. Wenn das Ziel feststeht, kann der Weg permanent nachjustiert werden. Ohne eindeutiges Ziel sieht jeder Weg gleich gut oder schlecht aus.
- *U – Understanding (englisch für: Verständnis):* Auch wenn dies nur noch in kleinen Bereichen vollständig möglich ist: Es sollte versucht werden, ein klares Verständnis für das Unternehmen und den Zielmarkt mit seinen Anforderungen zu gewinnen. Es gilt zu beachten, dass Wissen von gestern heute schon überholt sein kann. Es sollte regelmäßig überprüft werden, ob Annahmen noch der Wahrheit entsprechen.
- *C – Clarity (englisch für: Klarheit):* Im Unternehmen sollte Klarheit herrschen. Und zwar nach innen sowie nach außen. Es sollten eine klare Strategie und Ziele festgelegt werden, die dann nach innen kommuniziert werden. Zusätzlich sollten klare Botschaften für die Kunden entwickelt und in den Zielmärkten platziert werden. So wird Missverständnissen vorgebeugt und Halt in unsicheren Zeiten gegeben.
- *A – Agility (englisch für: Agilität):* Starre und unflexible Systeme sind für die VUCA-Welt nicht mehr geeignet. Von der Führung, über die Prozesse bis hin in die Projekte: Ein Unternehmen sollte agil aufgebaut und geführt werden, sodass es sich flexibel und zeitnah an neue Gegebenheiten anpassen kann. So navigiert das Unternehmen in unsicheren Zeiten in Richtung der gemeinsamen Vision.

1.6 Ambidextrie

Ambidextrie bezeichnet im ursprünglichen Wortsinn die Beidhändigkeit. Darunter wird die Fähigkeit eines Unternehmens verstanden, gleichzeitig das bestehende Geschäft zu optimieren und dabei zukünftiges Geschäft aufzubauen. Somit muss ein Gleichgewicht zwischen den beiden gegenläufigen Zielen Exploitation (aus dem Englischen: Ausnutzung; Nutzung der bestehenden Möglichkeiten und Optimierung des aktuellen Geschäfts) und Exploration (aus dem Englischen: Eroberung; Erkundung von neuen Geschäftsmodellen und Geschäftsbereichen sowie Aufbau weiterer, innovativer Angebote) gegeben sein (vgl. [10]). Das Unternehmen sollte also gleichzeitig effizient und innovativ sein. Dafür muss das klassische „Entweder-oder" gegen ein „Sowohl-als-auch" eingetauscht werden, um langfristig anpassungsfähig genug für neue Marktsituationen zu sein.

Es gibt drei Ansätze, diese Ambidextrie in einem Unternehmen umzusetzen:

1. *Zeitliche Ambidextrie:* Hierbei wechselt sich eine Phase der Optimierung der aktuellen Produktions- und Vertriebsprozesse sowie des aktuellen Portfolios mit einer Phase der Innovation und Zukunftsgewandtheit ab. Die Länge der einzelnen Phasen muss von

jedem Unternehmen individuell festgelegt werden. Zu kurze Phasen lassen wenig Raum für tiefgreifende Analysen und Veränderungen. Zu lange Phasen verzögern wichtige Maßnahmen aus der anschließenden Phase. In der Realität zeigt sich oft, dass eine saubere Trennung der Phasen fast nicht möglich ist, da es sich um komplexe Prozesse und Projekte handelt, die nur sehr schwierig konkret zu planen sind. Somit überlappen sich die Phasen bei der zeitlichen Ambidextrie oft.

2. **Kontextuelle Ambidextrie:** Hier erhalten die Mitarbeiter die Möglichkeit, während der Arbeitszeit den Kontext zwischen Exploitation und Exploration selbstständig zu wechseln. Das beste Beispiel hierfür ist die 80/20-Regel von Google (Alphabet): Mitarbeiter dürfen ohne inhaltliche Vorgaben des Unternehmens 20 % ihrer produktiven Arbeitszeit mit innovativen Projekten verbringen. Das sorgt dafür, dass die Mitarbeiter hochmotiviert in den 80 % ihrer Arbeit nachgehen und sich in den 20 % frei ihren Interessen und Ideen hingeben können. Alle Seiten profitieren hiervon, denn nur eine innovative Idee eines Mitarbeiters kann für den Konzern ein Millionengeschäft bedeuten. Bekannte Beispiele für erfolgreiche Ideen aus den 20 %-Projekten sind der Mail-Dienst „Gmail", der Kartenservice „Google Maps" und der Werbedienst „AdSense", welcher inzwischen für einen Großteil des Umsatzes sorgt.

3. **Strukturelle Ambidextrie:** In diesem Fall werden für die Exploitation und Exploration unterschiedliche Unternehmenseinheiten aufgebaut. Eine Einheit kümmert sich ausschließlich um die Optimierung des aktuellen Geschäfts und die andere kümmert sich um den Innovationsteil. Hier ist es die Aufgabe des Managements, beide Teile so eigenständig wie möglich agieren zu lassen und gleichzeitig gemeinsame Ziele zu schaffen, die insgesamt auf die Zukunftsfähigkeit des Unternehmens einzahlen.

Egal, für welche Umsetzungsart Sie sich entscheiden: Es wird für das Management immer ein Ritt auf Messers Schneide sein: Zum einen müssen kurzfristig Kundenwünsche erfüllt werden, um den benötigten Umsatz zu generieren. Zum anderen muss gleichzeitig mit viel Innovationskraft Neues entwickelt, erprobt und am Markt platziert werden. Um dies zu ermöglichen, ist eine offene und positive Fehler- und Lernkultur im Unternehmen unumgänglich. Mitarbeiter und Management müssen sich an neue Gegebenheiten und Herausforderungen anpassen, Neues lernen, Neues ausprobieren und aus Fehlern lernen. Nur so kann ein Unternehmen noch dauerhaft am Markt relevant sein. Business Development kann hier den entscheidenden Unterschied machen, da genau hier, an der Schnittstelle zwischen Portfolio- und Innovationsmanagement, gearbeitet wird. Mit einem gut aufgestellten Business Development sind Sie optimal für eine erfolgreiche Zukunft aufgestellt.

Es zeigt sich, dass traditionelle Projektvorgehen und Managementprozesse nicht für diese gegenläufigen Ziele ausgelegt sind. Sie benötigen grundsätzlich unterschiedliches Management, um langfristige und kurzfristige Ziele zu verfolgen, aktuelle und zukünftige Kundenwünsche zu erfüllen, Vorhandenes zu optimieren und gleichzeitig Neues zu erfinden. Hier kommen tradierte Systeme und Prozesse an ihre Grenzen. Ein möglicher Ansatz, diese schnellen Richtungswechsel zusammenzuführen, ist die Agilität.

1.7 Agilität

Agilität bedeutet dem Wort nach Wendigkeit oder Beweglichkeit. Auch, wenn das Thema in der letzten Zeit in aller Munde ist, ist die Idee dahinter nicht neu. Bereits seit den 1970er-Jahren wird das Thema diskutiert. Ihren Durchbruch hatte die Agilität aber erst durch die Digitalisierung und Globalisierung der Unternehmenswelt.

Auf ein Unternehmen bezogen bedeutet Agilität, dass starre und unflexible Prozesse aktiv aufgebrochen werden, um sich flexibel und zeitnah an sich ändernde Gegebenheiten und Anforderungen anpassen zu können.

Agiles Projektvorgehen ist seit vielen Jahren im Bereich der Software-Entwicklung im Rahmen von Scrum sehr populär geworden. Bei Scrum (aus dem Englischen: Gedränge) handelt es sich um ein agiles Entwicklungsverfahren, bei dem das Endergebnis in viele kleine Teilergebnisse zerlegt wird, welche dann zentral gesammelt, sortiert und schrittweise abgearbeitet werden. Die einzelnen Entwicklungsschritte sind dabei genau definiert und in sogenannte Sprints unterteilt. Ein Sprint dauert zum Beispiel immer zwei Wochen. In diesen zwei Wochen wird vom Entwicklungsteam ein vorgegebenes Set an Anforderungen aus dem sogenannten Backlog abgearbeitet. Der große Unterschied zu klassischen Entwicklungsmethoden der Software-Entwicklung mit fest definierten Ergebnissen ist, dass sich die Anforderungen an das Endprodukt während der Entwicklung mit Scrum noch ändern können. So können neue Erkenntnisse, Anforderungen oder Ideen des Kunden zur Laufzeit des Projekts noch eingebunden und fristgerecht umgesetzt werden.

Dieses flexible Herangehen an ein Projekt ist ein großer Vorteil, da in VUCA-Zeiten spontan wichtige Änderungen und Anforderungen aufkommen können, die den initialen Plan zum Scheitern bringen würden, wenn er nicht zur Laufzeit angepasst werden würde. So werden in agilen Projekten die Lösungen iterativ entwickelt und das Endergebnis in kleinen Inkrementen, die aufeinander aufbauen, umgesetzt.

Somit ist das agile Vorgehen die Antwort auf Disruption, Digitalisierung und Globalisierung. Klassische Unternehmensformen sind nicht mehr flexibel genug, um schnell auf teilweise drastische Änderungen am Markt reagieren zu können. Zusätzlich sind Unternehmen nicht auf den Umgang mit Ambidextrie ausgelegt und mit der Umsetzung oft überfordert (vgl. Abschn. 1.6).

Agilität lässt sich auch von einzelnen Teams, ganzen Organisationen und natürlich im Business Development umsetzen. Dabei kommt es darauf an, starre Prozesse (wo sinnvoll) aufzubrechen und gemeinsam über alle Hierarchieebenen hinweg an der Lösung von aktuellen Problemen zu arbeiten. Dafür ist eine offene Innovationskultur notwendig, die Fehler zulässt und gleichzeitig aus diesen lernt. Da es kein absolutes Wissen gibt, muss auf Sichtweite geplant, umgesetzt und im Zweifel dynamisch umgeplant werden. Erst am Schluss kann ein Ergebnis bewertet werden. Mögliche Fehlentscheidungen können dann in der Retrospektive analysiert und zukünftig vermieden werden.

Agilität ist also viel mehr als nur ein weiterer Prozess, der in einem Unternehmen eingeführt werden soll. Agilität ist eine Einstellung oder ein Mindset. Nur mit einer agilen

Unternehmenskultur kann ein Unternehmen heute und zukünftig flexibel genug agieren, um zum einen die Entwicklung des eigenen Geschäfts voranzutreiben und zum anderen die Bedürfnisse des Kunden optimal bedienen zu können. Business Development kann hier als Triebfeder der Innovation auch nach innen wirken, mit gutem Beispiel vorangehen und Agilität für das ganze Unternehmen vorleben.

Ein weiterer Ansatz zur schnellen Produktentwicklung ist das „Lean Business", welches im folgenden Kapitel beschrieben wird.

1.8   Lean Business

Traditionell wurden neue Produkte oft im stillen Kämmerlein entwickelt. Sie wurden so lange perfektioniert, bis die Entwickler der Meinung waren, dass die Produkte eine Marktreife erlangt hätten. Anschließend wurden sie an den Vertrieb und das Marketing übergeben. Die Aufgabe bestand dann darin, diese neuen Produkte in den Markt einzuführen und entsprechende Käufer zu finden.

Dieser Ansatz ist nicht mehr der richtige, da sich die Märkte immer schneller verändern. Die Prinzipien des „Lean Startup", wie sie von Eric Ries vorgestellt wurden (vgl. [11]), brechen mit diesem Ansatz. Die Produktentwicklung soll laut Ries auf Grundlage eines iterativen, einem sich schrittweise wiederholenden, Prozesses durchgeführt werden. Die Formel „Build, Measure, Learn", zu Deutsch „Bauen, Messen, Lernen", bildet dabei den Kern des Lean Startups. Es sollen schnell neue Produkte entwickelt und frühzeitig am Markt erprobt werden. Das Feedback der Kunden soll dann schnell in den nächsten Entwicklungszyklus einfließen und so das Produkt optimal an den Zielmarkt angepasst werden.

Mit dieser Methode kann auch frühzeitig festgestellt werden, dass ein zuerst erfolgversprechendes Produkt nie die Marktreife erreichen wird. Dies wird klassisch als ein Versagen oder Scheitern gesehen. In Wirklichkeit ist es nur das ehrliche Feedback des Marktes auf eine neue Idee.

Es gilt also, diese Art des Scheiterns nicht überzubewerten, sondern aus den Fehlern oder falschen Annahmen über das Produkt oder den Markt zu lernen und es beim nächsten Mal besser zu machen. In einer großen Firma können solche Rückschläge sehr viel einfacher verkraftet werden als in einem Start-up, welches alles auf eine Karte setzt. Um trotzdem erfolgreich zu sein, muss ein neues Produkt also frühzeitig kritischen Kunden vorgestellt und permanent angepasst werden.

Scheitern darf nicht als totales Versagen gewertet werden. Und erst recht darf es nicht zur Folge haben, dass die Produktentwicklung eingestellt, Personen entlassen oder als gescheitert abgestempelt werden. Nutzen Sie das Feedback Ihrer Kunden, um weiter daran zu arbeiten, optimale Produkte zu entwickeln, die einen echten Mehrwert für Ihre Kunden darstellen.

Nutzen Sie das Feedback Ihrer Kunden und des Marktes, auch wenn es negativ ist. Es hilft Ihnen, Ihre Produkte besser an die Bedürfnisse Ihrer Kunden anzupassen. Bauen Sie diese

Art des Scheiterns in die Kultur Ihres Unternehmens ein und geben Sie sich selbst und Ihren Mitarbeitern die Freiheit, auch mal falsch zu liegen. Achten Sie aber darauf, dass Sie, wenn schon, dann früh im Entwicklungsprozess scheitern, damit Sie schnell gegensteuern können und Ihre Entwicklungskosten niedrig bleiben. Prüfen Sie Ihre Hypothesen zu Ihrem Produkt, dem Markt und den Kundenbedürfnissen also frühzeitig und permanent. Auf diese Weise werden Sie schneller marktrelevante Produkte entwickeln und die Anzahl der gescheiterten Produkte minimieren.

1.9   Unternehmenskultur

Das Business Development bietet viele Vorteile, da sehr viel schneller auf aktuelle Markt-veränderungen eingegangen werden kann. Damit das ganze Unternehmen die im Business Development entwickelten Ideen und Konzepte gewinnbringend umsetzen kann, muss zusätzlich auch ein Umdenken in den Köpfen aller Mitarbeiter stattfinden. Um sich schnel-ler an Kundenwünschen ausrichten zu können und neue Technologien als einen Business-relevanten Vorteil zu erkennen und in das tägliche Geschäft einbauen zu können, wird eine entsprechende Firmenkultur benötigt. Diese Kultur muss von der Idee geprägt sein, dass das Unternehmen stets der beste Dienstleister oder Produzent für seine Kunden ist. Die Firma muss sich also permanent neu erfinden, um der beste Problemlöser für den Kunden zu sein und somit einen echten Mehrwert für den Kunden zu bieten. Dies führt über kurz oder lang unweigerlich zu Erfolg.

Um diese neue Firmenkultur zu entwickeln, ist es zuerst wichtig, dass ganz klar definiert wird, warum die Firma eigentlich existiert. Was möchte die Firma erreichen? Was ist die Vision? Diese Aussagen bilden den Kern der neuen Kultur. Darauf aufbauend sollten Sie definieren, dass Ihre Kunden stets im Mittelpunkt all Ihrer Pläne und Ideen stehen. Ihre Kunden und der Markt, in dem Sie sich bewegen, stehen an erster Stelle. Mit den Anforde-rungen der Kunden müssen Sie Ihr Portfolio anpassen, egal, ob es sich um Dienstleistungen oder Produkte handelt. Um dies zu gewährleisten, muss Ihre Firma eine hohe Veränderungs-geschwindigkeit aufweisen. Vor allem für große Unternehmen und Konzerne ist dies eine komplexe Aufgabe, da viele Mitarbeiter in diesem Chance-Prozess mitgenommen werden müssen und möglicherweise müssen auch alte Strukturen aufgebrochen und alte Prozesse strikt vereinfacht werden. Ein Bild, das dieses Konzept gut zusammenfasst, ist das Folgende: Stellen Sie sich vor, dass Ihr Unternehmen sich von einem langsamen, behäbigen Öltanker zu einem schnellen und agilen Speedboot entwickeln muss. Das Ziel sollte sein, dass die Veränderung den Mitarbeitern und dem Management keine Angst einflößt, sondern dass die ständige Veränderung und Anpassung zur Normalität geworden ist. Um dies zu erreichen, müssen Sie dafür Sorge tragen, dass alle Mitarbeiter sich als Teil der Firma fühlen und sie animieren, permanent Augen und Ohren offen zu halten, um neue Anforderungen oder Wünsche des Marktes aufzunehmen und daraus Verbesserungen zu entwickeln. Verände-rung muss Teil der DNS Ihres Unternehmens werden. Nur so können Sie sicherstellen, dass die bereits erwähnten Big Bang Disruptions Sie nicht erfassen und Sie nicht von schnelleren Unternehmen links und rechts überholt werden.

Diese und weitere Anpassungen in Ihrem Unternehmen werden unter dem Begriff Lean Management zusammengefasst. Ziel dabei ist es, sich selbst und das gesamte Unternehmen stets zu verbessern und rigoros an den Anforderungen des Marktes zu orientieren. Dabei werden alle Prozesse von der Planung bis zur Produktion permanent auf den Prüfstand gestellt und konsequent optimiert. Aus dem Japanischen entliehen ist der Begriff *Kaizen* für genau diese Denkweise bekannt geworden. Das Wort setzt sich aus den beiden Wörtern *Kai* (= Veränderung) und *Zen* (= zum Besseren) zusammen. Im Folgenden werden die wichtigsten Prinzipien für eine schlankes (lean) Unternehmen kurz aufgelistet (vgl. [12]):

- Ausrichtung aller Tätigkeiten auf den Kunden (Kundenorientierung)
- Konzentration auf die eigenen Stärken
- Optimierung von Geschäftsprozessen
- Ständige Verbesserung der Qualität
- Interne Kundenorientierung als Unternehmensleitbild
- Eigenverantwortung, Empowerment und Teamarbeit
- Dezentrale, kundenorientierte Strukturen
- Führen ist Service am Mitarbeiter
- Offene Informations- und Feedback-Prozesse
- Einstellungs- und Kulturwandel im Unternehmen (japanisch: *Kaikaku*)

Das Business Development ist in dieser Kultur der Motor, der mit einem geregelten Prozess dafür sorgt, dass Ideen der Belegschaft genauso gehört, bewertet und potentiell umgesetzt werden wie Ideen, die aus dem Business Development selbst oder dem Management kommen. Um dies umzusetzen, müssen Sie dafür Sorge tragen, dass Ihre Business-Development-Einheit nicht zum Elfenbeinturm wird, aus dem ab und zu weltfremde Ideen in das Tagesgeschäft geworfen werden. Sorgen Sie für eine offene Kommunikation zwischen dem Business Development und dem übrigen Unternehmen.

▶ **Tipp** Richten Sie einen regelmäßigen Roundtable ein, bei dem sich Mitarbeiter aus unterschiedlichen Bereichen Ihres Unternehmens zu aktuellen Themen austauschen und das Business Development erklärt, welche Projekte gerade bearbeitet werden. So stellen Sie sicher, dass alle Ideen gehört und beachtet werden.

Möglicherweise können Sie auch neue Entwicklungen aus dem Business Development über Ihre internen Kommunikationskanäle verbreiten. Zum Beispiel können Sie aktuelle Projekte in Ihrem Firmen-Newsletter oder Blog vorstellen. Natürlich sollten die Projekte zu dem Zeitpunkt schon einen Status haben, der kommunizierbar ist. Positionieren Sie Ihr Business Development als wichtigen, internen Partner, der dem Unternehmen hilft, weiterhin erfolgreich auf dem Markt zu agieren.

Beziehen Sie bei Ihren Überlegungen aber nicht nur Ihr eigenes Unternehmen mit ein, sondern legen Sie auch großen Wert auf ein stabiles Netzwerk zu Partnern. In den wenigsten Fällen können Sie die gesamte Wertschöpfungskette allein abdecken. Sie benötigen starke und verlässliche Partner an Ihrer Seite, die gemeinsam mit Ihnen das Geschäft vorantreiben. Fangen Sie an, sich ein eigenes Ökosystem um Ihr Unternehmen aufzubauen. Nutzen Sie dazu zum Beispiel Zulieferer, Produzenten, Vertriebsorganisationen, Technologiepartner u.s.w. Gemeinsam können Sie Ihren Erfolg potenzieren. Die Suche nach neuen Partnern, die Steuerung der existierenden Partner und das Abstoßen von nicht mehr benötigten Partnern sollte dabei eine der zentralen Aufgaben im Business Development sein.

1.10   Krise als Chance

Krisen stellen Unternehmen vor große Herausforderungen. Sie haben Auswirkungen auf das Kaufverhalten der Kunden, Marktverhältnisse verschieben sich, Lieferketten brechen zusammen und Rohstoffe werden knapp oder teurer.

Allein in den letzten Jahrzehnten gab es immer wieder große nationale und internationale Krisen, die teilweise ganze Märkte über Nacht verändert haben. Ende der 1990er Jahre und zu Beginn der 2000er stürzte die New Economy in die als Dotcom-Krise bekannte Rezession. Über Nacht verloren weltweit neue Digitalunternehmen ihren gesamten Wert und tiefes Misstrauen richtete sich gegen alle digitalen Trends. Im Jahr 2007 platzte dann in den USA die Immobilienblase und es kam über Nacht zu weltweiten Erschütterungen an den Finanzmärkten, die ganze Banken in den Bankrott trieben. Die Corona-Krise hat sicherlich eine Sonderstellung, da sie zum einen weltweit jedes Land und zum anderen alle Branchen betrifft und die Auswirkungen immer noch nicht absehbar sind. Die Auswirkungen des Ukraine-Kriegs können ebenfalls noch nicht erfasst werden (Stand Mai 2022).

Neben diesen „klassischen" Krisen können disruptive Innovationen ebenfalls Krisen hervorrufen. Ein Beispiel sind die modernen Streaming-Dienste für Musik und Film. Durch den Paradigmenwechsel vom Besitztum eines Mediums hin zum Nutzen eines Services „on demand" sanken zum einen die Verkaufszahlen der Medienbranche rapide und zum anderen verzeichnen die klassischen Medien wie Radio und TV massive Einbrüche bei den Hörern und Zuschauern.

Krisen haben Verlierer, aber es gibt auch immer Gewinner und Unternehmen, die gut oder sogar gestärkt durch eine Krise kommen. So bringen Krisen oft neue Unternehmen hervor, die sich genau auf die neuen Herausforderungen eingestellt haben und punktgenaue Lösungen anbieten. Dies kann zu einem schnellen Unternehmenswachstum führen. Es birgt aber auch das Risiko, dass sich die Bedürfnisse der Kunden nach Abklingen der Krise wieder verändern und kein Bedarf mehr an der Lösung besteht. So können sehr speziell ausgerichtete Unternehmen nach einer Krise überflüssig werden und wieder vom Markt verschwinden.

Um als Unternehmen erfolgreich durch eine Krise zu kommen, muss die neue Marktsituation zeitnah erfasst und analysiert werden. Danach müssen die Kundenangebote so angepasst werden, dass sie unter den sich geänderten Umständen weiterhin relevant sind. Zu glauben, dass ein Unternehmen ohne entsprechende Anpassungen erfolgreich durch eine Krise navigieren kann, ist sehr gefährlich. Große Unternehmen mit einer breiten Kunden- und Angebotsbasis können mit Glück gut durch eine Krise kommen, ohne sich anzupassen. Dies birgt aber immer die Gefahr, dass die Krise neue Konkurrenten hervorbringt, die sich optimal auf die neue Situation eingestellt haben und traditionelle Unternehmen überholen. Kleine Unternehmen können sich dies oft nicht erlauben.

Der Schweizer Schriftsteller Max Frisch sagte: „Krise ist ein produktiver Zustand. Man muss ihm nur den Beigeschmack der Katastrophe nehmen." Unternehmen, die bereits ein erfolgreiches Business Development und eine intakte Innovationskultur im Unternehmen verankert haben, haben es sehr viel leichter, in einer Krise das Unternehmen flexibel an den neuen Gegebenheiten auszurichten. Denn das Erkennen neuer Kundenanforderungen und das konsequente Ausrichten der Unternehmensangebote am Markt ist die zentrale Aufgabe von Business Development.

Somit ist jede Krise auch eine Chance. Eine Chance, das Unternehmen mit seinen Produkten und Dienstleistungen auf den Prüfstand zu stellen, nicht mehr nachgefragte Portfolioelemente aus dem Angebot zu nehmen und neue, aktuell nachgefragte Angebote zu entwickeln und zu vermarkten. Mit Hilfe von gezieltem Business Development kann sich ein Unternehmen in einer Krise auch komplett neu erfinden und gestärkt aus der Krise hervorgehen. Dabei ist Business Development kein Garant dafür, dass ein Unternehmen erfolgreich durch eine Krise navigiert. Dazu spielen zu viele Faktoren eine Rolle, die nicht im direkten Einfluss liegen. Es hat sich aber gezeigt, dass Unternehmen, die sich agil und zeitnah an sich ändernde Anforderungen anpassen können, widerstandsfähiger sind und mit einer höheren Wahrscheinlichkeit erfolgreich durch eine Krise navigieren. Somit kann Business Development der Schlüssel zur erfolgreichen Bewältigung einer Krise sein.

Nachdem in diesem Kapitel die Grundlagen und Voraussetzungen für ein erfolgreiches Business Development erläutert wurden, gehen die folgenden Kapitel vertiefend auf die einzelnen Bereiche des Business Developments ein und helfen Ihnen bei einem besseren Verständnis und bei einer gelungenen Umsetzung in Ihrem Unternehmen.

Fazit für die Praxis

- Das Business Development hilft Ihnen dabei, in sich immer schneller verändernden Märkten erfolgreich zu sein.
- Das Business Development übernimmt mit der Marktbeobachtung, der Produktentwicklung und -weiterentwicklung, dem Portfolio- und Partnermanagement viele wichtige Aufgaben, die Ihnen helfen, Ihre Produkte an den Anforderungen der Kunden auszurichten.
- Planen Sie das Ziel von Business Development genau und messen Sie den Erfolg.

- Verinnerlichen Sie den Lean-Ansatz und beschleunigen Sie Ihre Geschäftsentwicklung.
- Etablieren Sie einen Roundtable oder ein Business Development Board zum regelmäßigen Austausch, zur Kommunikation und zur Information aller Beteiligten.
- Informieren Sie permanent alle Mitarbeiter über wichtige Veränderungen in Ihrem Unternehmen, an den Produkten und Dienstleistungen und achten Sie bei größeren Veränderungen auf ein erfolgreiches Change Management.
- Denken Sie daran, dass wir in VUCA-Zeiten leben und gehen Sie neue Wege.
- Nutzen Sie die Ambidextrie: Optimieren Sie Ihr jetziges Geschäft und entwickeln Sie gleichzeitig neues Geschäft.
- Arbeiten Sie agil und durchbrechen Sie starre Prozesse und Strukturen.
- Schaffen Sie eine flexible und veränderungsbereite Unternehmenskultur.
- Eine Krise kann auch eine Chance sein. Nutzen Sie sie zur Anpassung Ihres Geschäfts an die neuen Kundenbedürfnisse und Marktgegebenheiten.

Literatur

1. Andreas Kohne, Sonja Ringleb, and Cengizhan Yücel. *Bring your own Device: Einsatz von privaten Endgeräten im beruflichen Umfeld – Chancen, Risiken und Möglichkeiten.* Springer Vieweg, 2015.
2. L. Downes and P. Nunes. *Big Bang Disruption: Strategy in the Age of Devastating Innovation.* Penguin Publishing Group, 2014.
3. Deutsches Institut für Marketing. Business Development. Zugriff am 31. Mai 2022 from https://www.marketinginstitut.biz/marketingberatung/business-development/, 2015.
4. Alexander Osterwalder and Yves Pigneur. *Business model generation: a handbook for visionaries, game changers, and challengers.* John Wiley & Sons, 2010.
5. Kerstin Friedrich, Lothar J. Seiwert, and Edgar K. Geffroy. *Das neue 1 x 1 der Erfolgsstrategie. EKS-Erfolg durch Spezialisierung.* Springer, 2006.
6. Simon Sinek. *Start with Why: How Great Leaders Inspire Everyone to Take Action.* Penguin Publishing Group, 2009.
7. Anand Narasimhan and Jean-Louis Barsoux. Unternehmenswandel. *Harvard Business Manager,* Juni 2018.
8. Klaus Doppler, Christoph Lauterburg, and Angela Cots Egert. *Change Management.* Editorial Ariel, 1998.
9. Dieter Frey Marit Gerkhardt. Erfolgsfaktoren und psychologische Hintergründe in Veränderungsprozessen, Entwicklung eines integrativen psychologischen Modells. *OrganisationsEntwicklung,* April 2006.
10. Michael L Tushman and Charles A O'Reilly III. Ambidextrous organizations: Managing evolutionary and revolutionary change. *California management review,* 38(4):8–29, 1996.
11. Eric Ries. *Lean Startup: Schnell, risikolos und erfolgreich Unternehmen gründen.* Redline Wirtschaft, 2014.
12. Friedrich Graf-Götz and Hans Glatz. *Organisation gestalten: Neue Wege und Konzepte für Organisationsentwicklung und Selbstmanagement.* Beltz, 1998.

Business Development 2

Zusammenfassung

Nachdem in der Einleitung die Aufgaben des Business Developments beschrieben wurden, werden nachfolgend die einzelnen Dimensionen des Business Developments ausführlich erläutert. Es handelt sich nämlich nicht bloß um eine Aufgabe. Business Development kann auch als Rolle aufgefasst werden. Eine Person, die diese Rolle ausfüllt, wird auch als Business-Development-Manager bezeichnet. Nachfolgend werden die wichtigsten Eigenschaften eines Business-Development-Managers beschrieben (vgl. Abschn. 2.2). Zugleich ist das Business Development auch eine Organisationseinheit, die in die bisherigen Strukturen eines Unternehmens einzubetten ist. Hierbei sind zentrale und dezentrale Strukturen möglich (vgl. Abschn. 2.4). Abschließend kann Business Development auch als Prozess aufgefasst werden, der bei der Durchführung von Aufgaben eine Struktur vorgibt (vgl. Abschn. 2.5).

2.1   Mindset, Skillset und Toolset

Business Development ist eine multidisziplinäre Aufgabe. Es kombiniert Aufgaben aus unterschiedlichen Unternehmensbereichen und setzt einen guten Branchenüberblick sowie ein tiefes Verständnis für die Zielkunden und deren Bedürfnisse voraus. Um die Aufgabe als Business-Development-Manager umsetzen zu können, sind drei Grundbedingungen zu erfüllen (vgl. Abb. 2.1):

- *Mindset (Haltung/Einstellung):* Sie sind neugierig, offen und anpassungsfähig. Innovation und Veränderung stehen Sie positiv gegenüber. Sie verfügen über eine agile Einstellung. Sie sind lern- und kritikfähig und hinterfragen stets den Status quo, um das Unternehmen permanent weiterzuentwickeln.

© Springer Fachmedien Wiesbaden GmbH, ein Teil von Springer Nature 2022   25
A. Kohne, *Business Development*,
https://doi.org/10.1007/978-3-658-37914-8_2

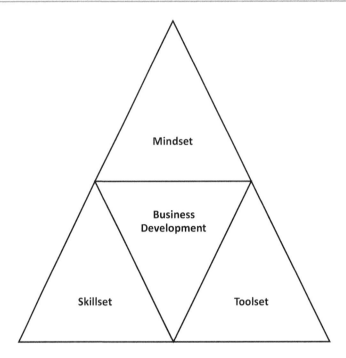

Abb. 2.1 Zusammenhang von Business Development und Mindset, Skillset und Toolset

- *Skillset (Fähigkeiten):* Sie nutzen Ihr Wissen und Ihre Erfahrungen aktiv und haben sich dem lebenslangen Lernen verschrieben, um stets benötigte Fähigkeiten und relevantes Know-how zu besitzen.
- *Toolset (Werkzeuge):* Sie kennen die relevanten Prozesse, Methoden und Werkzeuge und können sie situationsbedingt sicher einsetzen.

Im Folgenden wird die Rolle des Business Developments sowie die wichtigsten Skills erklärt. Zusätzlich werden im weiteren Verlauf alle relevanten Prozesse, Methoden und Werkzeuge ausführlich erläutert.

2.2   Rolle

Die einfachste Definition eines Business-Development-Managers ist die des Unternehmers im Unternehmen. Ihm obliegt die Aufgabe, ständig das existierende Produkt- und Dienst-leistungsportfolio zu begutachten, anhand von Marktveränderungen auf weitere Gültigkeit zu bewerten, es auf Kundenbedürfnisse hin zu optimieren und gegebenenfalls überflüssige Elemente zu entfernen. Dazu muss permanent der aktuelle Status quo hinterfragt und her-ausgefordert werden. Darum muss ein Business-Development-Manager in vielen Bereichen

ein fundiertes Wissen aufweisen. Zum einen muss natürlich ein tiefgreifendes, branchenspe-
zifisches Wissen in die Rolle einfließen, zum anderen sollten aber auch die Soft Skills, also
die „weichen Fähigkeiten" wie Kommunikations- und Reflexionsfähigkeit sowie Feedback-
Fähigkeit vorhanden sein. Ein Business-Development-Manager wird im Regelfall sehr viel
Kundenkontakt haben, um permanent nah am Zielmarkt zu sein. Weiterhin muss er intern
auf „C-Ebene", also auf höchster Managementebene, kommunizieren können. Zusätzlich
sollte er offen, begeisterungsfähig und motivierend sein, dabei aber immer fokussiert und
zielorientiert arbeiten. Dazu gehört ein sehr gutes Zeitmanagement. Bei all diesen Eigenschaften darf kein blinder Aktionismus aufkommen. Ansonsten ergibt sich im laufenden
Business zu viel Unruhe und damit ist keinem geholfen.

Diese Art von Persönlichkeitsstruktur wird auch als *T-Shape* bezeichnet (vgl. [1]). Dieser
Begriff ist wörtlich zu verstehen. Eine erfolgreiche Person soll dabei wie ein „T" strukturiert
sein. Der große Pfeiler steht für ein tiefgreifendes, fundiertes Fachwissen. Die beiden Balken
nach links und rechts stehen zum einen für fachübergreifendes Wissen in Randbereichen und
thematisch angrenzenden Bereichen sowie zum anderen für die bereits beschriebenen Soft
Skills. Besonders die Soft Skills werden immer wichtiger, da ein Business-Development-
Manager im ständigen Austausch mit Kollegen auf unterschiedlichen Stufen im Unternehmen ist. Zusätzlich tauscht er sich permanent mit Kunden und Partnern aus und muss verstehen, was sie bewegt, was ihre Probleme und Herausforderungen sind. Weiterhin muss er
oft als Vermittler und Problemlöser auftreten. Hierfür wird eine hohe emotionale Intelligenz
(EQ) benötigt, da die zwischenmenschliche Kommunikation zentraler Punkt des Business
Developments ist (vgl. [2]). Diese Kombination aus verschiedenen Persönlichkeitsstruktu-
ren und Wissensgebieten bildet die Basis für einen erfolgreichen Business-Development-
Manager.

Da Business Development interdisziplinär ist, kann es auch als moderner Zehnkampf im
Geschäftsleben bezeichnet werden. Die Stellen im Business Development werden oft an
erfahrene Mitarbeiter aus dem Vertrieb oder dem Marketing vergeben. Sie bringen schon
Erfahrungen mit den jeweiligen Produkten und Dienstleistungen mit, haben oft Kundenkontakt und sind meist gut in der Firma vernetzt. Häufig wird das Business Development
auch als zusätzliche Aufgabe zu den bisherigen Aufgaben vergeben. Hiervon ist abzuraten,
da durch das Tagesgeschäft und den potentiellen Druck, seine Ziele zu erreichen, keine Zeit
bleibt, um die Aufgaben eines Business-Development-Managers gewissenhaft zu übernehmen. Diese Entscheidung hängt aber auch von der Größe des Unternehmens ab. Weiterhin
sind auch Ingenieure und Produktmanager gute Kandidaten. Sie bringen ebenfalls wichtige
Eigenschaften in die Rolle mit ein, müssen aber möglicherweise in den finanziellen und
vertrieblichen Aktivitäten noch geschult werden.

Die bisher beschriebenen Eigenschaften zeigen schon, dass es sich beim Business-
Development-Manager nicht um einen Einsteigerjob handelt. Auf der anderen Seite ist es
auch keine Arbeit, die in einem normalen Ausbildungsgang erlernt werden kann. Es gibt
inzwischen erste Studiengänge, die in eine ähnliche Richtung gehen. Sie machen aber nur
berufsbegleitend Sinn, da in einem solchen Studiengang zwar die Theorien und Metho-

den des Business Developments vermittelt werden können, doch das spezifische Branchen-Know-how fehlt natürlich komplett.

Bei der Besetzung des Business-Development-Teams sollten Sie darauf achten, dass Sie eine gute Mischung aus erfahrenen, internen Mitarbeitern in Kombination mit einigen im Business Development erfahrenen Personen wählen. So sorgen Sie dafür, dass zum einen das fachliche Know-how und das Wissen über Ihre Firma, Ihre Produkte und Dienstleistungen, Ihre internen Prozesse und Ansprechpartner abgedeckt sind und zum anderen fachliches Wissen zum Thema Business Development hinzukommt. Dies ist nur für größere Firmen so leicht umzusetzen. Falls Sie Business Development in einer kleineren Firma etablieren wollen, reicht es manchmal schon aus, einen erfahrenen Mitarbeiter mit vertrieblichem und technischem Hintergrund als Basisbesetzung zu nehmen und ihm eine entsprechende Fortbildung anzubieten. Das Team kann dann bei Bedarf wachsen.

2.3   Rollenprofil

Nachfolgend wird beispielhaft das Rollenprofil eines idealen Business-Development-Managers beschrieben. Es zeigt, wie mannigfaltig die Anforderungen sind. Weiterhin wird ersichtlich, dass Business Development ein großes Branchenwissen verknüpft mit vielen Soft Skills voraussetzt. Somit sollte klar sein, dass Business-Development-Manager kein Einstiegsjob ist, sondern oft von erfahrenen Personen aus den Bereichen Technik, Vertrieb und Marketing besetzt wird.

Die Liste ist idealisierend und nicht vollständig. Außerdem können die konkreten Anforderungen an einen Business-Development-Manager von Firma zu Firma und von Branche zu Branche unterschiedlich sein.

Anforderungsprofil eines Business-Development-Managers:

- Wirtschaftswissenschaftliches Studium mit Schwerpunkt Marketing/Sales, Business Development/Informatik/Betriebswirtschaftslehre oder ein vergleichbares Studium
- Mindestens drei bis fünf Jahre relevante Berufspraxis in der Zielbranche
- Auslandserfahrung
- Fundiertes Wissen über betriebswirtschaftliche Abläufe und Controlling
- Sehr gute Englischkenntnisse sowie mindestens eine weitere Fremdsprache (oft Französisch, Spanisch, Russisch oder Chinesisch)
- Bereitschaft zur Übernahme von Projekt-/Ergebnisverantwortung
- Fundiertes analytisches und strategisches Denkvermögen
- Hohe Problemlösungskompetenz und „Can-do-Mentalität"
- Fähigkeit, komplexe Aufgabenstellungen professionell zu strukturieren
- Herausragende Kommunikationsfähigkeit und Sensibilität im Umgang mit Kunden
- Vertriebspersönlichkeit

- Teamplayer
- Souveränes Auftreten auf allen Hierarchieebenen
- Hohe Reisebereitschaft
- Vertriebliche Denk- und Arbeitsweise
- Strategische Ausrichtung
- Erfahrung in einer Unternehmensberatung
- Erfahrungen im Projektmanagement (z. B. PRINCE-2, PMP oder IPMA)
- Fähigkeit zur Identifizierung von neuen Geschäftsopportunitäten
- Erfahrungen mit agilen Entwicklungsmethoden (z. B. Scrum)
- Lean-Startup-Mentalität
- Hohe Eigeninitiative
- Verantwortungs- und Qualitätsbewusstsein
- Hohe Flexibilität
- Sicherer Umgang mit MS Office, speziell PowerPoint und Excel

2.4   Organisationseinheit

Nachdem in den letzten Abschnitten die Aufgaben, die Rolle und das Rollenprofil eines Business-Development-Managers beschrieben wurden, beschäftigt sich dieser Abschnitt mit der Organisationsstruktur. Es stellt sich die Frage, wie das Business Development in die bestehende Firmenstruktur integriert werden kann. Die konkrete Umsetzung ist von Firma zu Firma unterschiedlich und hängt nicht zuletzt auch von der Größe und Struktur des Unternehmens ab. Grundsätzlich gibt es zwei Möglichkeiten der Integration:

1. *Zentral:* Bei dieser Option wird eine neue Organisationseinheit zum Zweck des Business Developments gegründet. In ihr arbeiten alle Mitarbeiter unter einem Vorgesetzten. Da es sich um eine strategisch wichtige Einheit handelt, wird sie oft direkt unter der Geschäftsleitung oder dem Vorstand eingehängt. Die Mitarbeiter in diesem Team können dann speziellen Themengebieten in den Fachabteilungen zugeordnet werden oder wechselnde Aufgaben und Projekte übernehmen. Typischerweise kommt es aber durch das entsprechende Know-how der Mitarbeiter mehr oder weniger zu festen Zuordnungen zu speziellen Themen.
2. *Dezentral:* Bei dieser Option gibt es kein eigenes Team, sondern die Business-Development-Manager arbeiten direkt in der jeweiligen Organisationseinheit, für die sie das Geschäft entwickeln sollen, oft direkt unter dem Leiter der jeweiligen Einheit. Dies hat den Vorteil, dass hierfür meist Mitarbeiter aus dem jeweiligen Umfeld für diese Aufgabe ausgewählt werden. Somit kennen sie die Produkte, Aufgaben, Abläufe, Kunden und internen Ansprechpartner. Hierbei ist aber zu beachten, dass die Mitarbeiter trotzdem den zentral festgelegten Prozess einhalten. Um Abweichungen und Doppelarbeit zu vermeiden, Synergien nutzbar zu machen und um die Kommunikation der einzelnen

Business-Development-Manager untereinander zu stärken, sollte zumindest ein regelmäßiges, zentrales Treffen zur Abstimmung von Aktivitäten und zur Optimierung der Prozesse vorgesehen werden, in dem sich alle entsprechenden Mitarbeiter austauschen können (vgl. Abschn. 2.5.11 „Lessons Learned" und Abschn. 2.5.12 „Kontinuierlicher Verbesserungsprozess").

Bevor sich aber für eine der beiden Varianten entschieden wird, sollten zuerst ein paar grundsätzliche Themen beschlossen werden:

- *Ziele:* Zu Beginn sollten Sie die Ziele, die ein Business Development verfolgt, ganz klar und am besten schriftlich formulieren. Diese Formulierung kann nach Freigabe durch die Geschäftsleitung als konkreter Arbeitsauftrag an die neue Abteilung oder den neuen Mitarbeiter übergeben werden. Achten Sie dabei darauf, dass die Ziele ganz konkret formuliert sind. Dabei hat es sich von Vorteil erwiesen, wenn Ziele nach dem sogenannten „*SMART*"-Vorgehen definiert werden. SMART (vgl. [3]) steht für:
  - *S – Spezifisch:* Ziele müssen ganz konkret und eindeutig definiert sein.
  - *M – Messbar:* Das Erreichen der Ziele muss anhand von vorher eindeutig festgelegten Kriterien und Metriken gemessen werden können.
  - *A – Akzeptiert:* Die definierten Ziele müssen von allen Seiten abgesprochen und akzeptiert werden. Sie bilden die Grundlage der späteren Zusammenarbeit.
  - *R – Realistisch:* Die Ziele müssen erreichbar sein. Dabei ist darauf zu achten, dass die Ziele trotzdem fordernd sind.
  - *T – Terminiert:* Die Ziele müssen klar terminiert sein. Das heißt, dass jedes Ziel und jedes Teilziel einen klaren Anfangs- und Endpunkt hat.
  Hier wurde die deutsche Variante vorgestellt. Der Vollständigkeit halber hier noch eine englische Definition:
  - S – Specific
  - M – Measurable
  - A – Accepted
  - R – Realistic
  - T – Time-bound

  Überlegen Sie sich ganz genau, was für ein Ziel Sie mit der Einführung eines Business Developments erreichen wollen. Nur so können Sie sicherstellen, dass nicht einfach „irgendetwas" gemacht wird, sondern dass ganz gezielt neue Portfolio-Elemente entwickelt und/oder bestehende Elemente weiterentwickelt werden. Sollen dabei neue Märkte erschlossen oder neue Kundensegmente integriert werden? Soll das Portfolio oder einzelne Elemente internationalisiert werden?

- *Rechte:* Es ist sehr wichtig, sich vor der Einführung eines Business Developments darüber im Klaren zu sein, welche Rechte eine solche Abteilung oder Person erhalten soll. Die Position des Business-Development-Managers kann entweder sehr stark und mit weitreichendem Einfluss ausgestattet werden oder als reiner Ideengeber aufgesetzt werden. Es ist genau zu klären, wie das Business Development mit den einzelnen Bereichen und Personen der Firma interagiert und in welchem Grad es Mitbestimmungsrecht hat. Worauf darf zum Beispiel direkt Einfluss genommen werden? Welche Entscheidungen dürfen allein getroffen werden? Welche Entscheidungen müssen im Management getroffen werden?

Weiterhin muss genau geklärt werden, wie die Kommunikation und Zusammenarbeit mit möglichen Partnern aussieht. Wie wird die Firma nach außen repräsentiert? Dürfen aus dem Business Development neue Partnerverträge geschlossen werden oder muss dies zentral beschlossen werden? Daran schließt sich der Bereich M&A (Mergers & Acquisitions) an (vgl. Abschn. 4.5). Ist es eine Aufgabe von Business Development, mögliche Akquisitionsziele zu suchen, entsprechenden Kontakt aufzunehmen und möglicherweise sogar Verhandlungen zu führen? Ist das überhaupt strategisch gewollt oder wird dies bereits von einer anderen Abteilung übernommen?

Der letzte Punkt betrifft die Kundenschnittstelle. Wie soll das Business Development gegenüber Kunden auftreten? Sollen Mitarbeiter des Business Developments auch als Pre-Sales-Consultants arbeiten? Dürfen aus dem Business Development eigenständig neue Kunden oder Projekte akquiriert werden oder ist dafür immer der Vertrieb miteinzubeziehen?

- *Verantwortlichkeiten:* Dieses Thema überschneidet sich stark mit dem vorhergegangenen. Es sollten aber im Vorfeld genaue Verantwortlichkeiten für das Business Development abgesteckt werden. Diese können dann mit entsprechenden Rechten versehen werden. Mögliche Verantwortlichkeiten (neben der eigentlichen Geschäftsfeldentwicklung) des Business Developments könnten sein:

1. Marktbeobachtung
2. Partnermanagement
3. Pre-Sales-Consulting
4. Sales Enablement
5. Mergers & Acquisitions
6. Portfoliomanagement
7. Produktmanagement
8. Controlling-Begleitung
9. Marketing-Begleitung

Diese Liste muss von jeder Firma individuell angepasst werden. Sie gibt aber einen guten Überblick über die Spannweite an möglichen Verantwortlichkeiten. Die einzelnen Aspekte werden im Laufe dieses Buches noch vertieft vorgestellt.

Egal für welche organisatorische Umsetzung Sie sich in Ihrem Unternehmen entscheiden: Geben Sie jedem Business-Development-Manager Folgendes mit auf den Weg: „Es gibt nur einen Vorgesetzten: den Markt."

2.5   Prozess

Nachdem in den letzten Kapiteln die Aufgaben, die Rolle und die organisatorischen Umset-
zungsmöglichkeiten des Business Developments erläutert wurden, wird im Folgenden der
eigentliche Prozess im Einzelnen vorgestellt. Bitte beachten Sie, dass es sich hierbei um
einen prototypischen Prozess handelt, der in der konkreten Umsetzung für jedes Unternehmen angepasst werden muss. Weiterhin müssen nicht alle Phasen des Prozesses strikt so
abgearbeitet werden. Es können auch bestehende Teile wegfallen oder neue Punkte bzw.
ganze Phasen hinzukommen.

Der Business-Development-Prozess wird in Abb. 2.2 grafisch dargestellt. Er beginnt mit
der Definition des Ziels der jeweiligen Business-Development-Aktivität. Steht ein messbares
Ziel fest, kann der eigentliche Prozess gestartet werden. Jetzt kann damit begonnen werden, Ideen zu sammeln, die in konkrete Produktideen oder -verbesserungen münden können
(vgl. Abschn. 2.5.1). Sind die ersten validen Ideen gefunden, kann für den weiteren Verlauf
des Prozesses ein Projektplan erstellt werden (vgl. Abschn. 2.5.2). Im Anschluss daran wird
das zugrundeliegende Businessmodell (vgl. Abschn. 2.5.3) gefolgt von einem konkreten
Businessplan (vgl. Abschn. 2.5.4) erstellt und mit dem Management diskutiert. Nach der
Freigabe durch das Management kann mit der Entwicklungsphase begonnen werden (vgl.

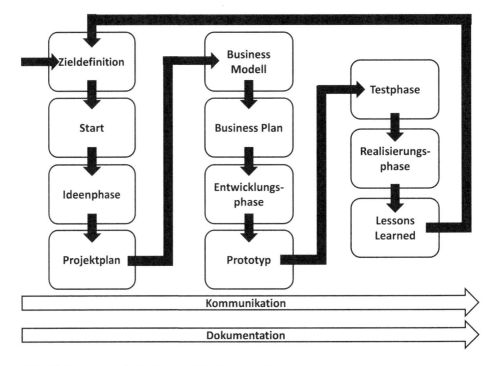

Abb. 2.2 Der prototypische Business-Development-Prozess

Abschn. 2.5.6). Hierbei sollte zuerst frühzeitig ein funktionierender Prototyp erstellt werden (vgl. Abschn. 2.5.5). Dies hilft dabei, das Produkt besser zu verstehen und es frühzeitig mit Kunden zu diskutieren und eventuelles Feedback in den weiteren Prozess zu integrieren. Hieran schließt sich eine ausführliche Testphase an (vgl. Abschn. 2.5.7). Dabei sollte das Produkt ausführlich intern, mit Kunden und Partnern getestet werden. Auch das hier gesammelte Feedback sollte wieder in die Verbesserung des Produkts fließen. Sind alle Tests abgeschlossen, kann die Realisierungsphase gestartet werden (vgl. Abschn. 2.5.8). Hier wird das eigentliche Produkt erstellt, produziert, betrieben, konfiguriert, angeboten und verkauft (je nach Art des Produkts oder der Dienstleistung).

Abgeschlossen wird der Business-Development-Prozess mit einer Lessons-Learned-Phase, in der Sie den ganzen Ablauf reflektieren, um bei jedem Durchgang besser zu werden (vgl. Abschn. 2.5.11). Zusätzlich wird der gesamte Prozess durch (interne und möglicherweise externe) Kommunikationsmaßnahmen flankiert (vgl. Abschn. 2.5.9) und alle Prozessschritte, (Teil-) Ergebnisse und Entscheidungen werden schriftlich dokumentiert (vgl. Abschn. 2.5.10). Natürlich ist auch zu jeder Zeit ein begründeter Abbruch des Prozesses möglich. Oft ergeben sich auch Schleifen zwischen den Prozessschritten, da einzelne Schritte mehrere Iterationen benötigen, um ein optimales Ergebnis zu liefern.

Nachdem hier der eigentliche Prozess im Überblick vorgestellt wurde, müssen Sie vor der Implementierung in Ihrem Unternehmen noch ein paar Aspekte bedenken. Zuerst sollten Sie sich absolute Klarheit darüber verschaffen, wie und vor allem von wem der Prozess gestartet werden kann. Woher kommen die Vorschläge für eine Entwicklung? Gibt das Management Themen vor? Werden neue Themen ausschließlich im Business Development entwickelt? Darf jeder Mitarbeiter Verbesserungsvorschläge an einer zentralen Stelle eingeben? Hierfür müsste ein entsprechender Prozess definiert sein und eine entsprechend offene Kultur im Unternehmen herrschen. Kommen Ideen aus der Produktion, aus dem Vertrieb oder dem Marketing? Oder ist es vielleicht doch eine Mischung von mehreren Möglichkeiten? Wann ist der Prozess abgeschlossen? Und vor allem: Wo sind definierte Punkte in Ihrem Prozess verankert, zu denen eine zentrale Entscheidung zum Abbruch oder zur Fortführung eines Projekts gefällt werden kann? Ein (z. B. wirtschaftlich) begründeter Prozessabbruch sollte jederzeit möglich sein, um nicht wertvolle Ressourcen zu verschwenden.

Bei der konkreten Ausarbeitung und Implementierung des Prozesses in Ihrem Unternehmen sollten Sie beachten, dass es sich um einen möglichst leichtgewichtigen Prozess handelt. Bedenken Sie dabei, dass das Business Development Ihrem Unternehmen helfen soll, schneller und agiler am Markt zu agieren und sich schnell an sich ändernde Marktverhältnisse anzupassen. Dazu muss auch der Prozess leichtgewichtig, agil und leicht an sicher ändernde Umstände anpassbar sein.

In den folgenden Abschnitten werden die einzelnen Phasen des Business-Development-Prozesses ausführlich beschrieben.

2.5.1 Ideenphase

Mit der Ideenphase beginnt der Business-Development-Prozess. Bevor es aber losgehen kann, muss zuerst das Ziel ganz konkret definiert werden. Sollen Sie ein bestehendes Produkt oder eine bestehende Dienstleistung verbessern, erweitern, aktualisieren oder gar internationalisieren oder sollen Sie ein komplett neues Produkt erschaffen?

Im ersten Fall kann das bedeuten, dass Sie sich überlegen müssen, wie das Produkt verbessert werden kann. Können Sie es veredeln? Hier wird auch oft von einem sogenannten Value-Add gesprochen. Kann das bestehende Produkt also in irgendeiner Form aufgewertet werden? Können Sie es besser, schneller oder günstiger machen? Hierbei ist die Basis das bestehende Produkt. Im zweiten Fall fangen Sie bei „null" an und müssen eine komplett neue Idee entwickeln. Grundlage all Ihrer Überlegungen sollte stets die Erwartung Ihrer Kunden sein. Was erwartet der Kunde von Ihnen? Wie hilft Ihr Produkt oder Ihre Dienstleistung, ein Problem des Kunden zu lösen? Wie können Sie ihn dabei unterstützen, seine Ziele zu erreichen?

Darum sollten Sie sich zuerst darüber im Klaren sein, wo der Engpass Ihres Kunden liegt. Was bedrückt ihn, wo und wie können Sie sich als bestmöglicher Problemlöser für Ihren Kunden positionieren? Um sich diesen und weiteren Fragestellungen zu nähern, sollten Sie sich in das Thema EKS (Engpasskonzentrierte Strategie) einarbeiten (vgl. [4]).[1] Die Strategie geht davon aus, dass es lohnenswert ist, sich auf seine Stärken zu fokussieren und diese weiter auszubauen, um dann, nach einer tiefgreifenden Analyse des Engpasses des Kunden eine Lösung zu entwickeln, die ganz spitz auf genau diesen Bedarf in einem klar umrissenen Kundensegment zielt. Oft lassen sich solche Lösungen für Nischenmärkte entwickeln. Ziel ist es, durch absolute Fokussierung und ständige Optimierung eine Marktführerschaft in einem gegebenen Segment zu erlangen.

Doch auch, wenn Sie mit Ihren Produkten und Dienstleistungen auf einen breiteren oder gar einen Massenmarkt zielen, lohnt es sich, eine Engpassanalyse durchzuführen. Hierbei ist es am besten, wenn Sie viel und oft mit Ihren Kunden und Ihren Kollegen, die die Kunden betreuen, sprechen, um permanent mitzubekommen, was Ihre Kunden bewegt. Daraus lassen sich möglicherweise Strömungen ableiten, die Sie wiederum nutzen können.

Falls es Ihre Aufgabe ist, ein (für Ihre Firma) neues Produkt zu entwickeln, sollten Sie vorher eine tiefgreifende Marktanalyse durchführen (vgl. Abschn. 5.1). Klären Sie zum einen, in welchen Bereichen es einen Bedarf gibt, klären Sie zum anderen aber auch, ob es bereits Produkte am Markt gibt, die diesen Bedarf (zumindest in Teilen) abdecken. Ist dies der Fall, müssen Sie sich überlegen, ob dieser Markt dann noch interessant für Sie ist oder ob Sie sich etwas anderes suchen wollen. Entscheiden Sie sich für diesen Markt, müssen Sie klären, ob Sie in das sogenannte Me-too-Geschäft einsteigen wollen. Hierbei entwickeln Sie ebenfalls eine Lösung, die der bereits existierenden ähnelt. Wie weit Sie dies treiben wollen, liegt bei Ihnen. Im Extremfall, wenn also versucht wird, eine exakte Kopie eines

---

[1] EKS wurde 1970 von Wolfgang Mewes entwickelt. Es ist urheberrechtlich geschützt und alle Rechte liegen bei der Malik Management Zentrum St. Gallen AG.

bestehenden Produktes anzubieten, wird von sogenannten Copycats gesprochen. Hierbei sollten Sie darauf achten, dass Produkte meist urheberrechtlich geschützt sind.

Die Entscheidung zwischen einem bereits besetzten Markt und einem neu zu kreierenden wird oft als „Red Ocean vs. Blue Ocean" bezeichnet. Die dahinterliegende Blue-Ocean-Strategie besagt, dass es für einen dauerhaften Geschäftserfolg besser ist, einen neuen Markt zu erzeugen oder mit einer abgewandelten oder komplett neuen Produktinnovation einen ganz neuen Markt zu erschließen (vgl. [5]). Dies hat gleich mehrere Vorteile: Da es ein neuer Markt mit einem neuen Produkt ist, gibt es noch keine Konkurrenz. Somit haben Sie in der Akquise ein leichtes Spiel und können mangels Alternativen einen hohen Verkaufswert erzielen, der die möglicherweise angefallenen Entwicklungskosten schnell wieder amortisieren kann. Begeben Sie sich dagegen mit einem neuen Produkt in einen bereits komplett erschlossenen Markt, so begeben Sie sich in ein Haifischbecken von Mitbewerbern, die möglicherweise schon lange am Markt erfolgreich sind und die kompletten Marktanteile unter sich aufgeteilt haben. Daher der Name – Red Ocean – ((blut-)roter Ozean). Es herrscht also ein reiner Verdrängungsmarkt, in den Sie (ein wirklich gutes Produkt vorausgesetzt) sehr aggressiv einsteigen müssen und möglicherweise (vor allem am Anfang) mit sehr günstigen Verkaufspreisen arbeiten müssen, um Marktanteile für sich zu gewinnen. Ein oft zitiertes Beispiel für eine optimale Blue-Ocean-Strategie ist die Spielekonsole Wii der Firma Nintendo.

Beispiel

Der Markt der Spielekonsolen ist ein maximal erschlossener, der im Grunde von den drei Herstellern Nintendo, Sony (Playstation) und Microsoft (XBox) besetzt ist. In einer Zeit, in der Sony und Microsoft den Markt der Intensivspieler adressierte, betrat Nintendo mit der Wii den komplett unbesetzten Markt der Gelegenheitsspieler und Familien mit kleinen Kindern. Dazu entwickelte Nintendo eine komplett neue Konsole, die mit einer innovativen Gestensteuerung leicht zu bedienen und im Gegensatz zu den anderen Konsolen auch noch billiger war, da nicht auf High-End-Hardware gesetzt wurde. Die Markteinführung war ein voller Erfolg und Nintendo verdiente ab der ersten Konsole Geld, da sie, im Gegensatz zu Sony und Microsoft, ihre Konsole nicht subventionierten, um die Hardwarekosten im Nachhinein durch den Verkauf von Spielen und weiteren Online-Services wieder hereinzuholen. Nintendo setzte also voll auf eine Blue-Ocean-Strategie und hatte damit den gewünschten Erfolg. ◄

Um ein Produkt (oder Ihr ganzes Portfolio) in Richtung einer Blue-Ocean-Strategie neu zu positionieren, haben sich vier Herangehensweisen herauskristallisiert (vgl. [5]):

1. *Eliminieren:* Welche Teile, Funktionen, Erweiterungen und Eigenschaften Ihres Angebots können Sie weglassen? Was wird vom Markt vielleicht gar nicht mehr nachgefragt?

Was nutzen Ihre Kunden nie? Welche neuen Marktanforderungen werden in der bisherigen Konstellation nicht mehr abgedeckt?

2. *Reduzieren:* Welche Eigenschaften und Funktionen können reduziert werden? Wie können dadurch in der Produktion, der Lagerung und dem Vertrieb Kosten gespart werden?

3. *Aufstocken:* Welche Eigenschaften und Funktionen Ihres Produktes müssen verbessert oder weiter ausgebaut werden? Welche Anforderungen hat Ihr Zielmarkt? Wie können Sie dies durch eine Verbesserung bedienen? Wie entsteht dadurch ein Alleinstellungsmerkmal?

4. *Erzeugen:* Was müssen Sie neu erzeugen, um Ihren Zielmarkt zu adressieren? Müssen Sie ein komplett neues Produkt oder eine Dienstleistung erstellen? Reicht es, ein Produkt durch einen zusätzlichen und innovativen Service zu ergänzen? Was brauchen Ihre Kunden? Was bietet die Konkurrenz (noch) nicht?

Nachdem in diesem Kapitel die Ideenphase ausführlich vorgestellt wurde, möchte ich hier noch ein paar nützliche Tools für die Ideengewinnung vorstellen. An dieser Stelle werden nur ein paar vorgestellt. Der Bereich der Kreativitätstechniken ist selbstverständlich viel größer. Falls Sie zu diesem Gebiet weitere Informationen suchen, werden Sie im Internet schnell fündig. Weiterhin gibt es sehr viel Fachliteratur zu diesem Thema. Hier nun eine kleine Auswahl an bekannten Kreativitätstechniken:

- *Brainstorming*: Das Brainstorming ist eine der wohl bekanntesten Methoden zur Entwicklung von neuen Ideen (vgl. [6]). Es kann allein oder in einer Gruppe durchgeführt werden. Es gibt beim Brainstorming einige grundsätzliche Regeln, die nicht alle kennen. Um den Prozess richtig zu durchlaufen, ist eine genaue Beachtung der Regeln sehr wichtig. Egal, ob Sie allein oder in einer Gruppe arbeiten: Lassen Sie alle Ideen und Einfälle zu. Kommentieren und kritisieren Sie keine Idee, egal, wie abwegig sie in diesem Moment klingen mag. Ermuntern Sie sich oder Ihre Kollegen eher dazu, auf vorhandene Ideen aufzubauen und diese weiterzuentwickeln. So kann schnell eine gewisse Gruppendynamik entstehen. Dokumentieren Sie weiterhin jede Idee. Am besten schreiben Sie sie groß und für alle lesbar an einer zentralen Stelle auf, sodass alle Ideen jederzeit einsehbar sind. Machen Sie sich beim Aufschreiben auch keine Gedanken über eine Gruppierung oder eine Priorisierung. Zu diesem Zeitpunkt sind alle Ideen gleichwertig. Geben Sie sich selbst oder der Gruppe eine klare Zeitvorgabe, zum Beispiel eine halbe Stunde, und beenden Sie den Prozess danach, ohne jedoch Ideen abzuwürgen. Erst im nächsten Schritt werden die gesammelten Ideen dann bewertet und strukturiert. Hierfür bietet sich das Mindmapping an.
- *Mindmapping:* Beim Mindmapping wird eine Idee oder ein Thema mittig auf ein großes Stück Papier geschrieben (vgl. [7]). Dies könnte zum Beispiel ein Oberbegriff für Ihre neue Idee sein, an der Sie bereits mit Hilfe des Brainstormings gearbeitet haben. Am besten zeichnen Sie noch einen Kreis um den Begriff oder unterstreichen ihn, damit er besonders deutlich erkennbar ist. Im nächsten Schritt versuchen Sie, den gesammelten

Ideen Oberbegriffe zuzuordnen. Diese Oberbegriffe, Gruppierungsbegriffe oder Cluster schreiben Sie als Nächstes auf und verbinden den neuen Begriff mit dem zentralen Begriff mit Hilfe einer Linie. Von dort aus können Sie beliebig weiterverästeln und die Idee somit Stück für Stück konkretisieren und Einzelheiten hinzufügen. Ein neuer Oberbegriff erhält dann wieder eine direkte Verbindung zu dem zentralen Begriff. So entsteht schrittweise ein geordnetes Netzwerk, welches Ihre Idee grafisch strukturiert darstellt. Es hat sich im Übrigen herausgestellt, dass es nützlich ist, bei einer Mindmap nicht nur Text zu verwenden, sondern auch mit Bildern, Grafiken oder kleinen Piktogrammen zu arbeiten. So werden die einzelnen Ideen plakativer und bleiben besser im Gedächtnis.

Um flexibler mit diesem Werkzeug zu arbeiten, bietet es sich an, für die Erstellung der Mindmap ein Computerprogramm einzusetzen. Dazu gibt es verschiedene Systeme von der kostenlosen Open-Source-Version bis zur mehrbenutzerfähigen Enterprise Software. Solche Programme helfen Ihnen, Ihre Mindmap zu strukturieren, denn sie ordnen Ihre Ideen automatisch und Sie können ganze Diagrammteile mit einem Mausklick verschieben, um so die Mindmap umzustrukturieren. Außerdem kann das Ergebnis ganz einfach gespeichert und zum Beispiel per E-Mail an alle Beteiligten verschickt werden.

- **Design Thinking:** Das Design Thinking ist in den letzten Jahren sehr beliebt geworden. Große Firmen wie zum Beispiel BMW und Google arbeiten intensiv mit dieser Methode. Im Gegensatz zu vielen anderen Kreativmethoden beginnt das Design Thinking immer beim Kunden. Die ganze Methode stellt also einen (imaginären) Kunden in den Mittelpunkt und arbeitet von seinen Bedürfnissen und Wahrnehmungen aus in Richtung einer neuen Idee. Das Design Thinking besteht dabei aus drei Elementen, die im Folgenden weitervorgestellt werden (vgl. [8]). Grundlage bei der Zusammenarbeit sind die folgenden Regeln, die, wie auch schon oben beschrieben, ebenfalls für das Brainstorming gelten:

1. Arbeite visuell (be visual)
2. Nur einer spricht (one conversation at a time)
3. Fördere verrückte Ideen (encourage wild ideas)
4. Stelle Kritik zurück (defer judgement)
5. Quantität ist wichtig (go for quantity)
6. Bleib beim Thema (stay on topic)
7. Baue auf den Ideen anderer auf (build on the ideas of others)

1. **Prozess:** Der eigentliche Design-Thinking-Prozess ist in sechs iterative Schritte aufgeteilt, die nacheinander durchlaufen werden. Dabei ist es möglich und gewünscht, dass manche Phasen mehrmals durchlaufen werden, um möglichst früh Feedback einzubauen und die Idee Schritt für Schritt zu verfeinern.

a) **Verstehen:** Der erste Schritt eröffnet den Problemraum und hilft dabei, dass sich alle Teilnehmer in die Ausgangssituation hineinversetzen können. Dabei wird beschrieben, was das eigentliche Problem ist, wie die Kunden(-Gruppe) aufgebaut ist und wie sie das Problem möglicherweise heute schon lösen.

b) **Beobachten:** Der zweite Schritt sollte dazu genutzt werden, um in Feldstudien durch Beobachtung oder durch Recherche das Problem und das Umfeld noch besser zu verstehen und den Status quo bestmöglich abzubilden.

c) **Sichtweise definieren:** Danach werden die Erkenntnisse im dritten Schritt auf einen prototypischen Benutzer projiziert. Dieser wird dazu in Form einer sogenannten Persona erstellt. Diese Persona erhält einen Namen, ein Alter, ein Geschlecht und einen kompletten sozialen Background wie Familienstand, Wohnort, Freundeskreis und Arbeitsumfeld. Nachdem solch eine Persona erstellt wurde, wird das Problem aus Sicht genau dieser Persona gesehen. Stellen Sie dabei Fragen wie: Wie nehme ich das Problem wahr? Wann begegne ich ihm? Habe ich schon Lösungen für mich gefunden? Mit wem kann ich über das Problem sprechen? Wie könnte mir eine neue Lösung helfen, meine Situation zu verbessern? Was würde sich durch eine neue Lösung verbessern?

d) **Ideen finden:** Beginnen Sie dann im vierten Schritt, kreative Lösungen für das Problem zu finden. Dabei ist zunächst wieder alles erlaubt. Hier können Sie zum Beispiel wieder das Brainstorming einsetzten. Die daraus gewonnenen Ideen können zum Beispiel mit Hilfe einer Mindmap strukturiert werden. Suchen Sie sich dann die beste Idee heraus und arbeiten Sie diese weiter aus.

e) **Prototyp entwickeln:** Ein großer Vorteil des Design Thinkings liegt darin, dass in einer sehr frühen Phase bereits mit Prototypen gearbeitet wird. Genau dies geschieht im nächsten Schritt in Phase fünf. Versuchen Sie, Ihre Idee aus Phase vier jetzt mit Hilfe der bereitgestellten Materialien zu modellieren. Seien Sie dabei offen und legen Sie keinen allzu großen Wert auf das Aussehen. Es soll schnell ein Produkt erstellt werden, an dem plastisch gearbeitet werden kann. Durch die Erstellung eines Prototyps wird die Idee direkt realer. Dies hilft ungemein bei der weiteren Diskussion, da das Produkt bereits haptisch erfahrbar ist. Falls es sich bei der Idee um eine Dienstleistung handelt, können Sie zum Beispiel Ablaufgrafiken und Interaktionsgraphen aufmalen. Sollte es sich um Software handeln, so können Sie ebenfalls mit Hilfe von Papier einen ersten Prototyp erstellen. Dieser wird auch als Paper-GUI bezeichnet (vgl. Abschn. 2.5.5).

f) **Testen:** Im sechsten und letzten Schritt wird der Prototyp getestet. Dazu können weitere Mitarbeiter hinzugezogen oder besser noch reale Kunden eingebunden werden. Gefällt den Kunden, was sie sehen, können Sie die Kunden nach weiteren Wünschen oder Verbesserungen fragen. Sammeln Sie dazu alles Feedback ein und arbeiten Sie es in den Prototyp mit ein. Gefällt den Kunden ihre Idee gar nicht, so können Sie den Prototyp an dieser Stelle, genauso schnell wie Sie ihn erstellt haben, wieder verwerfen. Das ist der Vorteil dieser schnellen Methode. Von diesem Schritt aus sollten Sie wieder in einen der vorhergegangenen Prozessschritte verzweigen. Dies kann zum Beispiel die erneute Erstellung oder Überarbeitung des Prototyps bedeuten oder sogar, dass Sie noch mal komplett zurück ans Reißbrett gehen. Nutzen Sie hier die Geschwindigkeit des Prozesses, um Ihre Idee schnell durch mehrere Iterationen zu führen und sie in jedem Durchgang zu verbessern.

2. *Multidisziplinäre Teams:* Beim Design Thinking wird großer Wert auf Teams gelegt, die aus möglichst vielen Bereichen zusammengesetzt werden. Somit soll sichergestellt werden, dass möglich viele Ideen zusammenkommen. Oft werden in solch einem Prozess Personen aus dem Marketing, der Entwicklung, der Produktion und dem Vertrieb eingesetzt. Dadurch sind die Einstellungen zu der neu zu entwickelnden Idee grundverschieden. Möglicherweise sollten Sie auch Personen involvieren, die vorher gar nicht mit solch einem Projekt in Verbindung gestanden haben, da sie nicht durch die bisherigen Erlebnisse beeinflusst sind und dadurch kreative Ideen mit in den Prozess einbringen.

3. *Variable Raumkonzepte:* Achten Sie bei der Planung und Durchführung eines Design-Thinking-Workshops darauf, dass der Raum möglichst viele kreative Möglichkeiten bietet. Dazu sollte er groß, hell und offen gestaltet werden. Es sollte genug Platz für Whiteboards, Metaplanwände und sonstiges Zeichenmaterial geben. Weiterhin sollten Sie Tische zur Verfügung stellen, auf denen schon Materialien zur Verfügung stehen, die zur Erstellung der Prototypen eingesetzt werden können. Was Sie hier nutzen, hängt stark von dem gewünschten Endergebnis ab. Sie können Papier, Stifte, Knetgummi, Stoffe, Legosteine, Holz oder weitere Materialien nutzen. Die gesamte Arbeit sollte während des Prozesses möglichst in Kleingruppen von ca. sechs Personen durchgeführt werden. Achten Sie darauf, dass im Stehen gearbeitet werden kann und reger Austausch zwischen unterschiedlichen Teams möglich ist.

Der ganze Prozess sollte von einem erfahrenen Moderator angeleitet und begleitet werden. Dies stellt sicher, dass der Prozess und die Regeln eingehalten werden. Weiterhin sollte der Moderator Zeitvorgaben für die einzelnen Schritte vorgeben. Hier kann die Spanne je nach Komplexität zwischen wenigen Minuten und ganzen Stunden oder sogar Tagen pro Prozessschritt liegen. Wichtig ist auch hier wieder, dass alle Ergebnisse dokumentiert werden. Am besten stellen alle Gruppen am Ende ihre Ergebnisse in der Gesamtgruppe vor. So können sofort weitere Diskussionen gestartet und möglicherweise ein Ranking der entwickelten Ideen erstellt werden, damit diese entsprechend priorisiert weiterverfolgt werden können.

- *Maker Thinking:*
  Ein weiterer, innovativer Ansatz, kreative, neue Geschäftsmodelle zu entwickeln, wurde von Martin Kiel am Think Tank „the black frame."[2] entwickelt. Bei dem „Maker Thinking" genannten Ansatz geht es im Gegensatz zum Design Thinking, in dem mögliche Ideen zuerst nur auf Papier und Post-its entwickelt werden, von Anfang an darum, anfassbare und erlebbare Ergebnisse zu produzieren.

---

[2] the black frame. c/o codecentric AG, www.theblackframe.com, letzter Zugriff 31.05.2022.

Das Maker Thinking wird als externer Impuls für eine interne Innovation verstanden. Dabei werden Ansätze aus dem Innovation Management mit den Ideen der Maker-Szene verbunden (vgl. [9]). Der Prozess wird gestartet, indem zu einem gemischten, internen Team ein externes, multidisziplinäres Expertenteam hinzugezogen wird. Die Zusammensetzung dieses Teams ist in jedem Innovationsprojekt individuell und kann von Ingenieuren über (Innen- oder Außen-)Architekten und Start-up-Beratern bis hin zu IT- und Marketingfachpersonal reichen. Es wird empfohlen, fünf bis sieben Spezialisten zu dem Projekt hinzuzuziehen.

Das Maker Thinking lässt sich in drei aufeinander aufbauende Phasen unterteilen. Dabei sind die ersten beiden Phasen auf je sechs Tage begrenzt. Die dritte Phase dauert dann meist drei bis sechs Monate. Diese Phasen laufen wie im Folgenden beschrieben ab:

1. *Innovation Camp:* Die Ideen für mögliche neue Geschäftsmodelle und Produkte werden dabei nicht in einem Konferenzraum erarbeitet, sondern in Exkursionen zu Kunden, durch Städte, Parks und Gebäude entwickelt. Während dieser Phase sollen neue Eindrücke von der Kundenrealität gesammelt und neue Kundenanforderungen vor Ort erfahrbar gemacht werden. Es geht dabei um einen offenen Diskurs mit der sozialen Gegenwart und ein aktives Erfahren der aktuellen Populärkultur. Nach Aussagen von the black frame. lassen sich nur durch ein aktives Auseinandersetzen mit der Gegenwart tragfähige Ideen für die Zukunft entwickeln. Bei diesem immersiven Ansatz soll die Firma sich von innen heraus selbst neu erfinden, indem Input aus dem realen Umfeld als Vorlage für neue Ideen genutzt wird. Dabei soll trotz der omnipräsenten Digitalisierung der Fokus zu Beginn nicht auf einer IT-Lösung liegen. So ist zum Beispiel der Ansatz, unbedingt etwas mit der Blockchain-Technologie umsetzen zu wollen, nur weil dies gerade im Trend ist, falsch. Die Wahl der unterstützenden IT sollte erst einmal zurückgestellt werden und das eigentliche Produkt oder Geschäftsmodell mit einem echten Kundennutzen entwickelt werden.

2. *Do Tank/Visioneering:* In der zweiten Phase werden dann konkrete Ideen für ein neues Produkt oder ein ganzes Geschäftsmodell entwickelt. Hier unterscheidet sich der Ansatz von anderen Vorgehensweisen, bei denen die Ideen zuerst rein auf dem Papier entwickelt und bewertet werden, bevor in einer späteren Phase vielleicht ein Prototyp entwickelt wird. Beim Maker Thinking werden sofort Prototypen entwickelt. In diesem Rapid Prototyping können zum Beispiel 3D-Drucke von zukünftigen Produkten, echte Ladeneinrichtungen und Produktbestückungen oder Click-Dummies von Software-Produkten und Apps entwickelt werden. So werden die neuen Produkte sofort erfahrbar. Zusätzlich wird bereits alles vorbereitet, um das neue Geschäftsmodell in echtes Geschäft umzusetzen. Hierbei können neue Marketingseiten, Logos und Marken-Claims erstellt werden, Social-Media-Kanäle vorbereitet und Personalplanungen gestartet werden. Zusätzlich wird alles für eine reibungslose IT-Integration vorbereitet.

Der so erstellte Prototyp wird in dieser Phase bereits gemeinsam mit Kunden getestet und durch ein im Vorfeld festgelegtes Innovation Accounting begleitet. Hierbei werden zuvor festgelegte Key-Performance-Indikatoren (KPIs) gemessen und ausgewertet. Dabei kann es sich um Zugriffszahlen auf eine Produktseite, Testverkäufe, Kundenzahlen in einem neuen Geschäft, App-Downloads und natürlich mündliches und schriftliches Kundenfeedback handeln.

Am Ende dieser Phase ist ein komplettes Produkt erstellt und bereits erprobt und bewertet worden. Dieses Schlussbild wird dann dem Management vorgestellt, welches darüber entscheiden muss, ob das Produkt oder das neue Geschäftsmodell in die Realität umgesetzt werden soll. Da dieser Ansatz recht radikal und vor allem schnell ist, muss das Top-Management von Anfang an miteinbezogen werden und der Prozess muss gewollt und unterstützt sein.

Falls das Management an dieser Stelle positiv entscheidet, ist bereits alles so weit vorbereitet, dass das neue Konzept sofort umgesetzt werden kann.

3. *Launch Pad:* Die reale Umsetzung erfolgt dann in der dritten Phase. Hierbei werden die zuvor erarbeiteten Ergebnisse als Grundlage für die neue Lösung genommen. Meist entsteht an dieser Stelle etwas völlig Neues, was oft (zuerst) in einem neu zu gründenden Unternehmen oder Produktbereich umgesetzt wird. Um die Geschwindigkeit, welche in der Entwicklungsphase aufgebaut wurde, beizubehalten, wird hier ein Lean-Startup-Ansatz gewählt (vgl. Abschn. 1.8). Somit kann buchstäblich der Schalter umgelegt und das neue Geschäftsmodell zum Leben erweckt werden. Auch in dieser Phase sollte weiterhin mit Innovation Accounting gearbeitet werden, um dem Management permanent Auskunft über die Performance des neuen Unternehmens oder Produkts geben zu können.

Mit Hilfe des Maker Thinkings und unter dem Einsatz eines interdisziplinären Teams können somit sehr schnell neue Geschäftsmodelle entwickelt, erprobt und livegeschaltet werden.

- *Destroy your Business:* Diese Methode ist sehr radikal, kann aber sehr kreative Ideen hervorbringen. Bei der Methode Destroy your Business setzen Sie eine Gruppe von ca. sechs Personen gemeinsam mit einem Moderator zusammen. Am besten schaffen Sie dafür eine ruhige Atmosphäre außerhalb des normalen Berufsalltags. Der Moderator erklärt zu Beginn kurz die Regeln und führt die Teilnehmer dann anhand von gezielten Fragen durch den Prozess. Die Teilnehmer sollen während der ca. zwei Stunden gemeinsam überlegen, wer oder was ihrer Firma gefährlich werden könnte. Dabei wird analysiert, wie die Firma, ein spezielles Produkt oder eine Dienstleistung durch einen Konkurrenten bedroht oder gar überflüssig gemacht werden könnte (vgl. [10]). Dazu kann der Moderator zum Beispiel folgende Fragen stellen:
  - Wie könnte ein finanzstarkes Unternehmen oder ein kleines Start-up Ihr klassisches Businessmodell kopieren oder gar besser machen?
  - Wie würde die Konkurrenz Ihr Businessmodell besser machen?

- Gibt es ein Businessmodell, welches Ihr komplettes Geschäft überflüssig machen könnte?
- Wie würde das Produkt oder das Businessmodell aussehen?
- Wie könnte Ihr Konkurrent Ihnen Ihre Kunden abnehmen?
- Was würde die Kunden zu einem Wechsel bewegen?
- Wie würde Ihr Konkurrent sein Produkt präsentieren?
- Wie könnten die konkurrierenden Preisstrukturen aussehen?

Nachdem anhand dieser Fragen mindestens ein Bedrohungsszenario entwickelt und festgehalten wurde, kann in einem nächsten Schritt damit begonnen werden, aus dem Ergebnis Schlüsse für das eigene Business zu ziehen und Ideen für ein neues Businessmodell, ein neues Produkt oder eine neue Dienstleistung zu entwickeln. Diese Ideen können dann wieder in den Business Development Prozess integriert werden.

Beispiel

Das wohl berühmteste Beispiel für die erfolgreiche Anwendung der „Destroy your Business"-Methode ist Amazon. Groß geworden ist der Internethändler mit dem Verkauf von klassischen Büchern. Inzwischen verkauft Amazon sehr viele Produkte, aber zu Beginn konzentrierte sich das Unternehmen auf den Online-Buchhandel. Anfang der 2000er-Jahre setzten sich einige Amazon-Mitarbeiter und Manager zusammen, um mit Hilfe der „Destroy your Business"-Methode ihr Geschäft zu modernisieren. Im Rahmen des Prozesses wurde erkannt, dass elektronische Bücher immer weiter auf dem Vormarsch sind. Erste Händler verkauften bereits die sogenannten E-Books und der Markt (vor allem der US-Markt) wuchs schnell. Amazon sah dadurch sein klassisches Buchversandgeschäft in Gefahr und überlegte sich, wie ein neu agierendes E-Book-Unternehmen handeln würde. Die Lösung ist so einfach wie genial: Es wurde ein möglichst günstiger E-Book-Reader (Amazon Kindle) entwickelt, welcher ausschließlich mit Büchern aus dem Amazon-Shop befüllt werden konnte. Gleichzeitig wurden entsprechende Verträge mit E-Book-Verlagen geschlossen, sodass das Buchangebot von Beginn an sehr groß war. Damit hat Amazon den Markt sehr schnell durchdringen und weltweit viele Kunden an sich binden können. ◄

- *Design Sprint:*
  Im Bereich der digitalen Geschäftsmodelle und Produkte (zum Beispiel Software, Smartphone- und Tablet-Apps oder Cloud-basierte Services) hat sich eine weitere Kreativmethode in den letzten Jahren durchgesetzt. Die Methode wurde von Google entwickelt und Design Sprint genannt. Sie ist darauf ausgelegt, innerhalb von fünf Tagen ein komplett neues Geschäftsmodell inklusive eines fertigen Prototyps zu produzieren. Das Vorgehen ist tageweise strukturiert und lässt sich wie folgt zusammenfassen (vgl. [11]):

1. Tag: *Informationen:* Der erste Tag wird dazu genutzt, dass sich das interdisziplinär besetzte Team mit Mitarbeitern aus unterschiedlichen Abteilungen und Bereichen gegenseitig vorstellt und aktuelle Probleme und Herausforderungen erläutert.
2. Tag: *Skizzen:* Am zweiten Tag werden aufbauend auf die präsentierten Herausforderungen erste Lösungsansätze entwickelt und in Kleingruppen Skizzen für mögliche Produkte erarbeitet.
3. Tag: *Entscheidung:* Die zuvor erarbeiteten Ideenskizzen werden am dritten Tag einem Entscheidungsgremium vorgestellt. Dieses sollte dabei mit Entscheidern besetzt werden, da die entwickelten Ideen später echte Produkte werden sollen. Nur so kann sichergestellt werden, dass im Nachgang zum Design Sprint auch Ressourcen (Geld und Personen) zur Umsetzung zur Verfügung stehen und das Management die Idee mitträgt. Nachdem alle Ideen vorgestellt wurden, wird der beste Ansatz durch das Gremium ausgewählt.
4. Tag: *Prototyp:* Am vierten Tag wird die Idee, welche am Tag zuvor gewonnen hat, in einem funktionsfähigen ersten Prototyp umgesetzt. Dazu arbeiten alle gemeinsam an der Umsetzung und implementieren eine lauffähige Software, welche bereits Grundfunktionen umsetzt.
5. Tag: *Test:* Der letzte Tag wird genutzt, um den Prototypen zu testen. Hierzu können mögliche Zielkunden oder Mitarbeiter, die nicht in den Design Sprint miteinbezogen sind, genutzt werden, um erste Reaktionen auf das neue Produkt zu erlangen und Feedback und Verbesserungsvorschläge zu erfragen.

Dieses Vorgehen ist schnell und liefert innerhalb von nur einer Arbeitswoche bereits einen abgestimmten Prototyp. Das Kundenfeedback des letzten Tages kann dann dazu genutzt werden, um zu entscheiden, ob der Prototyp zu einem Produkt weiterentwickelt werden soll oder ob das Produkt doch nicht den gewünschten Nutzen bringt und noch mal grundlegend überdacht werden sollte. Im besten Fall könnte so in nur einer Woche ein tragfähiges neues Geschäftsmodell inklusive einer ersten Umsetzung entwickelt werden, die sich dann in Ruhe zu einem vollen Produkt weiterentwickeln lässt. Im schlechtesten Fall wurden nur fünf Tage investiert und das Unternehmen ist um mindestens eine Erfahrung reicher. Das Feedback sollte aber so oder so in den nächsten Design Sprint miteinfließen. So kann die Qualität der Design Sprints jedes Mal gesteigert werden.

- *Hackathons:* Eine weitere Methode, schnell kreative Ideen zu entwickeln und zu testen, sind Hackathons (vgl. [12]). Das Wort Hackathon setzt sich dabei aus den Worten „to hack" (aus dem umgangssprachlichen Englisch: programmieren) und Marathon zusammen. Ein Hackathon ist grundsätzlich wie ein Wettbewerb organisiert, bei dem entweder vollkommen frei oder unter Vorgabe einer Technologie oder eines Themas neue Ideen, Programme, Services oder mobile Apps entwickelt werden. Dabei arbeiten mehrere Teams über einen festgelegten Zeitraum zusammen, erarbeiten die grundsätzlichen Ideen und entwickeln in der gegebenen Zeit einen ersten, lauffähigen Prototyp, der am Ende einer Jury vorgestellt wird.

Hackathons sind in den letzten Jahren sehr beliebt geworden und werden von Industrie und Verwaltung gleichermaßen geschätzt. Es ist zu beachten, dass Hackathons meist zur Erprobung und Entwicklung von IT-basierten Lösungen eingesetzt werden. Inzwischen gibt es aber auch Hackathons außerhalb der IT.

Hackathons können dabei intern in einer Firma und mit eigenem Personal oder mit externen Personen durchgeführt werden. Die Teams sollten möglichst heterogen aufgebaut sein, sodass unterschiedliche Fähigkeiten und Kompetenzen genutzt werden können.

Ein Hackathon dauert meist zwei bis drei Tage, in denen oft rund um die Uhr sehr intensiv gearbeitet wird. Zu festgelegten Zeiten müssen der Jury Zwischenergebnisse vorgestellt werden. Dies sind zum Beispiel das angestrebte Geschäftsmodell, eine technische Planung und eine Ablaufplanung des weiteren Vorgehens.

Am Ende eines Hackathons kommen alle Teilnehmer zusammen und stellen die erarbeiteten Ergebnisse der Jury und den übrigen Teilnehmern vor. Die Jury entscheidet dann nach einem vorher festgelegten Kriterienkatalog über den Sieg. Als Preise werden oft Geld- oder Sachpreise vom Arbeitgeber oder von Sponsoren vergeben.

Hackathons können unterschiedliche Ziele haben. Im Folgenden werden die drei wichtigsten vorgestellt:

1. *Neue Geschäftsmodelle entwickeln:* Vor allem im Rahmen der Digitalisierung benötigen Firmen neue Geschäftsmodelle, die entweder einen komplett neuen Geschäftsbereich begründen sollen oder eine Weiterentwicklung des bestehenden Geschäftsmodells darstellen. Im Rahmen eines Hackathons können schnell kreative Ideen entwickelt und erprobt werden. Darum bietet es sich an dieser Stelle an, den Wettbewerb mit externen Teilnehmern zu besetzen und nur wenige eigene Mitarbeiter zu involvieren. So wird sichergestellt, dass die Teilnehmer freier denken können und nicht innerhalb der Limitierungen des gelebten Tagesgeschäfts einer Firma gefangen sind.

2. *Neue Technologien erproben:* Hackathons können auch eingesetzt werden, um schnell neue IT-Technologien auszuprobieren. Egal, ob es sich zum Beispiel um die Integration von Cloud-Services oder den Einsatz einer mobilen App handelt; im Rahmen eines Wettbewerbs können neue Ideen und technologische Innovationen schnell und ohne großen finanziellen Aufwand auf ihre Einsatzmöglichkeiten für das eigene Unternehmen untersucht werden.

3. *Neues Personal finden:* Eine weitere Möglichkeit, Hackathons einzusetzen, die vor allem in der letzten Zeit im Rahmen des Fachkräftemangels sehr beliebt geworden ist, ist es, den Wettbewerb zu nutzen, um schnell hochqualifizierte Bewerber zu finden, sie im Rahmen des Wettbewerbs auf technische und soziale Fähigkeiten (Skills) zu überprüfen und den geeigneten Personen im Nachgang direkt eine Stelle anzubieten.

- *Die magische Frage:* Bei der magischen Frage handelt es sich um die simple Frage: „Was wäre, wenn ...?". Hier können Sie je nach Ihrem jeweiligen Ziel einen entsprechenden Teil ergänzen. Zum Beispiel: „Was wäre, wenn unsere Produkte auch in den USA ein

Verkaufsschlager wären?", „Was wäre, wenn wir keine Budgetsorgen hätten?", „Was wäre, wenn wir über Nacht Marktführer wären?" oder besser noch: „Was wäre, wenn ab morgen alles perfekt laufen würde?". Solche Fragen öffnen einen weiten Raum, der sehr positiv besetzt ist. Damit regen solche Fragen dazu an, die bisherigen Schwierigkeiten und Probleme einmal außer Acht zu lassen und vollkommen frei über ein gegebenes Thema nachzudenken. Beachten Sie auch hierbei, dass Sie, genau wie beim Brainstorming, alle Antworten zulassen. Dokumentieren Sie wieder alles und regen Sie Ihre Kollegen dazu an, die Frage auch noch weiter zu fassen, um so vielleicht noch mehr Ideen zu sammeln. Nach einer vorher festgelegten Zeit werden die Ideen dann gesichtet, bewertet und geschaut, ob sich daraus vielleicht Schlüsse für die eigentliche Situation ziehen lassen.

Wenn Sie eine konkrete Idee entwickelt haben, können Sie diese einem echten Stresstest unterziehen. Dafür bietet sich eine „Kill or Thrill"-Diskussion an. Dabei wird die Idee einer Gruppe von Personen vorgestellt (hierbei sollten Sie Personen integrieren, die bei der Entwicklung der Idee nicht dabei waren) und im Anschluss werden 20 min lang Gründe gesucht, die dagegen sprechen, diese Idee umzusetzen. Dabei gilt wieder, wie schon beim Brainstorming, dass Sie alle Antworten zulassen und niederschreiben sollten. Sammeln Sie kritiklos alles Feedback ein. Danach suchen Sie gemeinsam 20 min lang Gründe, die dafür sprechen, dass die Idee ein voller Erfolg wird. Lassen Sie auch hier wieder alle Antworten zu. Fassen Sie anschließend alle Antworten zusammen und überlegen Sie, auf welche Art und Weise Sie die Antworten in der Planung weiterbringen könnten. Überarbeiten Sie die Idee dementsprechend oder verwerfen Sie sie zu diesem Zeitpunkt, wenn die negativen Aspekte überwiegen oder absolute No-go-Argumente gefunden wurden. Dies ist kein Problem. Sie haben zu diesem Zeitpunkt nichts verloren. Aber Sie haben an Erfahrung gewonnen. Auf die Frage nach seinen jahrelangen Fehlversuchen auf dem Weg zur Erfindung der Glühbirne antwortete Thomas Edison sinngemäß: „Ich habe nicht versagt, ich kenne jetzt über 1000 Arten, wie man eine Glühbirne nicht konstruiert."

Nachdem Sie in dieser Phase mindestens eine valide Idee hervorgebracht haben, sollten Sie diese weiterkonkretisieren. Haben Sie mehrere valide Ideen, müssen diese im Einzelnen bewertet und dann die Idee mit der höchsten Erfolgswahrscheinlichkeit selektiert werden. Möglicherweise sind die gewonnenen Ideen auch so unterschiedlich, dass es sich lohnen würde, mehrere weiterzuverfolgen. Die Entscheidung obliegt in diesem Fall dem Management.

Nachdem die finale Idee ausgewählt wurde, sollten Sie sich an dieser Stelle im Prozess noch nicht allzu viele Gedanken über die Einsortierung in Ihr Portfolio machen. Denken Sie lieber weiter frei und ohne die Begrenzungen Ihres bisherigen Geschäfts. Dies sorgt dafür, dass die Idee weiterwachsen kann, ohne durch den Alltag eingegrenzt zu werden. Zu einem späteren Zeitpunkt (wenn der Innovationsprozess abgeschlossen ist) müssen Sie aber klären, wie Sie das neue Produkt in Ihr Portfolio aufnehmen wollen. Passt das Produkt überhaupt in Ihr bisheriges Portfolio? Kannibalisieren Sie dadurch andere Produkte, Bereiche, Märkte oder Partner? Passt das Produkt zu Ihrem Image? Falls Sie einige dieser Fragen mit Nein beantwortet haben und trotzdem das Produkt auf den Markt bringen wollen, lohnt es sich, darüber nachzudenken, ob Sie zur Vermarktung vielleicht eine neue Firma ausgründen oder mit einem Partner ein Joint Venture gründen wollen. Das ist vor allem bei Produkten sinnvoll, die weit außerhalb des bisherigen Portfolios stehen.

Neben der internen Entwicklung von Innovationen hat sich in den letzten Jahren ein Ansatz etabliert, bei dem die Kunden in die Ideenphase direkt mit eingebunden werden. Die als „Co-Creation" bezeichnete Methode wird im Folgenden beschrieben.

2.5.1.1 Co-Creation

In den letzten Jahren ist ein deutlicher Wechsel von einer „Produktzentriertheit" hin zu einer „Kundenzentriertheit" zu verzeichnen. Bisher stand das Produkt (oder die Dienstleistung) im Zentrum der Unternehmen. Alles drehte sich um die Entwicklung, das Produzieren, das Marketing und den Vertrieb. Heute steht der Kunde im Mittelpunkt. Denn ohne Kunden sind alle weiteren Aktionen überflüssig. Es geht darum, den Kunden zu verstehen und seine Probleme zu lösen.

Business Development soll dazu nah am Kunden und seinen Problemen agieren. Hierfür werden klassischerweise Instrumente aus der Marktforschung und Marktbeobachtung genutzt. Es hat sich gezeigt, dass es ebenfalls eine sehr gute Idee sein kann, die Kunden direkt in den Entwicklungsprozess miteinzubinden. Dieser Ansatz wird als Co-Creation bezeichnet. Dabei werden die Ideen der Kunden direkt genutzt und das innovative Potential der Kundenbasis gehoben.

Bei der Umsetzung von Co-Creation gibt es keine festen Regeln. Sie können Ihre Kunden zum Beispiel zu offenen Innovationsgesprächen einladen und am runden Tisch über neue Ideen sprechen. Weiterhin können Sie Ihre Kunden dazu aufrufen, neue und innovative Ideen einzureichen. Dieser Ansatz wird oft als Ideenwettbewerb mit entsprechenden Preisen durchgeführt.

Neben einer Offline-Umsetzung gibt es auch die Möglichkeit, Co-Creation-Prozesse online einzusetzen. Hierbei wird dann von Crowdsourcing gesprochen. Das Wort setzt sich aus den beiden Worten: Crowd (englisch: Menschenmenge) und Outsourcing (zum Beispiel das Auslagern des IT-Betriebs zu einem Dientleister) zusammen. Mit Hilfe von Social Media lassen sich schnell und unkompliziert Crowdsourcing-Kampagnen durchführen, da Sie über Ihre Unternehmensprofile bereits mit Ihren Zielkunden verbunden sind und auf den jeweiligen Plattformen direkt einen entsprechenden Aufruf absetzen können.

Große Sportartikelhersteller haben sich dieses Instruments schon des Öfteren bedient, um in kleinen Kreativwettbewerben neue Designs für T-Shirts oder Schuhe entwickeln zu lassen. Die Nutzer konnten über eine Online-Plattform eigene Designs erstellen oder hochladen und die Community durfte dann für die einzelnen Designs abstimmen. Auf diesem Weg konnten die Hersteller direkt mehrere Fliegen mit einer Klappe schlagen, da sie nicht nur attraktive neue Designs erhielten, sie kamen auch in einen sehr engen Austausch mit ihren Zielkunden, haben diese noch enger an das Unternehmen gebunden und gleichzeitig erhielten sie direktes

Feedback zu möglichen neuen Produkten. So konnten sie sicher sein, dass die Produktion der neuen Produkte mit den Gewinner-Designs einen großen Absatz finden werden. Dies kann zum Beispiel mit einem integrierten Vorbestellungsprozess abgesichert werden.

Bei allen Vorteilen sei auch darauf hingewiesen, dass Co-Creation-Prozesse auch mögliche Nachteile oder Risiken mit sich bringen. So können durch die offene Diskussion zu einem sehr frühen Entwicklungszeitpunkt wichtige Informationen zu potentiell ungeschützten Produkten die Konkurrenz auf den Plan rufen. Weiterhin kann es im Internet auch leicht zu Manipulationen kommen. So können entsprechende Plattformen auch durch koordinierten Protest lahmgelegt oder missbraucht werden.

Offene Ideenwettbewerbe können allerdings auch durch nicht ernst gemeinte Teilnahmen verzerrt werden. Ein bekanntes Beispiel stammt aus dem Jahr 2011. Das Spülmittelunternehmen Pril, welches zum Henkel-Konzern gehört, lud seine Kunden zu einem Online-Designwettbewerb ein. Die Kunden konnten auf einer speziellen Plattform neue Designs für die Spülmittflasche entwickeln oder eigene Designs hochladen. Neben vielen ernst gemeinten und kreativen Einsendungen lud ein Teilnehmer ein Bild von einem mit der Hand gezeichneten Hähnchen hoch, unter dem stand: „Schmeckt lecker nach Hähnchen!". Dieses Design ging über Nacht durch die sozialen Medien und wurde tausende Male „geliked" und weiterverbreitet. Es entstand ein virales Phänomen. Dies hatte zur Folge, dass das Design mit deutlichem Vorsprung auf dem ersten Platz landete, da überall im Internet dazu aufgerufen wurde, für dieses Design abzustimmen. Gedruckt wurde das Gewinner-Design damals trotzdem nicht, da es nach der Nutzerbewertung nachträglich noch eine interne Jury gab, die unter den zehn besten Designs das endgültige Gewinner-Design auswählte (vgl. [13]).

Es ist somit sehr wichtig, Co-Creations-Prozesse genau zu planen und mit sehr deutlich kommunizierten und durchgesetzten Regeln zu belegen. Wenn Sie sich daran halten, können Sie mit Hilfe von Co-Creation und Crowdsourcing die Innovationskraft Ihrer Kunden für Sie nutzbar machen.

Nachdem Sie Ihre Ideenphase erfolgreich (firmenintern oder gemeinsam mit Kunden) abgeschlossen haben, ist es an der Zeit, einen konkreten Projektplan zu erstellen.

2.5.2 Projektplan

Die Idee steht jetzt fest. Sie ist schon konkretisiert und wartet nun darauf, ausgearbeitet zu werden. Dazu wird sie Schritt für Schritt durch den Business-Development-Prozess geführt. Um diesen Ablauf aber nach Vorgabe durchzuführen, müssen Sie an dieser Stelle einen konkreten Projektplan erstellen (vgl. [14]). Die Blaupause des Prozesses dient dabei als Vorlage. Sie müssen jetzt genau überlegen, welche Personen Sie für das Projekt benötigen, wer die entscheidenden Stakeholder sind und welche Skills wann im Projektverlauf für wie lange benötigt werden. Von entscheidender Bedeutung ist auch die Abschätzung des für die Entwicklung benötigten Budgets. Nur wenn ein konkreter Projektplan und eine Abschätzung der entstehenden Kosten erstellt wurde, kann auf Management-Ebene entschieden werden, ob sich eine Investition in diesen Prozess lohnt.

Bei der Erstellung des Projektplans greifen die klassischen Methoden des Projektmanagements. Da es hier verschiedenste Vorgehensmodelle gibt und jede Firma ein präferiertes Vorgehen hat, welches sicherlich auch noch individuell angepasst wurde, wird an dieser Stelle nicht weiter auf die Erstellung des Projektplans eingegangen. Achten Sie nur darauf, dass ein möglichst konkreter Plan mit entsprechenden Zwischenzielen (Milestones), Verantwortlichen und Deadlines erstellt und permanent während des Projekts gepflegt wird. Dies ist die Verantwortung des Projektmanagers. Dieser kann, muss aber nicht, aus dem Business Development kommen.

Im Folgenden wird angenommen, dass eine positive Management-Entscheidung bezüglich des geplanten Projekts vorliegt. Natürlich kann der Prozess auch an dieser Stelle begründet gestoppt werden. Dann würde wieder die Ideenphase gestartet werden.

2.5.3   Businessmodell

Ihre neue Produktidee oder Ihre Produktanpassung entwickeln Sie, um einen Businessvorteil daraus zu ziehen. Sie wollen das Produkt erfolgreich auf Ihrem Zielmarkt positionieren und vertreiben. Dazu müssen Sie sich darüber im Klaren sein, was genau Sie wie an wen verkaufen wollen und wie Ihre Kosten- und Einnahmestrukturen aussehen. Genau dies wird unter dem Begriff Businessmodell zusammengefasst. Das Businessmodell beschreibt alle Aspekte Ihres Produkts und des Marktes, in dem Sie sich bewegen.

In den letzten Jahren hat sich zur Entwicklung und Beschreibung von Businessmodellen das sogenannte Business Model Canvas (Geschäftsmodellleinwand) durchgesetzt (vgl. [15]). Es wird inzwischen von vielen großen internationalen Firmen und vor allem von Start-ups genutzt, um schnell und leicht verständlich zu beschreiben, wie ihr Business aussieht, wo der Mehrwert liegt, wie das Produkt erzeugt wird und wie es an die Kunden vertrieben wird. Der Vorteil des Business Model Canvas ist dabei, dass es sich um eine sehr einfache grafische Methode handelt, die schnell zu erlernen und einzusetzen ist. Das Canvas erlaubt die schnelle Erstellung und Anpassung von Businessmodellen. Dies ist sehr wichtig, da auch Ihr Modell im Laufe des Business-Development-Prozesses sicherlich mehrmals angepasst und verfeinert wird.

Die einzelnen Felder der Business Model Canvas werden im Folgenden beschrieben. Dabei beziehen sich die Beschreibungen auf Abb. 2.3:

1. ***Wertangebot/Value Propositions:*** Dies ist der zentrale Punkt und sollte auch Ihr Ausgangspunkt bei der Erstellung Ihres Canvas sein. In diesem Feld beschreiben Sie Ihr Wertangebot. Was bietet Ihr Produkt? Was unterscheidet es von anderen Produkten auf dem Markt? Was macht es einzigartig? Was ist Ihr USP (Unique Selling Proposition oder Unique Selling Point)? Welche Probleme oder welche Herausforderung des

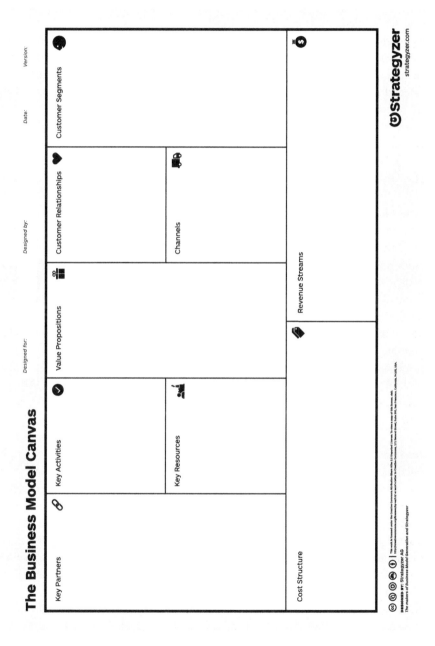

Abb. 2.3 Das Business Model Canvas – Diese Grafik wird von der Strategyzer AG unter der Creative-Commons(CC)-Lizenz (CC BY-SA 3.0) zur Verfügung gestellt

Kunden lösen Sie mit dem Produkt? Seien Sie hier so genau wie möglich und stellen Sie die wichtigsten Eigenschaften ganz konkret und leicht verständlich dar. Nutzen Sie so wenig Fachsprache wie möglich. Ihr Produkt soll doch später auch von all Ihren Kunden verstanden werden.

2. ***Kundensegmente/Customer Segments:*** In diesem Abschnitt des Canvas beschreiben Sie Ihre Zielkunden. Möglicherweise haben Sie ein Kundensegment, möglicherweise auch mehrere. Grenzen Sie diese hier klar voneinander ab und erläutern Sie den konkreten Bedarf jedes Segments so genau wie möglich. Dazu sollten Sie die Ergebnisse der Marktforschung nutzen (vgl. Kap. 5).

3. ***Kundenbeziehungen/Customer Relationships:*** Hier beschreiben Sie, wie Ihre Kundenbeziehungen aussehen. Verkaufen Sie Ihr Produkt direkt? Haben Sie Zwischenhändler? Wenn ja: Wie sehen diese aus? Wie vertreiben diese Händler Ihr Produkt? Beschreiben Sie hier Ihre Vertriebsstruktur so genau wie möglich und zeigen Sie alle Vertriebsstufen auf.

4. ***Kanäle/Channels:*** Die Kanäle sind die Wege, über die Sie mit Ihren Kunden in Kontakt treten. Nutzen Sie Vertriebspersonal, das den Kunden besucht? Verkaufen Sie über einen Online-Shop? Vertreiben Sie Ihre Produkte über Großhändler oder stellen Sie auf Messen aus? Beschreiben Sie alle relevanten Kanäle und welche Segmente Sie wie zu erreichen versuchen. Denken Sie daran, dass unterschiedliche Kunden unterschiedliche Kommunikationspräferenzen haben. Auch hierzu können Sie wieder die Ergebnisse der Marktforschung nutzen (vgl. Kap. 5).

5. ***Schlüsselaktivitäten/Key Activities:*** Hier sollten Sie darstellen, was Ihre Kerntätigkeit ist, um das Produkt zu erstellen. Muss es in einer Fabrik produziert werden? Müssen permanente Entwicklungen und Betriebsaktivitäten durchgeführt werden (z. B. bei Software)? Was sind die Kernaktivitäten, ohne die es Ihr Produkt nicht gäbe? Oft liegen hier die Firmengeheimnisse, da hier die eigentliche Produktion beschrieben wird, die Ihr Produkt einzigartig macht.

6. ***Schlüsselressourcen/Key Resources:*** In diesem Feld beschreiben Sie, was Ihre Schlüsselressourcen sind. Sind dies spezielle Mitarbeiter mit Spezial-Know-how? Sind dies Rohstoffe oder vorgefertigte Produktgruppen von Drittlieferanten? Beschreiben Sie hier genau, wie sich Ihr Produkt zusammensetzt und welche Komponenten dafür wichtig sind.

7. ***Schlüsselpartner/Key Partners:*** In den meisten Fällen werden Sie Ihr Produkt nicht allein erzeugen oder entwickeln. Meist werden Sie heute in der einen oder anderen Weise von Partnern unterstützt. Welche Partner sind das? Was liefern sie zu? Welche Partner sind dabei die strategisch wichtigsten? Beschreiben Sie hier das Ökosystem, welches Sie um Ihr Produkt aufgebaut haben oder aufbauen wollen.

8. ***Einnahmequellen/Revenue Streams:*** Nachdem Ihr Produkt ausreichend erklärt wurde, müssen Sie in diesem Feld beschreiben, wie Sie damit Geld einnehmen wollen. Was sind Ihre Einnahmequellen? Lizenzverkäufe? Online-Handel? Produktvertrieb? Leihge-

bühren? Beschreiben Sie hier, mit welchen Umsatzarten Sie Geld verdienen und über welche Kanäle das Geld zu Ihnen kommt.

9. **Kostenstruktur/Cost Structure:** Zuletzt werden in diesem Feld Ihre internen und externen Kosten beschrieben. Dazu gehören z. B. Personalkosten, Produktionskosten, Hosting- und Betriebskosten, Marketing- und Vertriebskosten.

Wie Sie sehen, ist das Business Model Canvas ein ideales Konstrukt, um jegliche Geschäfts-modelle ganz einfach zu beschreiben, zu präsentieren und anhand des Canvas zu diskutieren und umzumodellieren.

Neben den klassischen Businessmodellen setzen sich heutzutage immer mehr digitale Geschäftsideen durch. Darum werden im Folgenden die wichtigsten digitalen Businessmo-delle vorgestellt.

2.5.3.1 Digitale Businessmodelle

Die Digitalisierung ist die Grundlage für viele neue Businessmodelle. Dabei sind Daten oft die Grundlage. Daten werden sogar als das neue Öl bezeichnet; so wertvoll sind sie. Gleichzeitig ist seit ein paar Jahren ein Paradigmenwechsel zu beobachten: Menschen wollen nicht mehr „besitzen", sie wollen „nutzen". So werden Musik und Filme gestreamt und nicht mehr in Form von CDs, DVDs und Blu-rays gekauft. In Großstädten werden weniger Autos verkauft, da es einfacher und günstiger ist, spontan ein Fahrzeug samt Fahrer per Uber zu bestellen.

Hinter all diesen Beispielen stecken ausgeklügelte digitale Geschäftsmodelle, die die Bedarfe der Kunden exakt bedienen. Im Folgenden werden einige wichtige dieser neuen Geschäftsmodelle vorgestellt, da sie für das Business Development sehr relevant sind.

- *Freemium:* Freemium setzt sich aus den beiden englischen Wörtern „free" (kostenlos) und „premium" (Prämie, Zuschlag) zusammen. Dabei wird die Basislösung eines Ange-bots kostenlos zur Verfügung gestellt und spezielle Erweiterungen sind kostenpflichtig. Das Modell wird auch in Abschn. 6.1 beschrieben. Der Kunde wird also mit einem kosten-losen Angebot gelockt, um ihm dann (mit Hilfe von geschickt platzierten Kaufanreizen) dazu zu bringen, doch noch Geld für den Service zu bezahlen.
- *Leverage Customer Data:* Bei diesem Geschäftsmodell werden zur Laufzeit Nutzungsda-ten einer Plattform, einer Software oder einer Maschine beim Kunden gesammelt. Diese Daten werden anschließend mit Hilfe von Methoden aus den Bereichen Big Data, Data Mining und künstlicher Intelligenz (KI) analysiert, ausgewertet und nutzbar gemacht. Leverage Customer Data (aus dem Englischen: Kundendaten nutzen) fasst dabei alle Angebote zusammen, die Firmen ihren Kunden auf Basis von Informationen aus den gewonnenen Daten unterbreiten können. So kann zum Beispiel ein Anbieter von Klima-anlagen auf Basis von weltweit gewonnenen Analysedaten aus den installierten Geräten

Tipps zum Energiesparen geben und automatisch optimierten Anlagenbetrieb gegen Auf-
preis anbieten.

- **Add-on:** Dieses Geschäftsmodell wird oft im Bereich von Software-Systemen eingesetzt.
  Dabei existiert meist ein Kernprodukt, welches an die Zielkunden verkauft wird. Das Produkt löst dabei ein entsprechendes Problem des Kunden. Weitere, spezielle Anforderungen der Kunden werden dann gesammelt und in zusätzlichen Software-Paketen auf den
  Markt gebracht, die die Kunden optional dazukaufen können, um sie in die Kernsoftware
  zu integrieren. Diese Zusätze werden anschließend als Add-on (aus dem Englischen:
  das Hinzugefügte) separat verkauft und bringen so neben dem Hauptprodukt weiteren
  Umsatz.

- **Cross-Selling:** Beim Cross-Selling werden dem Kunden nach erfolgreichem Verkaufs-
  abschluss weitere Produkte oder Services verkauft, die direkt an den Nutzen des initialen
  Kaufs anschließen oder einen weiteren Nutzenbereich beim Kunden erschließen. Dabei
  wird oft ausgenutzt, dass Hard- oder Software-Systeme, die von einem Hersteller kommen, meist besser untereinander integriert sind als Systeme von Drittherstellen. Somit
  entsteht hier ein vertrieblicher Vorteil, der durch entsprechende Beachtung während der
  Produktentwicklung forciert werden kann.

- **Guaranteed Avalability:** Dieses Geschäftsmodell setzt darauf, dass dem Kunden nicht
  mehr eine Maschine, ein spezielles System oder Gerät verkauft wird, sondern die reine
  Nutzung. Dabei wird dem Kunden eine garantierte Verfügbarkeit des Services vertraglich zugesagt. Je höher die Verfügbarkeit ist (zum Beispiel 99,9 %), desto teurer ist der
  Abschluss. Im Gegenzug liegt es in der Verantwortung des Anbieters, diese Verfügbarkeit
  auch nachweislich sicherzustellen. Hierzu werden digitale Services eingesetzt, um den
  Zustand der Maschinen zu überwachen und im besten Fall vor einem Defekt automatisch einen Techniker zu rufen, der das Problem beheben kann, bevor es sich negativ auf
  den Betrieb auswirkt. Hierbei wird auch von „Predictive Maintenance" (aus dem Englischen: vorausschauende Wartung) gesprochen. Ein bekanntes Beispiel ist die Firma
  Rolls Royce, die sehr erfolgreich im Bereich der Flugzeugturbinen ist. Sie verkaufen
  keine Turbinen mehr, sondern den Service „Düsenantrieb". Dazu stellen sie mit komplexer Technik sicher, dass ihre Turbinen jederzeit den vertraglich zugesicherten Service
  erbringen. Dabei werden notwendige Wartungen zum Beispiel nur noch dann durchgeführt, wenn sie wirklich notwendig sind und nicht jedes Mal, wenn die Maschine am
  Boden ist und eigentlich keine Wartung notwendig wäre. Hierdurch spart Rolls Royce
  sehr viel Geld ein und kann den Service dadurch günstiger anbieten.

- **Lock-in:** Bei diesem Modell werden spezielle Angebote so entwickelt, dass, wenn sich
  ein Kunde für diese Lösung entscheidet, ein Wechsel zu einem anderen Anbieter sehr
  kompliziert, teuer oder sogar unmöglich ist. Dies ist oft bei rein Cloud-basierten Angeboten so, bei denen die Kunden all ihre Daten nur in den Rechenzentren der Anbieter
  speichern und es oft keine offenen Schnittstellen für Drittsysteme gibt, um die Daten aus
  dem System in ein anderes zu übertragen. Ziel solcher Anbieter ist es, den Kunden komplett auf seiner Plattform zu bedienen und mit vielen angrenzenden Angeboten oder einer

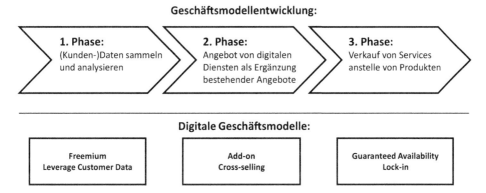

Abb. 2.4 Der Weg zu digitalen Geschäftsmodellen

Kombination von Hard- und Software-Systemen ein Abwandern zu einem Konkurrenten unattraktiv zu machen.

Die bis hier beschriebenen digitalen Geschäftsmodelle lassen sich geschickt miteinander verknüpfen und so hintereinanderreihen, dass Sie Ihr Geschäft Stück für Stück in die digitale Welt entwickeln können. Der Prozess lässt sich dabei in drei Phasen einteilen, die im Folgenden anhand des Beispiels eines Anbieters für industrielle Waschmaschinen erläutert werden. In Abb. 2.4[3] wird der Ablauf grafisch dargestellt (vgl. [16, 17]).

1. *Phase:* Zu Beginn werden die Waschmaschinen der neusten Generation mit neuer Sensortechnik ausgestattet. Die Sensoren können dabei zum Beispiel den Stromverbrauch, die Anzahl der Rotationen der Waschtrommel, den Waschmittelverbrauch und die gewählten Programme protokollieren und über eine Netzwerkschnittstelle an einen zentralen Server des Anbieters in der Cloud schicken. Die Vernetzung von Maschinen mit Internet-basierten Diensten wird Internet of Things (IoT) genannt. In einem nächsten Schritt werden die so erfassten Daten über einen längeren Zeitraum aufgezeichnet und dann ausgewertet. Als Anreiz, ihre Daten zur Verfügung zu stellen, kann den Kunden zum Beispiel eine spezielle App kostenfrei angeboten werden, die die erfassten Daten entsprechend visualisiert und ihnen so einen Überblick über die genutzten Maschinen liefert. Dies wäre der Freemium-Ansatz in Kombination mit dem Leverage-Customer-Data-Modell. Sie nutzen die vom Kunden zur Verfügung gestellten Daten, um einen kostenlosen Mehrwert in Form der App zu liefern. Im nächsten Schritt werden dann kostenpflichtige Mehrwertdienste angeboten.
2. *Phase:* Nachdem ausreichend viele Daten gesammelt wurden und mit Hilfe intelligenter Algorithmen aus den Daten nutzbare Informationen extrahiert wurden, werden aus den

---

[3] Grafik in Anlehnung an [16]. Mit freundlicher Genehmigung der Materna Information & Communications SE.

gewonnenen Erkenntnissen zusätzliche Angebote generiert. So kann zum Beispiel ein System zur automatischen Waschmitteldosierung und Waschprogrammauswahl entwickelt werden, welches als Add-on in den Waschmaschinen nachgerüstet werden kann. Das System generiert dabei weitere Daten, die zentral ausgewertet werden können und der Kunde erhält lokal in seiner App eine Auswertung, die gleichzeitig auch noch aufzeigt, wie viel Waschmittel und Strom eingespart wurde. Im Bereich Cross Selling könnten dann zusätzlich zu den Maschinen ein Abo-Modell für Waschmittel und spezielle Service-Verträge auf Basis des Predictive-Maintenance-Modells angeboten werden. Dies ist möglich, da alle relevanten Daten der Maschinen erfasst und ausgewertet werden. So können mögliche Defekte frühzeitig erkannt und vor Ort behandelt werden.

3. *Phase:* Im letzten Schritt kann dann das Geschäftsmodell grundlegend geändert werden. Hierzu werden keine Waschmaschinen mehr verkauft, sondern der Kunde kauft den Service „Saubere Wäsche". Dabei gibt der Kunde seinen geschätzten monatlichen Durchsatz an verschiedenen Wäschestücken und deren durchschnittliche Verschmutzung an. Auf Basis dieser Angaben und der gewonnenen Daten von Hunderten Maschinen weltweit kann dann ein individuelles Angebot erstellt werden, welches auf dem Guaranteed-Availability-Modell basiert und den Betrieb und Waschdurchsatz der Maschinen garantiert. Die Maschinen müssen zu diesem Zeitpunkt nicht mehr gekauft werden. Die Aufwände zur Wartung der Maschinen und möglicherweise auch die des Nachfüllens von Waschmittel liegen dann beim Anbieter. Der Kunde kann sich auf sein Kerngeschäft fokussieren und muss sich nur noch um das Waschen kümmern. Zusätzlich kann dem Kunden jetzt noch ein vollintegriertes Web-basiertes System zur Überwachung seiner Waschmaschinen angeboten werden, welches neben der Überwachung der Maschinen auch ein Planungsmodul bietet, das die umliegenden Betriebsprozesse einer industriellen Wäscherei optimal mit einbezieht. So könnte die Software zum Beispiel noch ein Modul zur Mitarbeiterplanung bieten und die Zuteilung der Mitarbeiter zu den Maschinen automatisch vornehmen. Darüber hinaus werden weitere integrierte Angebote gemacht, die den Kunden immer näher an den Anbieter binden und einen Wechsel zur Konkurrenz mit jedem Schritt schwieriger und umständlicher gestalten. An dieser Stelle greift das Lock-in-Modell und einer langen Zusammenarbeit steht nichts mehr im Wege (entsprechend guter Service wird hier natürlich vorausgesetzt).

Neben den hier beschriebenen Geschäftsmodellen gibt es viele weitere. Einige wichtige werden im Nachgang erläutert.

- *Affiliation:* Bei diesem Geschäftsmodell handelt es sich um eine besondere Variante eines Partnermodells. Wenn Sie Produkte oder Dienstleistungen über das Internet verkaufen, können Sie sogenannte Affiliate-Partnerschaften anbieten. Hier können sich interessierte Verkäufer eigenständig registrieren und schließen dadurch einen Affiliate-Vertrag mit Ihrem Unternehmen. In diesem Vertrag wird die Partnerschaft genau definiert. Meist geht es darum, dass Affiliate-Partner Ihre Produkte und Dienstleistungen auf eigenen

Plattformen oder über die sozialen Medien anbieten dürfen. Dabei findet der eigentliche Verkauf immer über Ihren Webshop statt. Die Affiliate-Partner können mit entsprechenden Bewerbungsmaßnahmen dafür sorgen, dass zusätzliche Kunden, die Sie sonst nicht erreicht hätten, in Ihren Shop geleitet werden. Die Links, die dafür auf den Seiten der Affiliate-Partner eingesetzt werden, sind speziell personalisiert, sodass sich eindeutig feststellen lässt, welcher Partner Ihnen den Kunden übergeben hat. Für jeden erfolgreichen Verkauf über Ihre Plattform wird der Affiliate-Partner mit einer Provision belohnt. Die Höhe der Provision kann dabei frei festgelegt werden. Je nach Produkt oder Dienstleistung liegt sie zwischen 3 bis 5 % für günstige, leicht zu verkaufende Angebote und teilweise über 50 % bei komplexen Produkten und Dienstleistungen, die stark erklärungsbedürftig und meist hochpreisig sind. Das Affiliate-Modell ist für beide Seiten ein Gewinn: Ihre Partner verdienen bei erfolgreicher Verkaufsvermittlung eine Provision und haben mit den eigentlichen Produkten, Dienstleistungen sowie dem Verkaufsprozess nichts zu tun und Sie nutzen die vertriebliche Reichweite Ihrer Partner.

- *Crowdsourcing:* Beim Crowdsourcing verlagern Sie Aufgaben aus Ihrem Unternehmen und lassen sie von Partnern über das Internet erledigen. Meist handelt es sich bei solchen Aufgaben um sehr kleinteilige Aufgaben, die oft auch als „Clickwork" betitelt werden, da sie einen niedrigen Schwierigkeitsgrad in Kombination mit stark eintönigen Aufgaben kombinieren und mit vielen monotonen Mausklicks zu erledigen sind. Sie können auch höherwertige Aufgaben auslagern. Das kann bis hin zu der externen Erstellung von Blog-Texten oder Designentwürfen für Ihre Produkte gehen. Es gibt inzwischen ganze Plattformen, über die Sie Crowdsourcing in Ihr Unternehmen einbinden können. Beachten Sie dabei aber, dass die gelieferte Qualität stark schwanken kann und Sie nie ganz genau wissen, wer gerade Ihre Aufgaben bearbeitet. Seinen Sie also vorsichtig beim Einsatz von Crowdsourcing, kontrollieren Sie regelmäßig die Ergebnisse und überprüfen Sie Ihre Prozesse, um dieses Modell nur zu nutzen, wenn es wirklich sinnvoll ist.

- *Long Tail:* Als Long Tail werden in der Warenwirtschaft die Produkte bezeichnet, die lange in Ihren Lagern liegen, ohne regelmäßig verkauft zu werden. Sie werden gerne auch als Ladenhüter bezeichnet. Trotzdem halten Unternehmen solche Produkte (wenn auch in geringen Stückzahlen) vor, damit die Kunden, die nach diesen Produkten suchen, dennoch in Ihrem Webshop fündig werden und nicht zur Konkurrenz abwandern. Beim Long Tail-Geschäftsmodell geht es darum, durch eine möglichst genaue Analyse Ihrer Kunden und ihres Kaufverhaltens passgenaue Empfehlungen für weitere interessante Produkte zu geben. Bei den so vorgeschlagenen Produkten werden gezielt auch Produkte aus dem Long Tail angeboten und so ihre Verkaufszahlen angehoben. In Abb. 2.5 wird das Modell grafisch dargestellt. Das Geschäftsmodell ist stark datengetrieben, da ein guter Empfehlungsalgorithmus zunächst viele Daten über Verkäufe und individuelle Vorlieben gewinnen muss. Sind diese Daten einmal erhoben, werden die Empfehlungen von Kauf zu Kauf besser. Dadurch steigern Sie Ihren Warendurchsatz und die durchschnittliche Warenkorbgröße steigt, da viele relevante Produkte angezeigt werden, die der Kunde ohne die Empfehlung vielleicht gar nicht gesucht hätte. Für Unternehmen, die erfolgreiche

Long-Tail-Modelle betreiben, gilt dann das Pareto-Prinzip nicht mehr, das besagt, dass
80 % des Umsatzes mit 20 % der Produkte erzielt wird. Ein bekanntes Beispiel für ein
sehr erfolgreiches Long-Tail-Geschäftsmodell ist Amazon. Sie kennen sicher den Bereich
unter einem Artikel, bei dem steht: „Kunden, die diesen Artikel gekauft haben, kaufen
auch …". Hier können Sie dem Empfehlungsalgorithmus von Amazon bei der Arbeit
zusehen.

- **Open Source:** Open Source kommt aus der Software-Entwicklung und bezeichnet Software, die von einer losen Gruppe von Entwicklern (teilweise auch von Unternehmen)
  programmiert und frei zur Verfügung gestellt wird. Somit kann jeder sie kostenlos nutzen
  und den Quelltext einsehen. Es gibt unterschiedliche Lizenzmodelle, die den Umgang mit
  der Software regeln. Sie reichen von einer ausschließlichen Nutzung bis hin zur vollkom-
  menen Offenheit, die auch das Weiterentwickeln der Software erlaubt. Das Open-Source-
  Modell wird inzwischen auch im Bereich von Hardware-Designs eingesetzt und erlaubt
  die Entwicklung von eigenen Produkten auf Basis von frei verfügbaren Komponenten-
  designs. Firmen, die ihre Produkte (Hard- oder Software) als Open Source veröffentli-
  chen, geben den Quellcode, die Software oder die Hardware-Designs kostenfrei heraus.
  Geld wird mit angrenzenden Angeboten verdient. So können Software-Unternehmen ihre
  Systeme als Open Source zur Verfügung stellen, die zum Beispiel von Privatanwendern
  kostenlos genutzt werden können. Geschäftskunden, die einen speziellen Service, regel-
  mäßige Updates, ein Hosting (Betrieb in einem Rechenzentrum) der Anwendung und
  Support haben wollen, können bezahlte (Wartungs-)Verträge abschließen.
- **Two-Sided-Market:** Bei diesem Geschäftsmodell wird im Internet eine Plattform zur
  Verfügung gestellt, die es Dritten erlaubt, ihr Geschäft abzuwickeln. Hierbei tritt der
  Plattformbetreiber als Makler zwischen zwei oder mehr Parteien auf und bringt über
  eine digitale Plattform Angebot und Nachfrage geschickt zusammen. Dabei werden die
  Plattformen so gestaltet, dass sie für alle Seiten interessant und lukrativ sind. Der Platt-
  formanbieter selbst ist meist in dem eigentlichen Geschäft nicht involviert und verdient
  ausschließlich an vermittelten Abschlüssen durch auf der Plattform geschalteter Werbung
  oder durch die Bereitstellung von bezahlten Premiumdiensten. Bekannte Plattformen, die
  nach diesem Prinzip arbeiten, sind zum Beispiel Google und Facebook. Sie bieten ihre
  Dienste vollkommen kostenfrei für die Endnutzer an, verdienen aber im Hintergrund mit
  der intelligenten Schaltung von passgenauer Werbung, die sie auf Basis der gewonnen
  Nutzerdaten stark individualisieren können. Weitere Anbieter solcher Modelle sind Uber,
  das größte Taxi-Unternehmen der Welt ohne eigene Autos, und Airbnb, das größte Haus-
  und Wohnungsvermietungsportal der Welt ohne eigene Immobilien.
- **White Lable:** Dieses Geschäftsmodell ist im Bereich der Produktion von physischen
  Gütern seit vielen Jahren bekannt. Im Bereich der digitalen Geschäftsmodelle setzt
  sich der Trend White Lable zurzeit immer weiter durch. Beim White-Lable-Ansatz
  entwickelt eine Firma eine Software, die einen speziellen Kundennutzen bietet, ohne
  aber das Ziel zu verfolgen, diese Software selbst zu verkaufen. Vielmehr konzentriert
  sich der Vertrieb darauf, B2B-Kunden zu finden, die wiederum die Software für ihr

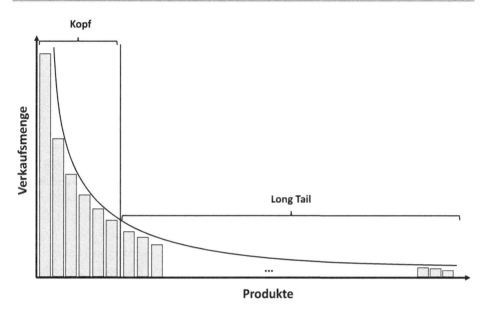

Abb. 2.5 Verteilung der verkauften Produkte nach Häufigkeit

jeweiliges Geschäft einsetzen wollen. Dazu wird die Software für jeden Kunden speziell angepasst. Hierbei wird vom sogenannten Customizing gesprochen. Die Software dabei wird nicht beliebig angepasst, sondern nur im Rahmen von vorher definierten Parametern. Dadurch lässt sich das Design an das Unternehmensdesign der Kunden anpassen (zum Beispiel Farbschema, Logo usw.). Ein Beispiel wäre eine Web-basierte Software für Unternehmen, die in großen Städten oder in Feriengebieten Fahrräder vermieten. All diese Unternehmen haben die gleichen oder sehr ähnliche Anforderungen an eine Online-Plattform zur Verwaltung und Durchführung ihres Geschäfts. Somit könnte sich eine Software-Firma darauf spezialisieren, eine ausgefeilte Plattform für den Fahrradverleih zu entwickeln. Diese wird an lokale Unternehmen verkauft oder lizensiert. Die Kunden können die Plattform dann in angepasster Form einsetzen. Für den Endkunden ist es nicht ersichtlich, dass hinter der Plattform ein Massenprodukt steckt. Dies ist aber auch nicht von Interesse, da der Kunde sein Ziel über die Plattform einfach und effektiv erreichen kann. So haben alle Beteiligten etwas von der White-Lable-Lösung: Das Software-Unternehmen kann seine Software weltweit anbieten, lokale Fahrradverleihe nutzen eine optimale, kostengünstige und doch individuell anpassbare Lösung und die Kunden erhalten einen optimalen Service.

Nachdem Sie Ihr neues (digitales) Geschäftsmodell entwickelt und mit Hilfe der Business Model Canvas beschrieben haben, können Sie dazu übergehen, einen Businessplan zu erstellen, der für die Management-Entscheidung für oder gegen eine Produkteinführung äußerst wichtig ist.

2.5.4 Businessplan

Der Businessplan ist das zentrale Dokument, mit dessen Hilfe die eigentliche Idee ausführlich beschrieben wird. Hierbei wird der Fokus nicht auf technische Einzelheiten gelegt, sondern auf die gesamten wirtschaftlichen Zusammenhänge. Der Businessplan kann dann zur Vorstellung der Idee beim Management genutzt werden und dient dort als Entscheidungsgrundlage für eine mögliche Umsetzung. Ein Businessplan hat keine festgelegte Struktur. Es sollten aber zumindest die folgenden Aspekte ausführlich erklärt werden (vgl. [18]):

- *Idee:* Zu Beginn des Dokuments sollten Sie natürlich Ihr Produkt oder Ihre Dienstleistung vorstellen. Was ist daran neu? Worin liegt die Innovation? Wie heben Sie sich vom bisherigen Markt ab? Welches Kundenproblem lösen Sie? Stellen Sie dazu die konkreten Eigenschaften vor und erläutern Sie den Aufbau, die Struktur und die Umsetzung der Idee.
- *Zielgruppe:* Im nächsten Schritt sollten Sie die klar umrissene Zielgruppe beschreiben. Was ist Ihr konkreter Zielmarkt? Wie ist er definiert? Wo befindet sich Ihr Markt? Was zeichnet ihn aus? Was unterscheidet ihn von anliegenden Märkten? Handelt es sich um einen neuen Markt?
  Das Thema Zielmarkt wird in Kap. 5 ausführlich dargestellt.
- *Marktanalyse:* Danach sollten Sie die Ergebnisse Ihrer Marktanalyse vorstellen. Wie groß ist Ihr Zielmarkt? Wie ist er segmentiert? Welche Eigenschaften haben Ihre Zielkunden? Welche Bedürfnisse und Nöte haben Ihre Kunden? Wie finanzstark ist der Markt? Gibt es Budgets für Ihre Lösung? Wenn ja: Wer verwaltet sie? Wie sieht Ihr Wettbewerb aus? Wie sind die Preisstrukturen? Das Thema Marktbeobachtung wird in Abschn. 5.1 ausführlich behandelt.
- *Ziele:* Stellen Sie im nächsten Abschnitt dar, was das Ziel Ihrer Idee ist. Wie helfen Sie dem Kunden? Welches Problem lösen Sie auf welche Weise? Stellen Sie dabei Ihre Ziele zum einen qualitativ und zum anderen auch quantitativ dar. Sagen Sie also nicht nur, was Sie machen wollen, sondern auch, wie viele Kunden Sie damit in welchem Zeitraum erreichen wollen. Stellen Sie hier weiterhin relevante Metriken vor, die den Erfolg Ihrer Lösung messbar machen. Das müssen nicht zwingend alles finanzielle Ziele sein.
- *Ressourcen:* Im Folgenden sollten Sie darstellen, welche Ressourcen benötigt werden, um das Produkt final zu planen, zu erstellen und zu vertreiben. Welche internen Ressourcen werden in welchen Abteilungen benötigt? Welche externen Ressourcen werden benötigt? Welches Know-how wird benötigt? Das Thema Ressourcen wird in Kap. 4 im Einzelnen vorgestellt.

- **Kosten:** Im Anschluss müssen natürlich auch die Kosten dargestellt werden. Welche Personalkosten werden zukünftig anfallen? Wie hoch sind die Kosten für sonstige Ressourcen? Was für Kosten müssen für Marketingaktivitäten eingeplant werden (zum Beispiel für Werbung (online, offline, Print), Messen, Telefonakquise, Roadshows usw.). Wie hoch sind die Produktionskosten? Wie hoch sind die fixen und wie hoch die variablen Kosten? Gibt es weiterhin versteckte Kosten, die nicht auf den ersten Blick offensichtlich sind?
- **Umsatzplan:** Nachdem Sie die Kosten vorgestellt haben, sollten Sie den Umsatzplan vorstellen. Wie sehen Ihre Einnahmen aus? Wie ist die Preiskalkulation? Wird das Produkt komplett verkauft, lizenziert, gemietet, geleast, on demand gebucht? Welche Umsatzarten unterstützt Ihr Produkt? Wie sieht ein kurz- und ein mittelfristiger Einnahmenplan aus? Wird nur direkter oder auch indirekter Umsatz erzielt? Wann ist ein Break-even-Punkt erreicht (Wann decken die Einnahmen die Kosten?)? All das ist Teil der Marktbearbeitungsstrategie, welche in Kap. 6 ausführlich vorgestellt wird.
- **Risikobewertung:** In diesem Teil sollten Sie eine ausführliche Betrachtung aller (erkennbaren) Risiken auflisten. Nutzen Sie dazu bekannte Methoden wie die SWOT- oder die STEP-Analyse. Weisen Sie aber nicht nur auf eventuelle Risiken hin, sondern stellen Sie auch direkt Möglichkeiten vor, diese Risiken bereits im Vorfeld zu vermeiden oder sie zu mindern. Auf das Thema Risikobewertung wird in Abschn. 5.3 ausführlich eingegangen.

Nutzen Sie den Businessplan für eine ganzheitliche Betrachtung der Idee. Beleuchten Sie dabei offen alle Vor- und Nachteile, alle Stärken und Schwächen, alle Chancen und Risiken und alle Kosten und Umsatzarten. Gehen Sie auch ausführlich darauf ein, wie Sie das Produkt vermarkten wollen. Stellen Sie im besten Fall auch schon das komplette Portfolio Lifecycle des Produkts dar: Wie wird die neue Lösung in Ihr bisheriges Portfolio integriert? Wie passt es zu Ihren übrigen Produkten? Wie sieht die Ramp-up-Phase aus, also die Phase, bis das eigentliche Produkt zum ersten Mal verkauft werden kann? Wie wird das Produkt während seiner aktiven Zeit behandelt und kontrolliert? Wie sieht die End-of-Life-Phase aus und woran wird sie erkannt? Wie wird das Produkt wieder aus dem Portfolio entfernt?

Bitte beachten Sie bei der Erstellung des Businessplans, für wen Sie den Plan erstellen. Wird er nur intern genutzt, um das Management zu überzeugen? Wollen Sie damit zu einer Bank gehen, um einen Finanzierungskredit zu bekommen, oder suchen Sie gar Investoren, die Ihnen Risikokapital (Venture Capital) für Ihre Idee zur Verfügung stellen? Möglicherweise wollen Sie auch gemeinsam mit einem oder mehreren Partnerunternehmen ein Joint Venture gründen. Dies ist ein neues Unternehmen, welches von mehreren Partnern zu einem speziellen Zweck, zum Beispiel zur Entwicklung und dem Vertrieb eines neuen, gemeinsamen Produkts, gegründet wird. Beachten Sie Ihr Zielpublikum und überlegen Sie bei der Erstellung des Businessplans, wer wann welche Information in welchem Detaillierungsgrad benötigt.

Nachdem Sie diese Fragen beantwortet und Ihren ausführlichen Businessplan erstellt haben, wird es Zeit, den Plan beim Management vorzustellen. Hier kann schon frühzeitig darüber entschieden werden, ob weitere Energie in das Projekt gesteckt werden soll. Falls sich das Management für eine Projektfortführung entscheidet, wird es spätestens jetzt Zeit, einen ersten Prototyp zu entwickeln.

2.5.5 Prototyp

Nachdem für die neue Idee bereits ein (erstes) Businessmodell und ein (erster) Businessplan erstellt wurden, sollte frühzeitig damit begonnen werden, einen Prototyp herzustellen. Prototypen bieten die Möglichkeit, bereits zu einem sehr frühen Entwicklungs- oder Ideenstadium etwas „Handfestes" zu haben, an dem getestet, kritisiert und optimiert werden kann (vgl. [19]). Dieses direkte Arbeiten hilft allen Beteiligten, da aus einer reinen Idee ein erlebbares Objekt geworden ist. Dies ist für ein physisches Produkt sehr viel einfacher umzusetzen als für eine Dienstleistung oder eine Software. Doch auch für Letztere gibt es Möglichkeiten der Visualisierung. So können Prozessabläufe einer Dienstleistung schematisch dargestellt werden, Interaktionen von Menschen und Technik grafisch verdeutlicht werden und Software lässt sich zum Beispiel mit Hilfe von sogenannten Paper-GUIs[4] erlebbar machen.

Bei der Arbeit mit Prototypen ist es sehr hilfreich, unterschiedliche Perspektiven bei der Beurteilung einzunehmen. Die wichtigste ist sicherlich die Kundenperspektive. Stellen Sie zum Beispiel folgende Fragen:

- Wie sieht der Kunde das Produkt?
- Wie interagiert der Kunde mit dem Produkt?
- Welche (vielleicht auch nicht sofort ersichtlichen) Einsatzmöglichkeiten bietet das Produkt?
- Wie ist der Werteindruck?
- Welchen Vorteil kann der Kunde aus dem Produkt ziehen?
- Welche Nachteile oder Gefahren gibt es?
- Was würde der Kunde noch erwarten?

Weiterhin sollten Sie auch die Perspektive der produzierenden und ausführenden Einheit einnehmen. Stellen Sie zum Beispiel folgende Fragen:

- Wie kann das neue Produkt optimal hergestellt werden?
- Wie kann ich einen hohen Vorfertigungsgrad erreichen?
- Wie kann ich das Produkt oder die Dienstleistung reproduzierbar machen?
- Was ist dafür nötig?
- Wer wird dafür benötigt?
- Sind zusätzliches Know-how, Technik oder Produkte notwendig?

---

[4] Paper-GUIs (Graphical User Interface) sind auf Papier gezeichnete Programmmasken, Internetseiten und Bedienelemente. Sie erlauben es, ohne eine Zeile zu programmieren, Programmabläufe und deren grafische Darstellungen zu testen.

- Wie gelangt das Produkt am besten zum Kunden?

Es gibt noch viele weitere Perspektiven, die Sie einnehmen können:

- Geschäftsleitung
- Controlling
- Lager
- Einkäufer
- Vertrieb

Diese Liste ist nicht vollständig, aber die Idee dahinter ist sicherlich verstanden. Prüfen Sie neue Ideen zuerst intern und versetzen Sie sich dabei in unterschiedliche Rollen. In der späteren Testphase (vgl. Abschn. 2.5.7) untersuchen Sie dann, wie die realen Reaktionen aussehen und ob sich diese mit Ihren Planungen decken oder ob Sie eine weitere Runde am Reißbrett drehen müssen.

Nachdem Sie einen ersten Prototyp erstellt und diesen analysiert haben, können Sie auch noch eine Szenarioplanung durchführen. Hierbei wird das neue Produkt oder die Dienstleistung in verschiedene Szenarien integriert, die Sie später am Markt wiederfinden werden. Gehen Sie hierbei zum Beispiel verschiedene Angebots- und Verkaufsszenarien durch. Welche Nutzungsszenarien können Sie sich vorstellen? Gehen Sie hierbei nicht nur auf positive Szenarien ein. Spielen Sie auch negative oder gar desaströse Szenarien durch und halten Sie die Auswirkungen fest. Möglicherweise lassen sich Gegenmaßnahmen in das Produkt oder in das beiliegende Vertragswerk integrieren, um größeren Schaden zu vermeiden.

2.5.5.1 MVP

In den letzten Jahren hat sich vor allem in der (digitalen) Start-up-Szene eine spezielle Art des Prototyps durchgesetzt: das Minimal Viable Product (MVP). Ein MVP ist dabei eine sehr frühe Vorschau auf ein zukünftiges Produkt, welche aber bereits die zentralen Eigenschaften erkennen lässt. Somit können in einem sehr frühen Entwicklungsstadium Hypothesen in Bezug auf den Kundennutzen, die Kundenakzeptanz und die Bedienung überprüft werden. MVPs werden oft im Rahmen von agilen Innovationsprozessen eingesetzt und sollen in keiner Form das fertige Produkt repräsentieren. Auch auf Hackathons werden oft MVPs erstellt, die am Ende der Veranstaltung die grundsätzliche Lösungsidee vermitteln sollen und zeitlich bedingt keinen Anspruch auf Vollständigkeit haben. Weiterhin sind MVPs nicht für die Massenerprobung ausgelegt. Steve Blank sagte dazu: „Sie verkaufen die Vision und liefern das Minimum an Funktionen an Visionäre, nicht an alle." (Aus dem Englischen übersetzt, vgl. [20].)

Mit Hilfe von MVPs lassen sich Ideen frühzeitig validieren und mögliche Unterstützer (im Unternehmen oder extern) finden. Das Feedback der Testnutzer sollte sehr ernst genommen werden. Denn wenn schon diese frühen Nutzer etwas an dem Produkt nicht verstehen und keinen Nutzen oder Mehrwert darin sehen, sollte das Produkt noch mal grundlegend verändert werden. Bei sehr negativem Feedback ist es auch immer eine Option, die Produktidee nicht weiterzuverfolgen. Dies fällt naturgemäß sehr schwer, da bis zu diesem Zeitpunkt bereits viel Zeit und Energie in das MVP geflossen sind. Doch wenn der zukünftige Markt das Produkt grundlegend ablehnt, muss die Entwicklung rechtzeitig eingestellt werden, um nicht noch weitere Ressourcen zu vergeuden. Da dies allen Beteiligten sehr schwerfällt, wird dieser Prozess auch umgangssprachlich „Kill your darlings" genannt.

Neben den positiven Aspekten des frühzeitigen Feedbacks zu einem neuen Produkt gibt es auch berechtigte Kritik an MVPs. Der Hauptkritikpunkt ist, dass das Zeigen eines MVPs und damit eines unfertigen und unausgereiften Produkts ein schlechtes Licht auf die Firma werfen kann. Dies ist ein valider Punkt und darum muss bei der Planung der Tests eines MVPs sorgsam darauf geachtet werden, wem und in welchem Setting das MVP gezeigt wird. Es darf zu keiner Zeit der Eindruck entstehen, dass es sich um einen klassischen Produkttest mit einem marktreifen Produkt handelt. Ein weiterer Kritikpunkt ist, dass Produktideen in einem so frühen Stadium oft noch nicht rechtlich geschützt sind. Somit könnten Ideen von der Konkurrenz schnell aufgegriffen und weiterentwickelt werden. Bei digitalen Produkten kann eine gute Idee umgehend in Form einer neuen App übernommen und in einem zentralen Punkt um ein kleines Stück schneller, besser oder vollständiger gemacht werden und schon wandern die Nutzer zur Konkurrenz ab. Solche Kundenabwanderungen passieren jeden Tag und oft ist es nicht die erste App, die später den Markt dominiert, sondern die, die frühzeitig an einer neuralgischen Stelle einen Tick besser war und dann den Markt von hinten aufrollt, eine große Nutzerschaft aufbaut und alle anderen Anbieter hinter sich lässt. Somit sollte der Zeitpunkt eines Tests gut gewählt sein. Im besten Fall behalten Sie bei frühzeitigen Tests immer noch ein paar Asse im Ärmel und verraten nicht sofort alle Einzelheiten.

Nachdem Sie jetzt anhand eines Prototyps oder MVPs das Produkt oder die Dienstleistung sehr viel konkreter gemacht haben und es in verschiedenen (wenn auch hypothetischen) Szenarien erprobt haben, ist es an der Zeit, in die Entwicklungsphase überzugehen.

2.5.6 Entwicklungsphase

In der Entwicklungsphase wird die vielversprechendste Idee als endgültiges Produkt oder endgültige Dienstleistung entwickelt. Dabei muss unterschieden werden, ob es sich um ein völlig neues Produkt handelt oder ob ein vorhandenes Produkt optimiert wird. Dies kann zum Beispiel durch Anpassungen oder Erweiterungen des eigentlichen Produkts geschehen, aber auch durch die Veränderung des Zielmarkts oder des gesamten Businessmodells. Dazu sollte eindeutig festgelegt werden, was genau gemacht werden muss. Somit wird hier ein konkreter Projektplan benötigt (vgl. Abschn. 2.5.2). Legen Sie fest, wer bis wann welche Aufgaben zu erledigen hat. Planen Sie dabei auch, welche Ressourcen Sie benötigen, um das neue Produkt zu erstellen. Werden weitere Produkte benötigt? Spezielle Software, Hardware, Spezial-Know-how? Haben Sie dies alles im Haus oder müssen Sie externe Dienstleister oder Partner involvieren? Wenn ja: Wer steuert sie? Achten Sie auch darauf, dass die Kosten im Rahmen des gegebenen Budgets bleiben.

Beschreiben Sie die Eigenschaften des fertigen Produkts im Vorfeld ausgiebig und legen Sie eindeutige Messpunkte und Kriterien fest, an denen Sie später messen können, ob das Produkt den Anforderungen entspricht. Erstellen Sie dazu frühzeitig Testpläne und kommunizieren Sie die Metriken, damit alle Mitarbeiter die geforderte Qualität in ihren jeweiligen Teilbereichen liefern. Verteilen Sie ebenfalls eindeutige Verantwortlichkeiten für die einzelnen Messergebnisse und halten Sie diese schriftlich fest.

Erstellen Sie dann einen Teileplan, der eindeutig beschreibt, aus welchen Einzelteilen Ihr Produkt besteht. Bei einer Dienstleistung können Sie zum Beispiel Ablaufpläne mit Verantwortlichkeiten und Kommunikations- und Dokumentationsabläufen erstellen.

In den Bereichen des Maschinenbaus, des Autobaus, der Softwareentwicklung und vielen weiteren gibt es seit Längerem den Trend zu Klein- und Kleinstserien. Manche Unternehmen bauen sogar kundenindividuelle Produkte. Dies wird durch ein geschicktes Variantenmanagement möglich (vgl. [21]). Dabei definieren Sie Basisteile, die nach einem Baukastenprinzip vom Kunden zusammengesetzt und (fast) beliebig kombiniert werden können. Das wohl bekannteste Beispiel sind die Autokonfiguratoren der großen Autohersteller. Sie erlauben es, dass jeder Kunde aus einer gegebenen Menge an Basis- und Zusatzausstattungen sein individuelles Auto konfigurieren und bestellen kann. Aus der Zeit der frühen Serienfertigung stammt das berühmte Zitat von Henry Ford: „Jeder Kunde kann sein Auto in einer beliebigen Farbe lackiert bekommen, solange die Farbe, die er will, schwarz ist." Seit diesem Zitat hat sich doch einiges geändert.

Ein professionelles Variantenmanagement muss mit großer Sorgfalt aufgebaut und gepflegt werden, da es sonst zu großen Problemen in der Produktion kommen kann. Abgesehen davon, dass durch das Variantenmanagement Geld durch eine strikte Standardisierung der Teilprodukte und deren Kombinationsmöglichkeiten eingespart werden kann, können Sie damit auch auf individuelle Kundenwünsche eingehen und dadurch Ihre Kundenzufriedenheit steigern.

Falls Sie im Rahmen dieser Phase ein neues Produkt für einen ausländischen oder gar einen internationalen Markt entwickeln, müssen Sie vor allem bei technischen Produkten viele landesspezifische Vorgaben und Normen erfüllen. Ein gutes Beispiel ist die Stromversorgung. Es gibt viele verschiedene Standards, was die Spannungsversorgung und die Stecker angeht. Weiterhin gelten in vielen Ländern spezielle Sicherheitsnormen, deren Einhaltung vor einer Produkteinführung durch ein Normungsgremium beglaubigt werden muss. Weiterhin gibt es zum Beispiel in den Bereichen Lebensmittel, Medizin, Spielzeug, Software und Maschinen teilweise sehr strikte Vorgaben, die Sie einhalten müssen, um Ihr Produkt in den jeweiligen Ländern verkaufen zu können. Planen Sie also entsprechende Anpassungen für die jeweiligen Märkte in dieser Phase mit ein.

Am Ende der Entwicklungsphase muss auch noch die Marktbearbeitungsstrategie festgelegt werden. Dies ist die Kernaufgabe des Business Developments. Dabei werden wichtige Themen wie die Preisstruktur, das Marketing- und Vertriebskonzept und die Partnerstrategie festgelegt. Das Thema wird hier nur kurz angesprochen, da es ausführlich in Kap. 6 vorgestellt wird.

2.5.7 Testphase

Ist die Entwicklungsphase abgeschlossen, so ist es an der Zeit, das Produkt ausgiebig zu testen. Wie bereits in Abschn. 2.5.5 über die Prototypen beschrieben, sollten Sie so schnell es geht testen. Dies hilft Ihnen dabei, flexibel zu sein, Kundenwünsche in die Entwicklung miteinfließen zu lassen und frühzeitig mögliche Schwachstellen und Fehler zu finden. Legen Sie dazu vor den ersten Tests klar definierte Testpunkte und Kriterien fest. Im Normalfall sollten dazu entsprechende Vorgaben aus dem Qualitätsmanagement vorgegeben werden. Diese Vorlagen müssen dann auf Ihr neues Produkt angepasst werden. Erstellen Sie konkrete Testpläne mit Abläufen, Terminen, Deadlines und vor allem mit festen Verantwortlichkeiten. Nur so können Sie sicherstellen, dass die Tests in der gewünschten Zeit und Qualität durchgeführt werden.

Denken Sie beim Testen daran zu überprüfen, ob Ihr Produkt möglicherweise im In- und/oder Ausland irgendwelchen (Industrie-)Standards oder sonstigen Vorgaben unterliegt (z. B. durch eine Regierung oder sonstige Rechtsprechung). Nehmen Sie eventuelle Testkriterien sehr ernst und überprüfen Sie deren Einhaltung. Bei einigen Produkten muss es auf Landesebene eine Zulassung geben. Im Rahmen dieser Zulassung müssen dabei auch oft die Testprotokolle in einer vorgeschriebenen Form eingereicht werden. Informieren Sie sich hier frühzeitig und holen Sie sich im Zweifel professionellen Rat eines externen Beraters hinzu.

Achten Sie in dieser Phase auf eine saubere Dokumentation aller Testfälle und deren Ergebnisse. Dies sind wertvolle Daten, die Ihnen nicht nur helfen, das aktuelle Produkt zu verbessern. Sie können aus den Fehlern und Mängeln auch für die nächsten Entwicklungen lernen (vgl. Abschn. 2.5.10 und 2.5.11).

Versuchen Sie so frühzeitig wie möglich Feedback zu erhalten. Präsentieren Sie dazu das Produkt zuerst intern in Ihrer Firma. Laden Sie Personen aus unterschiedlichen Bereichen ein und lassen Sie jegliches Feedback zu. So erhalten Sie unabhängige Meinungen, die Ihnen helfen können, das Produkt weiter zu verbessern. In einem nächsten Schritt sollten Sie direkt mit Partnern und Kunden reden. Vielleicht haben Sie sehr enge Partner oder langjährige Kunden, denen Sie ein neues Produkt auch in einem frühen Stadium zeigen können. So erfahren Sie die Meinung Ihrer möglichen Zielkunden und strategischen Partner, die möglicherweise dieses Produkt später verkaufen werden. Das Feedback Ihrer Kunden ist dabei besonders wertvoll, da sie das Produkt mit ihren konkreten Bedürfnissen abgleichen. Hier erfahren Sie zum ersten Mal, ob Ihre Marktforschung richtig gelegen hat. Nehmen Sie die Meinung der Kunden sehr ernst und arbeiten Sie Verbesserungen aus (berechtigter) Kritik in Ihr Produkt mit ein. Im besten Falle finden Sie sogar einen Kunden, mit dem Sie Ihr Produkt gemeinsam entwickeln können. Dies ist eine große Chance für Sie, da Sie ein

Produkt genau auf die Bedürfnisse Ihres Kunden hin entwickeln können. Achten Sie aber darauf, dass es sich im Endeffekt auch um ein Produkt handelt, welches Sie weiteren Kunden zur Verfügung stellen können. Somit darf das Produkt nicht eine maßgeschneiderte Lösung für nur einen Kunden sein.

Nachdem alle Tests erfolgreich abgeschlossen sind, werden Sie in den meisten Fällen wieder zurück in die Entwicklungsphase verzweigen. Darin werden gefundene Fehler behoben, Erweiterungen eingebaut und weitere Anpassungen vorgenommen. Danach wird wieder getestet. Diese Schleife durchlaufen Sie so lange, bis Sie (Ihre Kunden und Ihr Management) mit dem Produkt zufrieden sind. Sollte sich während der Tests herausstellen, dass Ihr Produkt gravierende Mängel hat, die sich nicht oder nur mit übermäßigem Aufwand beheben lassen, kann der Gesamtprozess auch an dieser Stelle abgebrochen werden.

Ist das Produkt in einer ersten Version fertiggestellt und erfolgreich getestet, ist es an der Zeit, das Produkt am Markt zu testen, bevor Sie komplett in die Realisierungsphase übergehen. Eine Aufgabe des Business Developments ist es, an dieser Stelle gemeinsam mit dem Vertrieb einen Kunden zu finden, der das Produkt in seinem jetzigen Zustand produktiv einsetzen möchte. Sie können dem Kunden das Produkt dazu kostenfrei oder stark vergünstigt anbieten, um einen realen Testkunden zu finden. Möglicherweise finden Sie solch einen Kunden unter Ihren guten Bestandskunden. Ein solches Projekt wird oft auch als Leuchtturmprojekt bezeichnet, da Sie das hoffentlich positive Ergebnis im weiteren Prozess nutzen können. Sprechen Sie frühzeitig mit dem Kunden und fragen Sie ihn, ob Sie im Nachgang einen Referenzbericht erstellen dürfen. Hierin kann der Kunde von seinen ersten Erfahrungen mit Ihrem neuen Produkt berichten und erklären, wo die Mehrwerte für ihn liegen. Diesen Bericht können Sie dann später im Verkaufsprozess sehr gut verwenden, da das sogenannte Reference Selling, also der Vertrieb anhand von Referenzen, oft sehr viel einfacher ist. Durch die Referenz werden den weiteren Kunden der Nutzen und die Einsatzmöglichkeiten des Produkts schnell klar. Somit können Sie Ihre Zielkunden schneller von Ihrem neuen Produkt überzeugen.

Nachdem diese Phase endgültig abgeschlossen ist, muss an dieser Stelle die Geschäftsleitung final entscheiden, ob das Produkt wirklich in den „Live-Betrieb" überführt werden soll. Ist dies der Fall, kann mit der Realisierung begonnen werden.

2.5.8   Realisierungsphase

Nachdem das neue Produkt oder die Dienstleistung komplett fertiggestellt ist und alle Testphasen samt Auswertung erfolgreich abgeschlossen wurden, kann mit der eigentlichen Umsetzungsphase begonnen werden. Diese Phase ist wieder hochgradig individuell und unterscheidet sich von Unternehmen zu Unternehmen. Außerdem gibt es große Unterschiede bei der Markteinführung eines neuen Produkts gegenüber einer neuen Dienstleistung. Grundsätzlich sollten folgende Aspekte berücksichtigt werden:

- *Portfolio:* Das neue Produkt oder die neue Dienstleistung ist jetzt einsatzbereit. Das heißt, dass das Produkt als neues und aktives Element in die Portfolioliste aufgenommen werden kann. Die aktuelle Portfolioliste sollte allen Mitarbeitern zugänglich sein. Dies kann zum Beispiel über das firmeneigene Intranet geschehen. Sie sollte neben einer konkreten Produktbeschreibung auch Preislisten und weiteres Vertriebsmaterial wie zum Beispiel Referenzberichte beinhalten. Dies ermöglicht einen schnellen und stets aktuellen Überblick über das aktuelle Portfolio. Die Verwaltung der Portfolioliste kann dem Business Development obliegen (vgl. Kap. 3).

- *Marketing:* Das neue Produkt muss im Zielkundensegment bekannt gemacht werden. Dazu können jetzt die mit dem Business Development geplanten Online- und Print-Werbemaßnahmen gestartet werden. Gleichzeitig kann zum Beispiel auch eine Pressemeldung herausgegeben werden, um Aufmerksamkeit bei den Kunden zu erzeugen. Das neue Produkt sollte auch auf der Homepage gelistet und ausführlich beschrieben werden.

- *Produktion:* Handelt es sich um ein physisches Produkt, so kann in dieser Phase mit der Produktion begonnen werden. Hierbei ist darauf zu achten, dass die vorher definierten Qualitätskriterien laufend geprüft werden. Das Business Development hat hier aber keinen direkten Einfluss mehr.

- *Vertrieb:* Wenn das Produkt Marktreife hat und zum Verkauf bereit ist, kann mit dem Vertrieb begonnen werden. Dazu sollten zuerst die vorher geplanten Sales-Enablement-Aktivitäten greifen. Dabei wird der Vertrieb durch das Business Development entsprechend geschult. Es werden die Vorteile des Produkts vorgestellt, die Einsatzmöglichkeiten erläutert und Argumentationshilfen für Vertriebsgespräche gegeben. Weiterhin werden entsprechende Materialien ausgegeben. Dies können zum Beispiel fertige Produktpräsentationen oder Werbebroschüren sein. All dies hilft dem Vertrieb, das neue Produkt optimal verkaufen zu können. Dies gilt im Übrigen für direkten genauso wie für indirekten Vertrieb.

- *Controlling:* Sobald das neue Produkt im Verkauf ist, müssen die vorher mit dem Business Development festgelegten Kontrollmechanismen und Metriken im Controlling Anwendung finden. Nur so lässt sich sicherstellen, dass die wichtigen Kennzahlen über Vertrieb, Umsatz und Gewinn zentral erfasst und zur Steuerung im Management eingesetzt werden können (vgl. Abschn. 4.6).

- *Begleitung:* Wenn das neue Produkt oder die Dienstleistung offiziell vertrieben wird, ist in vielen Fällen (zumindest am Anfang) nach der Übergabe aus dem Business Development in den Betrieb eine intensive Begleitung durch das Business Development notwendig. Dies ist verständlich, da das Produkt hier entwickelt wurde. Bei der Begleitung kann es sein, dass der Vertrieb intensiv im Rahmen von Sales Enablement gecoacht wird; es kann aber auch sein, dass Kollegen aus dem Business Development den Vertrieb im Rahmen von Pre-Sales-Consulting zu Kunden begleiten und dort beratend zur Seite stehen. Weiterhin ist die Vorstellung des neuen Produkts auf Messen oder bei Fachvorträgen möglich. Die Kollegen aus dem Business Development sollten in dieser Phase als Sparringspartner für den Vertrieb zur Verfügung stehen und für einen reibungslosen Verkaufsstart sorgen.

- **Support:** Falls Sie Ihre Kunden nach dem Kauf des neuen Angebots weiterhin unterstützen wollen oder müssen, benötigen Sie entsprechende Support-Strukturen. Dabei kann es sich um Telefon-Support an einer Hotline und/oder Service-Mitarbeiter im Außeneinsatz handeln. Möglicherweise besitzen Sie schon entsprechende Strukturen in Ihrer Firma. In diesem Fall müssen die entsprechenden Mitarbeiter zusätzlich geschult und möglicherweise neue Mitarbeiter eingestellt werden. Definieren Sie hier klare Prozesse und überwachen Sie mit einem Werkzeug für das Qualitätsmanagement die Einhaltung. Falls Sie bisher noch keine Support-Einheit in Ihrem Unternehmen hatten, müssen Sie diese spätestens an dieser Stelle aufbauen.

2.5.9 Kommunikation und internes Marketing

Da im Business Development neue Produkte und Dienstleistungen erdacht und bestehende weiterentwickelt werden, sind die übrigen Mitarbeiter meist sehr an dem interessiert, was in der Abteilung passiert. Besonders dann, wenn Sie eine solche Abteilung, ein Team oder eine Rolle gerade neu in Ihrem Unternehmen eingeführt haben, besteht ein erhöhter Informationsbedarf.

Um alle Mitarbeiter stets auf dem Laufenden zu halten, sollten Sie gemeinsam mit Ihrer internen Marketing- und Kommunikationseinheit eine Kommunikationsstrategie aufsetzen, die zu Beginn über die Besetzung des Teams und dessen Aufgaben berichtet. Weiterhin sollte dann ein permanenter Kommunikationsprozess etabliert werden, der alle Mitarbeiter darüber unterrichtet, was die Einheit gerade macht, welche Ergebnisse sie erzielt hat und welche Ziele sie im Rahmen der Unternehmensstrategie unterstützt.

Kommunizieren Sie auch die (möglichen) Auswirkungen und Veränderungen für Ihre Mitarbeiter und Ihr Unternehmen, die sich durch die Arbeit des Business Developments ergeben. Business Development sollte nicht im stillen Kämmerlein geschehen. Sonst entsteht schnell der Eindruck eines Elfenbeinturms. Halten Sie sich an das Motto: „Tue Gutes und sprich darüber.“

Richard K. Streich hat in seinem Change-Modell die unterschiedlichen Phasen der emotionalen Reaktionen der Betroffenen (oft als Stakeholder bezeichnet) während eines Veränderungsprozesses beschrieben. Er unterteilt dabei jedes Projekt in sieben Phasen, die von jedem Betroffenen durchlaufen werden:

1. **Schock:** In der ersten Phase wird absolutes Unverständnis der Veränderung entgegengebracht. Oft kursieren bereits vorher erste Gerüchte und in den Kaffeeküchen brodelt es schon. „Das kann doch wohl nicht wahr sein ...“ ist ein oft gehörter Ausspruch.
2. **Verneinung:** In der nächsten Phase wird die Veränderung verneint. Es wird versucht, die Veränderung auszublenden und abzustreiten.

3. *Jammertal:* Nachdem keiner mehr die Veränderung abstreiten kann, beginnt das große Jammern. Alle regen sich auf und schimpfen über die Veränderung bzw. die Auswirkungen und behaupten, dass früher sowieso alles besser war.

4. *Akzeptanz:* Nachdem die Phase des Jammerns überwunden wurde, beginnen die Betroffenen, die Veränderung langsam, aber sicher zu akzeptieren. Es herrscht sicherlich noch keine positive Grundstimmung, aber die Veränderung kann niemand mehr verleugnen.

5. *Ausprobieren:* Ist die Veränderung erst akzeptiert und unausweichlich, beginnen die ersten, sich mit der neuen Situation auseinanderzusetzen und versuchen, sich in der neuen Situation zurechtzufinden.

6. *Erkenntnis:* In der nächsten Phase erkennen die Betroffenen, dass die Veränderung doch auch ihre guten Seiten hat und dass die neue Situation durchaus Positives mit sich bringt.

7. *Integration:* Als Letztes folgt die Integration der Veränderung in den Alltag. Die Stakeholder sind ganz angekommen, fühlen sich wohl in der neuen Situation und haben die Veränderung ganz selbstverständlich in ihr Leben eingebaut.

Streich beschreibt in seinem Modell die emotionalen Reaktionen während einer Veränderung, die unausweichlich von jedem Betroffenen durchlaufen werden. Einzig die Heftigkeit der Reaktion lässt sich beeinflussen. Um die Betroffenen möglichst erfolgreich durch einen Veränderungsprozess zu führen, ist es notwendig, den Prozess mit geeigneten Maßnahmen kommunikativ zu begleiten. Hierzu hat die Firma Materna TMT GmbH entsprechende Handlungsfelder definiert, die auf die sieben Phasen von Streichs Change-Modell abgestimmt wurden (vgl. Abb. 2.6):

1. *Vision und Strategie:* Dieses Handlungsfeld begleitet die gesamte Veränderung und zeigt von Anfang an die Vision und die Gründe für die Veränderung auf. Aus der Vision werden dann die Strategie und die sich daraus ergebenden Änderungen abgeleitet. Diese Vision und das Zielbild müssen fortlaufend kommuniziert und erläutert werden. Nur so verstehen die Betroffenen die wahren Gründe hinter einer Veränderungsmaßnahme und gehen mit einer positiven Grundstimmung in die Unsicherheit. Führen Sie dazu eine zentrale Anlaufstelle (zum Beispiel im Intranet) ein, über die Sie alle Betroffenen regelmäßig informieren können. Versorgen Sie die Stakeholder stets mit aktuellen Informationen aus dem Projekt. Führen Sie weiterhin regelmäßige Meetings und Feedback-Runden durch und nehmen Sie die Reaktionen der Betroffenen ernst. Nutzen Sie so oft wie möglich die Chance zu persönlicher Kommunikation und direkter Ansprache per Video. Dies führt dazu, dass alle Betroffenen zu jeder Zeit optimal informiert sind, es hebt die Grundstimmung gegenüber dem Projekt und erhöht die Erfolgschancen erheblich.

2. *Motivation und Partizipation:* Dieses Handlungsfeld erstreckt sich vor allem über die ersten drei Phasen des Change-Modells. Nehmen Sie die Betroffenen mit, motivieren Sie sie, sich permanent mit der Veränderung auseinanderzusetzen und leben Sie die Veränderung vor. Das überzeugt die Betroffenen von der Sinnhaftigkeit und es zeigt, dass Sie die Veränderung aktiv mittragen. Geben Sie den Mitarbeitern die Möglichkeit,

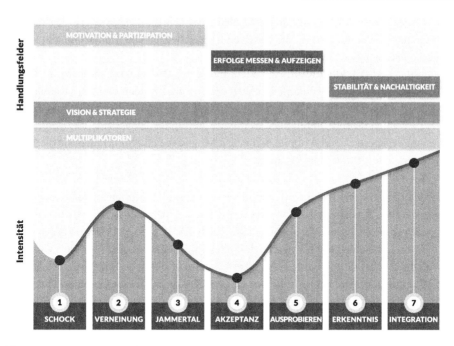

Abb. 2.6 Das Change-Modell nach Streich mit den Handlungsfeldern der Materna TMT GmbH. (Abbildung der Grafik mit freundlicher Erlaubnis der Materna TMT GmbH, 2022)

sich frühzeitig in das Projekt einzubringen, sich untereinander auszutauschen und ihre eigenen Ideen einzubringen. So erhalten die Betroffenen die Möglichkeit, das Projekt (in Teilen) mitzubeeinflussen. Dies sorgt für eine starke Identifikation mit der Veränderung und für eine positive Grundhaltung, da die Betroffenen nicht die „hilflosen Opfer" der Veränderung sind, sondern aktiv am Projekt teilhaben können.

3. *Multiplikatoren:* Finden Sie frühzeitig Fürsprecher für Ihre Veränderung. Suchen Sie gezielt nach Personen aus den unterschiedlichsten Bereichen, die dem Projekt von Beginn an positiv gegenüberstehen und die Vorteile verstehen. Binden Sie sie aktiv in das Projekt und in die Kommunikation mit ein und versorgen Sie sie mit allen wichtigen Informationen. Diese sogenannten Change Agents helfen Ihnen, die Veränderung zu kommunizieren und sie erreichen Ihre Mitarbeiter noch mal auf einer ganz anderen und vertrauensvollen Ebene. Die Change Agents sollten das ganze Projekt hindurch für eine optimale Informationsverbreitung sorgen.

4. *Erfolge messen und aufzeigen:* Besonders in den Phasen „Akzeptanz" und „Ausprobieren" sollten Sie die ersten (Teil-)Ergebnisse, die erreichten Meilensteine und Quick Wins der Veränderung ausgiebig kommunizieren und dabei die positiven Auswirkungen unterstreichen. Lassen Sie Mitarbeiter als Testimonials auftreten, das verleiht den Aussagen eine große Glaubwürdigkeit und begeistert die übrigen Kollegen. Sie können

auch spezielle Events veranstalten und die bisherigen Ergebnisse feiern. Das hebt die Stimmung weiter, belohnt für die bisher ertragenen Sorgen und Mühen und gibt Energie für die nächsten Schritte.

5. *Stabilität und Nachhaltigkeit:* Vor allem in den letzten beiden Phasen wird Stabilität benötigt. Alte Gewohnheiten müssen jetzt endlich überwunden und neue Routinen und Abläufe müssen in den Alltag eingebunden werden. Unterstreichen Sie dazu wiederholt das Erreichte und verknüpfen Sie dies mit der zu Beginn der Veränderung vorgestellten Vision. Erläutern Sie die Vorteile und neuen Möglichkeiten. So nehmen Sie die Betroffenen erfolgreich mit in die Zukunft.

Durch den Einsatz einer individuell auf die Veränderung abgestimmten Kommunikationsstrategie kann das Scheitern eines Projekts verhindert und das eigentliche Ziel eines Projekts erfolgreich erreicht werden. Vor allem im IT-Bereich wird der Projekterfolg oft daran gemessen, dass am Ende eine neue Software erfolgreich implementiert oder installiert wurde. Ob die Mitarbeiter den Grund dafür verstanden haben oder die neue Software auch gewinnbringend einsetzen, wird oft nicht in Betracht gezogen. Aus diesem Grund scheitern viele IT-Projekte: Sie werden oft an den eigentlichen Anwendern vorbeigeplant und durchgeführt. Ähnliches lässt sich in vielen Bereichen beobachten.

In den einzelnen Phasen der Kommunikation sollten Sie viele unterschiedliche digitale und analoge Medien einsetzen, um die Informationen zu verbreiten. Sie können von einer zentralen Intranetseite über Blogs, Videobotschaften, Infografiken, Mitarbeiterzeitungen und kleine und große Events alle Register einer modernen Kommunikation nutzen.

Die Aufgabe des Business-Development-Managers, der permanente Veränderung erzielen sollte, ist es also, die Betroffenen zu motivieren, zu informieren und gemeinsam mit der internen Kommunikationseinheit geeignete Kommunikationsmaßnahmen zu planen und durchzuführen. So stellen Sie sicher, dass die gewünschten Veränderungen durch alle verstanden und mitgetragen werden.

Gestalten Sie zum Beispiel gemeinsam mit dem internen Marketing einen monatlichen Newsletter, der über die Neuigkeiten aus dem Business Development berichtet. Eine weitere Möglichkeit ist es, einen Blog aufzusetzen, in dem über Neuerungen berichtet wird. Falls Sie in Kommunikation mit allen Mitarbeitern treten wollen, können Sie auch ein spezielles Wiki zu dem Thema aufsetzen, an dem sich alle beteiligen können. Weiterhin können Sie (soweit vorhanden) auch Ihr internes Social-Media-Netzwerk nutzen, um die Informationen an Ihre Mitarbeiter zu verteilen. Bedenken Sie dabei aber, dass dieser Informationsaustausch permanent stattfinden sollte. Vielleicht reicht auch eine quartalsweise Versendung von Informationen. Nehmen Sie aber die Rückmeldungen, Bedenken und Ideen Ihrer Mitarbeiter erst und reagieren Sie zeitnah auf Anfragen und Kommentare. Andernfalls wird die Kommunikation schnell einseitig und nicht mehr ernst genommen.

2.5.10 Dokumentation

Genau wie die interne Kommunikation den Business-Development-Prozess permanent begleiten sollte, so müssen der Prozessablauf und seine einzelnen Schritte und Entscheidungen dokumentiert und zentral abgelegt werden. Auch wenn dies augenscheinlich selbstverständlich ist, muss an dieser Stelle noch mal auf die Wichtigkeit von Dokumentation hingewiesen werden. Wenn wichtige Entscheidungen und Beschlüsse nicht in der richtigen Form dokumentiert werden, kann das später zu Problemen oder Missverständnissen führen. Weiterhin hilft eine zentral gepflegte Dokumentation bei zukünftigen Projekten, da Ideen, Abläufe, Businesspläne, Verträge oder ganze Prozessschritte bei einer nächsten Iteration wiederverwertet werden können. Dies kann viel Zeit und doppelte Aufwände einsparen. In welcher Art Sie die Dokumentation ablegen, ist Ihnen und den Regeln und Gegebenheiten Ihrer Firma überlassen. Vielleicht nutzen Sie ein Wiki, vielleicht einen zentralen File-Server oder eine Collaboration-Plattform. Wichtig ist nur, dass alle wichtigen Stakeholder Zugriff auf diese Plattform haben und gemeinsam an den Dokumenten arbeiten können. Bedenken Sie jedoch, dass eine gute Dokumentation permanent fortgeschrieben werden muss. Dies erzeugt natürlich Aufwände. Die lohnen sich aber, wenn dagegen die Mehrarbeit gerechnet wird, die durch die permanente Neuerfindung des Rades entstehen würde.

2.5.11 Lessons Learned

Wie bei jedem guten Projekt sollten Sie auch am Ende des Business-Development-Projekts eine Lessons-Learned-Einheit durchführen. Dabei sollten alle in dem Projekt involvierten Stakeholder an einen Tisch kommen und offen die Erfahrungen aus dem Projekt zusammenfassen. In dem Meeting sollten alle Aktionen, die gut gelaufen sind, erwähnt werden, aber natürlich auch alles, was nicht so gut gelaufen ist. Wichtig ist hierbei, die Gründe herauszufinden und so aus dem Ergebnis für das nächste Projekt zu lernen. So lassen sich gute Aktionen in den Prozess einbauen und schlechte Aktionen können hoffentlich in der Zukunft vermieden werden.

Analysieren Sie dabei nicht nur, was inhaltlich gut oder schlecht war, sondern finden Sie auch auf einer Meta-Ebene heraus, wie der eigentliche Prozess abgelaufen ist und versuchen Sie, daraus zu lernen.

Stellen Sie zum Beispiel folgende Fragen:

- Wie war der interne Prozessablauf?
- Sind alle Schritte richtig durchlaufen worden oder gab es (begründete) Abweichungen?
- Wie war die (interne/externe) Kommunikation?
- Wie war die interne Zusammenarbeit (auch team- oder abteilungsübergreifend)?
- Wie genau waren die Marktbeobachtungen?

- Wie genau war der Businessplan?
- Wie war das Kundenfeedback?

Wenn Sie ein internes Qualitätsmanagement haben, sollten Sie die Ergebnisse in Ihr System miteinfließen lassen. So stehen sie allen Mitarbeitern zur Verfügung. Dadurch können Sie die Prozessqualität Ihres gesamten Unternehmens Schritt für Schritt steigern.

So trivial, wie das jetzt klingen mag: Bitte dokumentieren Sie alle Ergebnisse schriftlich. Nur so stellen Sie sicher, dass die Ergebnisse auch Bestand haben und hoffentlich weitergenutzt werden können.

Nachdem Sie im Lessons Learned die wichtigen Punkte zusammengefasst haben, können Sie diese jetzt nutzen, um den Prozess anzupassen. Dies sollten Sie permanent tun, aber dabei stets darauf achten, dass die Leichtgewichtigkeit des Prozesses nicht verloren geht.

2.5.12 Kontinuierlicher Verbesserungsprozess

Nachdem im Lessons Learned die positiven wie auch die negativen Ergebnisse des Projekts zusammengefasst wurden, sollten Sie im nächsten Schritt die Ergebnisse nutzen, um den eigentlichen Prozess zu optimieren. Integrieren Sie dazu die Erfahrungen und passen Sie den Prozess weiter auf Ihr Unternehmen an. Optimieren Sie dabei aber nicht nur die einzelnen Schritte des Prozesses oder der Kommunikationsabläufe, sondern passen Sie auf einer Meta-Ebene auch den eigentlichen Prozessfluss an. Möglicherweise ergeben sich in Ihrem Unternehmen dadurch ganz andere Geschwindigkeiten.

Die Verbesserung des Prozesses wird nach jedem Durchgang durchgeführt. Darum wird diese Phase auch kontinuierlicher Verbesserungsprozess (KVP) genannt. Dadurch steigern Sie jedes Mal die Qualität. Überlegen Sie, was hinzukommen sollte und was vielleicht weggelassen werden könnte. Vielleicht können Teile der Aufgaben auch in andere Abteilungen ausgelagert oder am Markt eingekauft werden.

Der Prozess der ständigen Reflexion und Anpassung wird auch als Deming-Zyklus oder PDCA-Zyklus (Plan, Do, Check, Act; auf Deutsch: plane, tue, prüfe, handle) bezeichnet (vgl. [22]). Dabei wird ein Prozess einmalig und initial geplant. Danach wird er durchgeführt und abschließend bewertet. Die Ergebnisse der Bewertung fließen dann in die Optimierung ein, bevor der Prozess das nächste Mal gestartet wird. In Abb. 2.7 wird der Zyklus grafisch dargestellt.

Passen Sie den Prozess aber nicht nur durch Anregungen aus dem Lessons Learned an, sondern lassen Sie auch aktuelle Marktanforderungen und Ihre Firmenstrategie einfließen. Somit stellen Sie sicher, dass das Business Development stets in die richtige Richtung denkt. Achten Sie aber bei aller Veränderung darauf, dass der eigentliche Prozess leichtgewichtig und überschaubar bleibt. Sonst nehmen Sie unnötig Geschwindigkeit aus dem Prozess.

Abb. 2.7 Der
Deming-Zyklus/PDCA-Zyklus

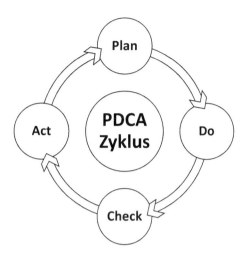

2.6   Agiler Business Development Prozess

In Situationen, in denen sich der Zielmarkt besonders schnell verändert, kann es sinnvoll sein, den bisher vorgestellten Business-Development-Prozess stark zu verschlanken und ihn sehr agil auszulegen. Dies kann zum Beispiel während einer aktuellen Krise oder nach der Einführung einer disruptiven Technologie der Fall sein. Hierdurch kann sehr schnell auf die neuen Marktgegebenheiten und Kundenanforderungen reagiert werden.

Der agile Business-Development-Prozess ist auf die wesentlichen Bestandteile reduziert und fokussiert sich auf die zeitnahe Entwicklung eines neuen Angebots, das eine hohe Marktrelevanz hat. Der Prozess wird im Folgenden beschrieben und in Abb. 2.8 grafisch dargestellt.

1. *Auslöser:* Der agile Business-Development-Prozess kann durch unterschiedliche Ereignisse ausgelöst werden: Kundenbedürfnisse oder ganze Marktsituationen können sich ändern, eine Krise kann gewohnte Marktverhältnisse radikal verändern oder eine disruptive Technologie ermöglicht über Nacht vollkommen neue Geschäftsmodelle. All das hat zur Folge, dass sich die Anforderungen Ihres Zielmarkts und Ihrer Kunden ändern. Hierauf sollten Sie entsprechend zeitnah reagieren.
2. *(Anpassung der) Idee:* In diesem Schritt sollte nach einer initialen Analyse des Auslösers und der Auswirkungen (zum Beispiel mit Hilfe von Marktbeobachtung, vgl. Abschn. 5.1) eine Idee für ein passendes Produkt oder eine Dienstleistung entwickelt werden. Hierzu können die in Abschn. 2.5.1 vorgestellten Kreativitätstechniken eingesetzt werden.
3. *Prototyp/MVP:* Im nächsten Schritt sollte zeitnah ein Prototyp oder ein MVP entwickelt werden, um frühzeitig den Nutzen der Lösung aufzeigen zu können (vgl. Abschn. 2.5.5 und 2.5.5.1).

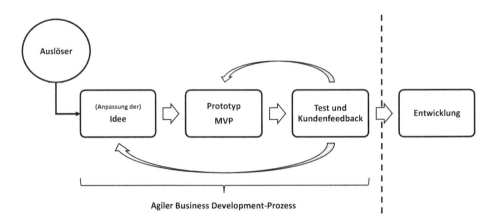

Abb. 2.8 Der agile Business-Development Prozess

4. **Test und Kundenfeedback:** Der Prototyp sollte zunächst intern mit verschiedenen Personen aus unterschiedlichen Bereichen validiert werden. Danach sollte zeitnah Feedback der zukünftigen Zielkunden eingeholt werden. So kann sehr früh im Prozess in Erfahrung gebracht werden, ob eine Lösung entwickelt wird, die später wirklich Abnehmer findet. Mit Hilfe des Feedbacks kann entschieden werden, ob noch Eigenschaften des Prototyps angepasst werden müssen oder ob noch mal grundsätzlich an der Idee gefeilt werden muss. Initial werden hier einige Durchläufe benötigt, bevor es in den nächsten Prozessschritt geht.
5. **Entwicklung:** Nachdem ausreichend positives Feedback erhalten und der Prototyp so weit optimiert wurde, dass die Testkunden zufrieden sind, beginnt der eigentliche Entwicklungsprozess. Hier sollten die Standardprozesse greifen und das neue Produkt oder die Dienstleistung zur Marktreife gebracht werden.

Der hier beschriebene Prozess ist absichtlich sehr kompakt und flexibel gestaltet, damit zeitnah Resultate sichtbar sind. Sie sollten diesen Prozess an Ihre speziellen Anforderungen anpassen und ihn so ausgestalten, dass er für Sie optimale Ergebnisse liefert. Genau das ist der Sinn der Agilität.

Sie können auch die spätere Überwachung der Produkte und Dienstleistungen agil ausgestalten und entsprechende Auslöser (englisch: Trigger) definieren, die eine Überprüfung und gegebenenfalls eine Anpassung bestehender Portfolioelemente durch das Business Development in Gang setzen.

Um intern über die aktuellen und zukünftigen Innovationsprojekte diskutieren zu können, haben sich das „Three Horizons Model" und die „Innovationslandkarte" als nützliche Werkzeuge herausgestellt. Im Folgenden werden sie vorgestellt.

2.7 Three Horizons Model

Das „Three Horizons Model" (aus dem Englischen: Das 3-Horizonte-Modell) wurde von der Beratungsfirma McKinsey entwickelt und 1999 im Rahmen eines Frameworks zum Thema Wachstumsstrategie erstmals von Patrick Brunet beschrieben (vgl. [23]). Es basiert auf der Erkenntnis, dass ein Unternehmen unterschiedliche Arten von Innovationsprojekten benötigt, um weiterzuwachsen. In ihren Projekten stellten sie fest, dass Innovationsprojekte nicht „gleichwertig" sind, sondern dass sie unterschiedliche Ziele, Auswirkungen und Zielzeiträume haben. Diese Erkenntnis fassen sie in dem Modell zusammen.

Das „Three Horizons Model" erlaubt es, in einem einfachen Modell über alle Innovationsprojekte eines Unternehmens zu sprechen und ihre jeweiligen Auswirkungen auf das Geschäft zu erkennen. Die Projekte befinden sich dazu nach McKinsey alle in einem Spannungsverhältnis zwischen „run the business" und „change the business", also dem reibungslosen Betrieb des jetzigen Geschäfts und der Anpassung des gesamten Geschäfts an neuen Anforderungen (vgl. Abschn. 1.6).

In dem Modell werden alle Innovationsprojekte eines Unternehmens einem der drei Horizonte zugewiesen. Die Horizonte werden dabei auf einem Koordinatensystem abgebildet. Die Achsen haben folgende Bedeutungen:

- *X-Achse:* Auf dieser Achse wird die Zeit abgetragen, die benötigt wird, bis die jeweiligen Innovationsprojekte abgeschlossen sind.
- *Y-Achse:* Auf dieser Achse wird der Wert der finanziellen Auswirkung der jeweiligen Innovationsprojekte auf die Firma abgetragen.

In Abb. 2.9 wird das Modell grafisch dargestellt. Die drei Horizonte lassen sich wie folgt beschreiben:

1. *Horizont:* Hier wird vom „Optimieren im Kern" gesprochen. Dieser Horizont umfasst alle Projekte, die ab dem aktuellen Zeitpunkt bis in spätestens drei Jahren abgeschlossen sein werden. Sie dienen dazu, das Kerngeschäft zu stärken und aufrechtzuerhalten. Es geht darum, mit innovativen Ansätzen die Effizienz zu steigern und das existierende Geschäft auszubauen.
2. *Horizont:* Hier wird vom „Wachsen am Kern" gesprochen. Dieser Horizont bezieht sich auf Projekte, die in zwei bis fünf Jahren abgeschlossen sein werden. Hier werden Projekte zusammengefasst, in denen neue Geschäftserweiterungen untersucht und aufgebaut werden. Hier werden entlang der bestehenden Wertschöpfungskette weitere Angebote angereichert, die sich logisch in das Geschäft einbinden lassen und die Produkt- und Dienstleistungspalette nachvollziehbar ergänzen.
3. *Horizont:* Hier wird vom „Erneuern" gesprochen. Dieser Horizont umfasst alle Projekte, die in fünf bis zwölf Jahren abgeschlossen sein werden. Hierunter fallen alle Projekte, in denen komplett neue Möglichkeiten ausgelotet werden und ganz neue Kompetenzen

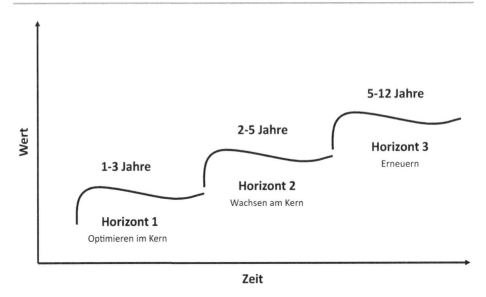

Abb. 2.9 Das Three Horizons Model von McKinsey

aufgebaut werden müssen. Hierein fallen zum Beispiel alle Projekte, die Investments in Start-ups oder M&A-Aktivitäten (vgl. Abschn. 4.5) beinhalten. Hier werden vollkommen neue Märkte adressiert, ganz neue Geschäftsmodelle entwickelt und möglicherweise über Ersatz von wegbrechendem Geschäft entschieden.

Die hier erwähnten Zeiträume sind dabei nur grobe Richtwerte, die sich aus der Analyse vieler Innovationsprojekte durch McKinsey ergeben haben. Die Zeiträume können vollkommen dynamisch sein und unterscheiden sich von Branche zu Branche. Es zeigt sich beispielsweise, dass IT-nahe Unternehmen viel kürzere Horizonte haben und sehr viel öfter von Sprunginnovationen oder disruptiven Technologien beeinflusst werden. Ziel des Modells ist es, in einer Abbildung alle relevanten Innovationsprojekte eines Unternehmens zusammenzufassen und ihre Wirkzeiträume zu verdeutlichen. Es sollten stets in allen drei Horizonten ausreichend Projekte aktiv sein, um den Fortbestand einer Firma abzusichern. Die Aufgabe von Business Development ist es, genau diese Projekte zu definieren, zu initiieren und aktiv zu begleiten.

Das „Three Horizons Model" hilft nur bei der zeitlichen Analyse und der Erfassung der Innovationsprojekte. Es lässt keine inhaltliche Analyse zu. Hierzu empfiehlt sich die Innovationslandkarte. Sie wird im folgenden Abschnitt beschrieben.

2.8 Innovationslandkarte

Die Innovationslandkarte basiert auf Gary Pisanos Ideen aus dem Buch „Creative construction: The DNA of sustained innovation" [24]. Sie wurde von der Firma board of innovation entwickelt und unter einer Creative-Commons-Lizenz zur freien Nutzung zur Verfügung gestellt.

Die Innovationslandkarte ist grundlegend in vier Quadranten eingeteilt, die eine eindeutige Einsortierung der existierenden und der zukünftigen Innovationsprojekte ermöglichen. Die Innovationslandkarte ist in Abb. 2.10 dargestellt. Auf der Y-Achse wird dabei abgetragen, inwieweit das neue Projekt sich mit dem existierenden Geschäftsmodell vereinbaren lässt. Es wird unterschieden zwischen der aktiven Nutzung des aktuellen Modells oder der Notwendigkeit für ein neues Geschäftsmodell. Auf der X-Achse wird abgetragen, inwieweit die Innovationsprojekte über die bestehenden technischen Kompetenzen abgedeckt sind. Hierbei wird zwischen dem Ausnutzen der bestehenden technischen Kompetenzen und der Notwendigkeit zum Aufbau neuer Kompetenzen unterschieden.

Die einzelnen Innovationsprojekte können dann anhand einer subjektiven Bewertung der Parameter der beiden Achsen in einen der vier Quadranten eingetragen werden. Die Bedeutung der Quadranten wird im Folgenden beschrieben:

1. *Quadrant:* Inkrementelle (Re-)Innovation – Hier werden alle Innovationsprojekte einsortiert, die zum einen die bestehenden technischen Kompetenzen sowie zum anderen das bestehende Geschäftsmodell nutzen. Somit handelt es sich um eine Weiterentwick-

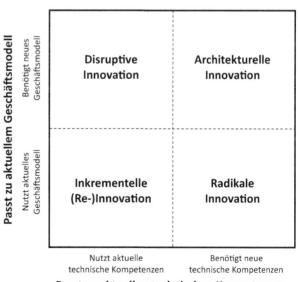

Abb. 2.10 Die Innovationslandkarte von board of innovation

lung des bestehenden Geschäfts. Ein Beispiel für ein Projekt in diesem Quadranten ist die Entwicklung des nächsten iPhones bei Apple.

2. *Quadrant:* Radikale Innovation – Hier werden alle Innovationsprojekte einsortiert, die zwar das bestehende Geschäftsmodell nutzen, aber neue technische Kompetenzen erfordern. Ein Beispiel für ein Projekt in diesem Quadranten ist die Entwicklung von E-Bikes bei einem klassisches Fahrradhersteller.

3. *Quadrant:* Disruptive Innovation – Hier werden alle Innovationsprojekte einsortiert, die zwar die bestehenden technischen Kompetenzen nutzen, aber ein neues Geschäftsmodell benötigen. Ein Beispiel für ein Projekt in diesem Quadranten ist die Entwicklung von Mobilitätsdienstleistungen bei klassischen Automobilherstellern.

4. *Quadrant:* Architekturelle Innovation – Hier werden alle Innovationsprojekte einsortiert, die neue technische Kompetenzen und ein neues Geschäftsmodell benötigen. Ein Beispiel für ein Projekt in diesem Quadranten ist Entwicklung von Blockchain-basierten Dienstleistungen für ein produzierendes Unternehmen.

Die Innovationslandkarte hilft, mit einer gemeinsamen Sprache über die Innovationsprojekte zu sprechen und diese zu bewerten. Es wird sofort ersichtlich, ob eine gegebene Idee mit der aktuellen Geschäftsstruktur durchgeführt werden kann oder ob neue Partner, Märkte oder Kanäle benötigt werden (Y-Achse). Weiterhin lässt sich erkennen, ob die neue Idee mit den aktuellen technischen Möglichkeiten umsetzbar ist oder ob neues (externes) Know-how, neue Prozesse, Aktivitäten oder Ressourcen benötigt werden (x-Achse). Mit Hilfe des „Three Horizons Models" und der Innovationslandkarte lassen sich aktuelle und zukünftige Innovationsprojekte eindeutig klassifizieren und bewerten. Somit sollten diese beiden Werkzeuge standardmäßig vom Business Development eingesetzt werden. So lassen sich (zum Beispiel in einem Management-Meeting) die aktiven und die geplanten Projekte erklären und deren potentiellen Voraussetzungen, Auswirkungen und Umsetzungszeiträume präsentieren.

2.9   Business Development KPIs

Es ist wichtig, die einzelnen Aktivitäten des Business Developments und deren Ergebnisse zu messen und sichtbar zu machen. Nur so können der Erfolg und die Wirksamkeit der einzelnen Maßnahmen erfasst, analysiert und optimiert werden. Der Wirtschaftsexperte Peter Drucker sagte: „Wenn du es nicht messen kannst, kannst du es nicht verbessern."

Eine Möglichkeit, die Ergebnisse von Business Development zu messen, sind Key Performance Indicators (KPIs). KPIs sind betriebswirtschaftliche Kennzahlen, die zum Beispiel die Ergebnisse und Auslastungen von Produktionsanlagen, des Vertriebs, einzelner Projekte, ganzer Unternehmensteile oder einer kompletten Firma abbilden können. Sie dienen dem Controlling und Management als Kontroll- und Steuerungsmittel. Bekannte KPIs sind zum Beispiel: Umsatz, Gewinn und Kosten. Viele KPIs stellen dabei auf oberster Ebene die Summe vieler einzelner „Unter-KPIs" dar, die zum Beispiel für einen Management-Bericht zusammengefasst werden. So kann das KPI „Umsatz" beispielsweise die Umsätze in den Bereichen Produkte, Dienstleistungen und Lizenzen zusammenfassen.

Auch im Business Development lassen sich KPIs definieren, deren Messung Rückschlüsse auf den Erfolg von einzelnen Maßnahmen oder von Business Development als Ganzes zulassen. Dazu müssen zum einen die relevanten KPIs inhaltlich definiert werden. Zum anderen muss für jedes KPI definiert werden, auf welchen Zeitraum es sich bezieht. So gibt es Werte, deren Analysen jährlich ausreichen und es gibt Werte, die pro Quartal, Monat oder sogar Woche gemessen und ausgewertet werden sollten.

Da die Aufgaben von Business Development an den Schnittstellen von Innovation/Forschung und Entwicklung, Vertrieb, Marketing und Management angesiedelt sind, können viele KPIs aus diesen Bereichen genutzt werden. Möglicherweise lassen sich durch eine Kombination aus KPIs einzelner Bereiche neue KPIs definieren, die speziell für das Business Development gelten.

Im Folgenden werden die wichtigsten KPIs für das Business Development vorgestellt:

Vertrieb:

- Anzahl neuer Aufträge (für bestehende und neue Produkte)
- Volumen der Aufträge
- Zuordnung zu Portfoliofeld oder Element
- Anzahl Bestandskunden
- Cross- und Upselling-Volumen
- Anzahl Neukunden
- Kosten pro Lead/Neukunde
- Anzahl Angebote
- Durchschnittliches Angebotsvolumen (in den unterschiedlichen Bereichen)
- Anzahl (Neu-)Kundenkontakte (Telefon, Messen, sonstige Events, Online, Mails, postalisch)
- Sales Pipeline (Kunde, Projekt, Datum, Volumen, Gewinnwahrscheinlichkeit)
- Win rate (prozentualer Anteil der gewonnenen Angebote)
- Umsatz
- Gewinn
- Reklamationen

Marketing:

- Anzahl Kampagnen insgesamt für neue Produkte oder Dienstleistungen
- Anzahl Social-Media-Nachrichten (inkl. Likes, Shares, Views usw.)
- Anzahl Vorträge (auf Messen, (Online-)Events)
- Anzahl Mail-Kampagnen (inkl. Open Rate, Conversion Rate usw.)

Marktbeobachtung:

- Anzahl geführte Interviews
- Anzahl Kundenfeedbacks
- Anzahl und Bewertung der Mitbewerber
- Weiterempfehlungsrate
- Quantifiziertes und qualifiziertes Kundenfeedback

Partner:

- Anzahl Partner
- Anzahl neue Partner
- Umsatz durch Partner
- Auswertung Partnerstatus

Innovation:

- ROI (Return on Invest)
- Zeitraum bis „break even"
- Anzahl der aktiven Innovationsprojekte
- Anzahl abgebrochener Innovationsprojekte
- Time to Market

Mergers & Acquisitions:

- Anzahl Zielunternehmen in Untersuchung
- Anzahl abgeschlossener Käufe
- Anzahl abgelehnter Unternehmen
- Durchschnittliche Deal-Größe

Portfolio:

- Anzahl (aktiver) Portfolioelemente
- Anzahl Portfolioelemente pro BCG-Quadranten (vgl. Abschn. 3.1)
- Anzahl neuer Portfolioelemente
- Anzahl entfernter Portfolioelemente

Ressourcen:

- Auslastung (Personal und Maschinen)
- Kosten (Einkauf, Lagerung, Logistik usw.)

Produktion:

- Stückzahlen
- Stückkosten
- Materialkosten
- Produktionsdauer
- Ausschuss

Finanzen:

- Budget (Innovation, Marketing, Personal usw.)

Natürlich gibt es viele weitere KPIs, die zur Steuerung des Business Developments genutzt werden können. Da die Aufstellung, die Prozesse und Ziele von Business Development in jedem Unternehmen individuell ausgestaltet sind, müssen zum einen nicht alle hier vorgestellten Zahlen genutzt werden und zum anderen können weitere zusätzliche oder spezifischere Werte hinzugefügt werden. Wichtig ist, dass sich anhand der gewählten KPIs und deren Betrachtungszeiträume ein klares Bild über die Leistungsfähigkeit und die Ergebnisse des Business Developments in einem Unternehmen entwickeln lässt. Achten Sie dabei darauf, nur die relevanten KPIs zu erfassen und auszuwerten. Nicht alles, was gemessen werden kann, ist auch relevant. Durch eine klare Fokussierung auf Business-relevante KPIs reduzieren Sie die Aufwände bei der Erhebung und erleichtern die anschließende Auswertung, da die Ergebnisse nicht durch überflüssige Werte künstlich verkompliziert werden.

Sie können gemeinsam mit dem Controlling ein Business Development Dashboard entwickeln, auf dem alle relevanten KPIs so aufbereitet sind, dass sie auf einen Blick kontrolliert werden können. Dazu kann beispielsweise ein Ampelsystem für spezielle KPIs definiert werden. Sie können dazu zum Beispiel ein Programm zur Tabellenkalkulation oder eine spezielle HTML-Seite in Ihrem Intranet nutzen. Hier können die wichtigsten KPIs grafisch ansprechend in Form von Diagrammen, Tabellen und Grafiken dargestellt werden. Ein solches Dashboard erleichtert die Kontrolle und ermöglicht einen standardisierten Austausch über die relevanten Daten. Möglicherweise können die benötigen Daten sogar (halb-)automatisch erhoben und verarbeitet werden. Somit können Sie jederzeit auf aktuelle Daten in Ihrem Dashboard zugreifen.

Für unterschiedliche Aufgaben des Business Developments sollten jeweils passende KPIs gewählt werden. Für Innovationsprojekte sind andere KPIs von Interesse als zur Überwachung und Optimierung des Bestandsportfolios. Im besten Fall werden die wichtigsten KPIs für die relevanten Bereiche einmal definiert und vom Management freigegeben. Zusätzlich sollte gemeinsam mit dem Controlling ein Prozess definiert werden, der automatisch startet, sobald eine entsprechende Aktion im Business Development begonnen wird und die Überwachung und das Reporting der jeweiligen KPIs aktiviert.

Business-Development-Projekte sollten direkt zu Beginn mit aussagekräftigen KPIs belegt werden, die eine akkurate Messung der individuellen Ziele ermöglichen. So kann zu jeder Zeit ein Eindruck über den Erfolg des Projekts gewonnen werden und auch die kurzfristige Erstellung von Zwischen- und Abschlussberichten wird stark erleichtert.

Die Ziele für das Business Development sollten gemeinsam mit dem Management abgestimmt und verabschiedet werden. Entsprechende KPIs zur Kontrolle der (Teil-)Ziele lassen sich dann individuell ableiten, aufsetzen und auswerten. Hierdurch können einzelne Projekte oder der Business Development Prozess als Ganzes fortlaufend optimiert werden. Durch die Überwachung der zentralen KPIs kann ein kontinuierlicher Verbesserungsprozess aufgesetzt werden, der mit jedem Durchlauf zur Optimierung der einzelnen Bereiche führt.

Zusätzlich zu den KPIs aus dem Business Development sollten gemeinsam mit dem Management zentrale KPIs des Unternehmens regelmäßig diskutiert werden. Hierdurch lassen sich frühzeitig weitere Aktivitäten für das Business Development ableiten. So kann zum Beispiel aus der Analyse des Unternehmensumsatzes und der Projektion in die nahe Zukunft abgeleitet werden, ob Anpassungen am bestehenden Portfolio und dessen Vermarktung notwendig sind oder ob das Portfolio mit neuen Elementen aus dem Innovationsbereich angereichert werden sollte.

KPIs können nicht nur zur Überwachung und Steuerung von Business Development als Ganzes genutzt werden, sondern auch zur Leistungssteuerung der Business-Development-Manager. So können zum Beispiel variable Gehaltsanteile an das Erreichen gesetzter KPI-Ziele geknüpft werden. Die gemeinsam mit dem Management verabschiedeten Ziele sollten in diesem Fall herausfordernd, aber erreichbar sein.

Fazit für die Praxis

- Das Business Development kann als Rolle (mit einer konkreten Aufgabe) und als Team oder Abteilung innerhalb Ihrer Organisation aufgefasst werden.
- Stellen Sie ein individuelles Rollenprofil mit Anforderungen an einen Business-Development-Manager zusammen. Achten Sie dabei vor allem auch auf die Soft Skills.
- Überlegen Sie sich vor der Einführung eines Business Developments genau, wie Sie es in Ihr Unternehmen integrieren und welche konkreten und messbaren Ziele Sie dadurch erreichen wollen.
- Legen Sie klare Verantwortlichkeiten für das Business Development fest.
- Definieren Sie einen konkreten Business-Development-Prozess, der leichtgewichtig und flexibel ist und sich schnell an sich ändernde Gegebenheiten anpassen lässt.
- Reflektieren und optimieren Sie den Prozess und sämtliche Abläufe regelmäßig.

- Nutzen Sie das „Three Horizons Model" und die „Innovationslandkarte", um jetzige und zukünftige Innovationsprojekte zu planen und zu analysieren.
- Definieren Sie feste KPIs für Ihr Business Development. So können Sie den Erfolg Ihrer Aktivitäten nachverfolgen und gegebenenfalls nachjustieren.

Literatur

1. Elisabeth Heinemann. *Jenseits der Programmierung: Mit T-Shaping erfolgreich in die IT-Karriere starten*. Hanser, 2010.
2. D. Goleman. *Emotionale Intelligenz*. dtv Verlagsgesellschaft, 1997.
3. Maja Storch. Motto-Ziele, Smart-Ziele und Motivation. In *Coachingwissen*, pages 185–207. VS Verlag für Sozialwissenschaften, 2011.
4. Kerstin Friedrich, Lothar J. Seiwert, and Edgar K. Geffroy. *Das neue 1 x 1 der Erfolgsstrategie. EKS-Erfolg durch Spezialisierung*. Springer, 2006.
5. W.C. Kim and R. Mauborgne. *Blue Ocean Strategy, Expanded Edition: How to Create Uncontested Market Space and Make the Competition Irrelevant*. Harvard Business School Press, 2015.
6. Christian Schawel and Fabian Billing. Brainstorming. In *Top 100 Management Tools*, pages 43–45. Gabler Verlag, 2014.
7. Tony Buzan and Barry Buzan. *Das Mind-Map-Buch: Die beste Methode zur Steigerung Ihres geistigen Potenzials*. mvg Verlag, 2002.
8. Gavin Ambrose and Paul Harris. *Design Thinking: Fragestellung, Recherche, Ideenfindung, Prototyping, Auswahl, Ausführung, Feedback*. Stiebner Verlag GmbH, 2010.
9. Mark Hatch. *The maker movement manifesto: Rules for innovation in the new world of crafters, hackers, and tinkerers*. McGraw-Hill Education New York, 2014.
10. S. Poguntke. *Corporate Think Tanks: Zukunftsgerichtete Denkfabriken, Innovation Labs, Kreativforen & Co*. Human-Computer Interaction. Gabler Verlag, 2014.
11. Richard Banfield, C Todd Lombardo, and Trace Wax. *Design Sprint: A Practical Guidebook for Building Great Digital Products*. O'Reilly Media, Inc., 2015.
12. Andreas Kohne and Volker Wehmeier. *Hackathons: von der Idee zur erfolgreichen Umsetzung*. Springer Vieweg, 2019.
13. Jörg Breithut. Virale Werbefallen – Pril schmeckt nach Hähnchen. Zugriff am 31. Mai 2022 from https://www.spiegel.de/netzwelt/web/virale-werbefallen-pril-schmeckt-nach-haehnchen-a-756532.html, 2011.
14. Jürgen Zimmermann, Christoph Stark, and Julia Rieck. *Projektplanung: Modelle, Methoden, Management*. Springer-Verlag, 2006.
15. Alexander Osterwalder and Yves Pigneur. *Business model generation: a handbook for visionaries, game changers, and challengers*. John Wiley & Sons, 2010.
16. Materna Information & Communications SE. Die Zukunft digitaler Geschäftsmodelle. Zugriff am 31. Mai 2022 from https://www.materna.de/Microsite/Monitor/DE/2021-03/Management-und-Strategie/digitale-geschaeftsmodelle/digitale-geschaeftsmodelle_node.html, 2022.
17. Heike Lorenz. Innovative Geschäftsmodelle von ADD-ON bis AUCTION. Zugriff am 31. Mai 2022 from https://das-unternehmerhandbuch.de/innovative-geschaeftsmodelle-von-add-on-bis-auction/, 2014.

18. H. Klandt. *Gründungsmanagement: Der Integrierte Unternehmensplan: Business Plan als zentrales Instrument für die Gründungsplanung.* Lehr- und Handbücher der Betriebswirtschaftslehre. Oldenbourg, 2006.

19. A. Geuer. *Einsatzpotential des Rapid Prototyping in der Produktentwicklung.* iwb Forschungsberichte. Springer Berlin Heidelberg, 2013.

20. Steve Blank. Perfection By Subtraction – The Minimum Feature Set. Zugriff am 31. Mai 2022 from https://steveblank.com/2010/03/04/perfection-by-subtraction-the-minimum-feature-set/, 2010.

21. Volker Lingnau. *Variantenmanagement: Produktionsplanung im Rahmen einer Produktdifferenzierungsstrategie.* Erich Schmidt Verlag GmbH & Co KG, 1994.

22. Fred A. Manuele. The plan-do-check-act concept (pdca). *Advanced Safety Management Focusing on Z10 and Serious Injury Prevention*, pages 33–43, 2007.

23. Patrick J Brunet. The alchemy of growth: Practical insights for building the enduring enterprise. *Library Journal*, 124(8):90–91, 1999.

24. Gary P Pisano. *Creative construction: The DNA of sustained innovation.* PublicAffairs, 2019.

Portfolio 3

Zusammenfassung

Das Thema Portfolio und Portfoliomanagement ist für jede Firma ein sehr zentrales, denn über das Portfolio definiert die Firma die Produkte und Dienstleistungen, die den Kunden und Partnern angeboten werden. Das Thema ist sehr vielschichtig und umfangreich. Das Portfoliomanagement ist auch ein zentrales Thema für das Business Development, da die Neu- und Weiterentwicklungen von Produkten durch das Business Development direkten Einfluss auf die einzelnen Portfolioelemente haben. Darum wird das Thema im Folgenden im Einzelnen vorgestellt. Dabei wird zum einen auf die Portfoliostruktur eingegangen und erklärt, wie Sie Ihre Produkte und Dienstleistungen ordnen können, zum anderen wird der Portfoliolebenszyklus vorgestellt, der beschreibt, wie sich die einzelnen Elemente über die Zeit verändern. Abschließend wird auf das aktive Portfoliomanagement eingegangen.

3.1 Portfoliostruktur

Erfolgreiche Unternehmen bieten ihren Kunden oft nicht nur ein einziges Produkt oder eine einzige Dienstleistung an, sondern meist mehrere oder sogar eine Kombination aus Produkten und Dienstleistungen. Um dabei die Übersicht zu behalten und den Erfolg und die Profitabilität der einzelnen Produkte und Dienstleistungen bewerten zu können, sollten Sie Ihr Produktportfolio aktiv managen. Grundlage für ein Portfoliomanagement ist eine eindeutige Portfoliostruktur. Sie hilft Ihnen, Ihre Produkte in eindeutige Kategorien sortieren zu können, sie zu bewerten und danach zu bestimmen, wie Sie mit den einzelnen Portfolioelementen und deren jeweiligen Ausprägungen umgehen wollen.

Grundsätzlich sollten Sie versuchen, Ihre einzelnen Portfolioelemente in einem ersten Schritt nach eindeutigen Kriterien grob zu sortieren. Hierzu können Sie Ihre Produkte zum Beispiel nach folgenden Kriterien sortieren:

© Springer Fachmedien Wiesbaden GmbH, ein Teil von Springer Nature 2022   85
A. Kohne, *Business Development*,
https://doi.org/10.1007/978-3-658-37914-8_3

- B2B-Produkte (Business-to-Business)
- B2G-Produkte (Business-to-Government)
- B2C-Produkte (Business-to-Consumer)
- Marktsegment
- Zielmarkt
- Zielland
- Umsatzstärke
- Ertragsstärke
- Kundenzahl
- Produkt
- Dienstleistung

Abhängig von Ihrer Firmengröße kann es auch Sinn machen, die Portfolioelemente in einem ersten Schritt den jeweiligen Unternehmenseinheiten zuzuordnen, falls sie thematisch sauber voneinander abzugrenzen sind.

In einem zweiten Schritt sollten Sie die einzelnen Elemente in den jeweiligen Obergruppen nach weiteren Kriterien sortieren. Hierbei werden die Elemente oft nach Umsatz- oder Absatzzahlen sortiert. Klassisch lassen sich die Produkte dann zum Beispiel in A-, B- und C-Produkte unterteilen, wobei A-Produkte am meisten verkauft werden und den meisten Umsatz generieren. C-Produkte generieren den geringsten Umsatz. Beachten Sie dabei, dass diese Klassifizierung im ersten Schritt zwar einen Indikator für erfolgreiche Produkte darstellen kann, aber bestimmte Produkte trotz eines geringen Absatzes eine Daseinsberechtigung haben, da sie zum Beispiel zum Image des Unternehmens beitragen oder sehr ertragreich sind.

Beachten Sie weiterhin, dass es auch Portfolioelemente geben kann, die voneinander abhängig sind oder die aufeinander aufbauen. Diese sollten Sie, falls möglich, ebenfalls entsprechend gruppieren.

Nachdem Sie Ihr Portfolio strukturiert haben, sollten Sie jedes Element anhand von vorher festgelegten Kriterien bewerten. Dies erlaubt Ihnen einen kompletten Überblick über Ihr Portfolio und die Güte der einzelnen Elemente. Zur Bewertung einzelner Portfolioelemente im Rahmen einer Portfolioanalyse hat sich die sogenannte BCG-Matrix der Boston Consulting Group durchgesetzt (vgl. [1]). Dabei wird jedes Portfolioelement anhand von zwei Kriterien bewertet:

1. *Marktanteil:* Bei diesem Kriterium wird der absolute Marktanteil des Produkts an einem gegebenen Gesamtmarkt bewertet. Diese Zahl kann entweder geschätzt oder durch eine Marktforschungsstudie erhoben werden.
2. *Marktwachstum:* Dieses Kriterium wird mit Hilfe der Marktbeobachtung ermittelt und drückt aus, wie sich der Markt rings um das Produkt entwickelt. Hier wird grob zwischen einem wachsenden und einem schrumpfenden Markt unterschieden.

Abb. 3.1 Die BCG-Matrix

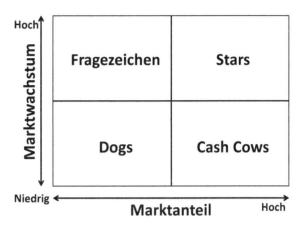

Sind die beiden Werte für alle Produkte erhoben, können diese in einer Matrix dargestellt werden. Abb. 3.1 zeigt eine BCG-Matrix. Diese Matrix ist dabei in vier Quadranten unterteilt, die eine Klassifikation der einzelnen Portfolioelemente zulässt.

1. *Dogs – Marktwachstum niedrig und Marktanteil niedrig:*
   Die Dogs (oft auch als Poor Dogs bezeichnet) sind diejenigen Produkte, die ein sehr niedriges Wachstum aufweisen, möglicherweise sogar schrumpfen und nur einen geringen Marktanteil besitzen. Es ist wichtig, diese Produkte zu identifizieren, da sie potentielle Verlustbringer sind. Dogs sollten aber nicht vorschnell aus dem Portfolio gestrichen werden, da sie möglicherweise das Image des Unternehmens stärken. Dogs sollten individuell bewertet und permanent überwacht werden.
2. *Fragezeichen – Marktwachstum hoch und Marktanteil niedrig:*
   Als Fragezeichen werden Produkte bezeichnet, die noch einen geringen Marktanteil besitzen, aber ein hohes Wachstum aufweisen. Sie haben das Potential, kurzfristig auch einen größeren Marktanteil zu gewinnen. Darum sollten diese Produkte besonders überwacht und gelenkt werden.
3. *Cash Cow – Marktwachstum niedrig und Marktanteil hoch:*
   Cash Cows sind diejenigen Produkte, die bereits einen sehr hohen Marktanteil gewonnen haben, deren Wachstum aber aufgehört oder sich stark verlangsamt hat. Dies sind meist Produkte, die schon lange auf dem Markt sind und eine treue Kundschaft haben. Es lohnt sich oft nicht mehr, in diese Produkte groß zu investieren. Sie laufen gut und sollten mit geringem Aufwand größtmöglichen Umsatz bringen.
4. *Stars – Marktwachstum hoch und Marktanteil hoch:*
   Die Stars sind diejenigen Produkte, die schon einen hohen Marktanteil besitzen und zusätzlich weiter kräftig wachsen. Diesen Produkten sollte Ihre ganze Aufmerksamkeit gelten. Sie sollten weiterhin in die Entwicklung dieser Produkte investieren und sie durch gezielte Marketing- und Vertriebsmaßnahmen weiter bekannt machen.

Oft wird die Bewertung der einzelnen Portfolioelemente noch um eine weitere Dimension erweitert. Dabei werden die Elemente nicht einfach als Punkt in der Matrix dargestellt, sondern jedes Portfolioelement wird auch noch mit dem jeweiligen Umsatz gewichtet. Dies lässt sich so abbilden, dass jedes Portfolioelement als ein Kreis repräsentiert wird, dessen Größe proportional zu seinem Umfang dargestellt wird. So lässt sich sehr schnell erkennen, welche Elemente in welchen Bereichen liegen und wie viel Umsatz sie generieren.

Diese Bewertung ist im nächsten Schritt die Grundlage für ein aktives Portfoliomanagement (vgl. Abschn. 3.3). Das Portfoliomanagement orientiert sich dabei an dem Portfoliolebenszyklus. Dieser wird im nächsten Kapitel vorgestellt.

3.2   Produktlebenszyklus

Der Produktlebenszyklus beschreibt die typischen Phasen, die ein Produkt in seinem Leben durchläuft. Jeder Business-Development-Manager sollte diesen Lebenszyklus kennen, da viele Aktivitäten beim aktiven Portfoliomanagement, welches oft im Business Development angesiedelt ist, von der jeweiligen Phase abhängig sind, in der sich ein gegebenes Produkt gerade innerhalb des Lebenszyklus befindet.

Das im Folgenden vorgestellte Modell wurde, genauso wie die BCG-Matrix, von der Boston Consulting Group nach jahrelangen Studien erstellt. Es baut dabei auf den bereits im vorherigen Kapitel beschriebenen Produktklassifizierungen Dog, Fragezeichen, Cash Cow und Star auf und erweitert die Betrachtung um eine Auswertung der jeweiligen Absatzmenge über die Zeit. Der BCG-Lebenszyklus wird in Abb. 3.2 grafisch dargestellt.

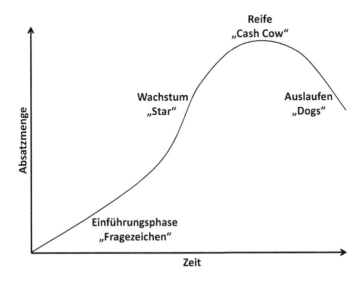

Abb. 3.2 Der BCG-Lebenszyklus

Bei dieser Darstellung wird beschrieben, wie sich ein Produkt über die Zeit an einem gegebenen Markt entwickelt. Es ist zu beachten, dass dies ein Modell ist und sicherlich nicht auf alle Produkte in dieser Form zutrifft. Nichtsdestotrotz lassen sich von dieser Art der Darstellung viele interessante Aspekte für das Portfoliomanagement ableiten. Das Modell beschreibt insgesamt vier Phasen für einen durchschnittlichen Produktlebenszyklus. Diese Phasen werden im Folgenden näher vorgestellt:

1. *Einführungsphase:* Nach der Markteinführung befindet sich das Produkt in der Einführungsphase. Das Produkt ist dabei innerhalb der BCG-Matrix im Quadranten der Fragezeichen einzusortieren, da es gute Wachstumschancen besitzt, aber bisher erst einen kleinen Marktanteil für sich gewinnen konnten. In dieser Phase sollten Sie vor allem auf breit angelegte Marketing-Aktivitäten setzen, um die Bekanntheit des Produkts weiter voranzutreiben und die Marktanteile schrittweise weiter auszubauen.
2. *Wachstum:* Nachdem Ihr Produkt erfolgreich auf dem Markt positioniert wurde und größere Marktanteile gewonnen hat, befindet es sich innerhalb der BCG-Matrix im Quadranten der Stars. Das Produkt ist erfolgreich und verkauft sich gut. Sie sollten an dieser Stelle weiterhin aktiv in das Marketing investieren, um das Produkt noch bekannter zu machen. Außerdem sollten Sie massiv auf den Vertrieb (möglicherweise auch über Partner) setzen, um weiter aktiv Marktanteile zu gewinnen.
3. *Reife:* In der Phase der Reife hat das Produkt seinen Zenit im Lebenszyklus erreicht. Es ist sehr erfolgreich, verkauft sich gut, kann aber keine weiteren Marktanteile mehr dazugewinnen. In diese Produkte sollten Sie nicht mehr weiter investieren. Sie laufen (meist) gut und sollten dazu genutzt werden, mit möglichst wenig Aufwand einen möglichst großen Umsatz und Ertrag zu erzielen. Bei solchen Produkten handelt es sich um klassische Cash Cows.
4. *Auslaufen:* Bei dieser Phase handelt es sich um die letzte Phase im Lebenszyklus eines Produkts. Das Produkt verliert an Marktanteilen und die Absatzmenge schwindet ebenfalls. An dieser Stelle wird es Zeit, dass Sie sich gemeinsam mit dem Management dazu entschließen, das Produkt zeitnah bis mittelfristig abzukündigen und es ganz vom Markt zu nehmen. Hierbei handelt es sich um einen klassischen (Poor) Dog. Weitere Aktivitäten aus dem Business Development sind hier meist nicht mehr sinnvoll. Teilweise können aber genau solche Produkte auch durch eine gezielte Innovation wieder zu alter Stärke zurückgeführt oder erfolgreich in einem neuen Marktsegment positioniert werden. Dies sollten Sie immer im Hinterkopf behalten und vor dem endgültigen Aus für ein Produkt auf individueller Basis über den möglichen Fortbestand entscheiden.

Wie bereits angedeutet, handelt es sich bei dem BCG-Lebenszyklus um ein Modell. Nicht alle Produkte erreichen zum Beispiel den Status eines Stars. Somit müssen möglicherweise bereits eher Maßnahmen eingeleitet werden, die weitere Investitionen in ein nicht erfolgreiches Produkt stoppen. Möglicherweise müssen Sie das Produkt auch frühzeitig wieder ganz vom Markt nehmen. Weiterhin kann sich der Lebenszyklus für Dienstleistungen anders darstellen als der für Produkte oder sonstige Handelswaren.

Um zu jeder Zeit genau feststellen zu können, in welcher Phase des Lebenszyklus sich Ihre Produkte befinden, brauchen Sie ein sehr gutes Controlling. Gemeinsam mit dem Controlling sollten Sie feste Parameter definieren, die dann in monatlichen Reports für Sie (und möglicherweise auch die Geschäftsleitung) aufbereitet werden. So haben Sie jederzeit einen guten Überblick über Ihre Produkte und können auf Basis dieser Informationen mögliche Schritte zur Optimierung Ihres Portfolios einleiten.

Eine weitere Art, den Lebenszyklus eines Produkts aufzuzeigen, ist das Modell der Diffusion der Innovation (im englischen Original: „The Law of Diffusion of Innovation") (vgl. [2]). An diesem Modell lässt sich sehr gut das Kaufverhalten der Kunden über die Zeit darstellen. In dem Modell wird aufgezeigt, wie ein gegebenes Produkt über die Zeit eine größere Käuferschaft findet. Dabei werden die Käufer in fünf Gruppen unterteilt, die sich zu unterschiedlichen Zeitpunkten für einen Kauf entscheiden. In Abb. 3.3 wird das Modell grafisch dargestellt. Im Folgenden werden die unterschiedlichen Käufergruppen beschrieben:

1. *Innovatoren/Innovators:* Innovatoren möchten stets auf dem neusten Stand sein. Sie sind vor allem technisch sehr gut informiert und investieren gerne in neue Produkte. Sie sind gebildet und haben oft einen hohen sozialen Status. Sie nehmen auch Rückschläge in Kauf, die dadurch entstehen können, dass eine Innovation floppt, fehlerhaft ist oder sich nicht durchsetzen kann. Die Innovatoren machen ca. 2,5 % der Käufergruppe aus.
2. *Erstanwender/Early Adopters:* Erstanwender sind ebenfalls sehr gut informiert und gut gebildet. Sie sind aber in der Wahl der Produkte und beim Zeitpunkt des Kaufes etwas wählerischer als die Innovatoren. Sie wollen zuerst einen (wenn auch kleinen) Beweis dafür haben, dass das Produkt ein Erfolg werden kann. Sie sind gut vernetzt und tauschen sich viel über neue Produkte aus. Sie formen maßgeblich die öffentliche Meinung zu einem gegebenen Produkt. Die Erstanwender machen ca. 13,5 % der Käufergruppe aus.

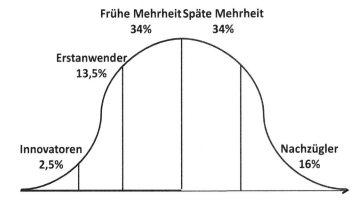

Abb. 3.3 Diffusion der Innovation

3. *Frühe Mehrheit/Early Majority:* Die frühe Mehrheit hat einen überdurchschnittlichen gesellschaftlichen Status und tauscht sich oft mit den Erstanwendern aus. Die Kunden kaufen aber erst zu einem viel späteren Zeitraum als die Erstanwender. Die frühe Mehrheit macht ca. 34 % der Käufergruppe aus.

4. *Späte Mehrheit/Late Majority:* Die späte Mehrheit nimmt ein neues Produkt erst sehr spät an. Die Kunden warten, bis durchschnittliche Vergleichskunden bereits gekauft haben. Sie sind meist sehr skeptisch und verfügen nicht über den finanziellen Freiraum wie die vorherigen Gruppen. Sie prägen das öffentliche Meinungsbild nicht spürbar mit. Die späte Mehrheit macht ebenfalls ca. 34 % der Käufergruppe aus.

5. *Nachzügler/Laggards:* Die Nachzügler entscheiden sich als Letztes für ein neues Produkt. Dies tun sie meist sogar nur, wenn es keine Alternative mehr gibt. Sie haben oft Angst vor Veränderung und wollen, dass alles beim Alten bleibt. Sie informieren sich nicht über Innovationen und sind meist finanziell niedrig gestellt. Die Nachzügler machen ca. 15 % der Käufergruppe aus.

Für das Business Development ist es sehr wichtig, genau festzustellen, in welcher Phase sich ein Produkt gerade befindet, da für jede Phase unterschiedliche Maßnahmen ergriffen werden sollten, um das Produkt so schnell wie möglich in die nächste Phase zu überführen. Vor allem zu Beginn sollten viel Zeit und Geld in das Marketing und in den Vertrieb investiert werden. Gerade die ersten Kunden sind oft schwer zu finden. Oft hilft es hier, mit Bestandskunden zu reden und ihnen das neue Produkt ausgiebig vorzustellen. Möglicherweise können Sie einen oder mehrere Bestandskunden dafür gewinnen, das Produkt zu einem vergünstigten Preis zu testen, um sie dann als Referenzkunden im Marketing einsetzen zu können. Ist die erste Phase, die Phase der Innovatoren, erst einmal überwunden, sollten Sie massiv auf Marketing und Vertrieb (direkt oder über Partner) setzen, um die Marktdurchdringung zu steigern. Ab der vierten Phase, der Phase der späten Mehrheit, sollte Ihr Produkt in seinem Zielmarkt so bekannt sein, dass Sie die Marketingaktivitäten herunterfahren können. Auch der Vertrieb kann auf neue Produkte angesetzt werden, da ab jetzt die Kunden auf Sie zukommen werden, weil Ihr Produkt eine feste Größe in Ihrem Zielmarkt geworden ist. In der fünften und letzten Phase erreichen Sie auch die letzten Kunden, die sich bisher geweigert haben, das Produkt zu kaufen. Spätestens in dieser Phase sollten Sie Ihr Produkt in den Cash-Cow-Modus überführen.

3.3 Portfoliomanagement

Das Portfoliomanagement ist eine sehr wichtige Aufgabe in Unternehmen mit mehreren Produkten, die gleichzeitig einem oder verschiedenen Zielmärkten angeboten werden. Dabei werden alle einem Markt angebotenen Produkte und Dienstleistungen als Elemente eines Gesamtportfolios angesehen. Dieses Portfolio benötigt eine individuelle Struktur (vgl. Abschn. 3.1). Innerhalb dieser Struktur gibt es dann Elemente, die sich in unterschiedlichen

Phasen des Produktlebenszyklus befinden (vgl. Abschn. 3.2). Die Aufgabe des Portfolio-managements besteht darin, festzulegen, wie diese Struktur aussieht und zu überwachen, welche Produkte sich in welcher Phase befinden. Die Hauptaufgabe liegt aber darin, die einzelnen Produkte bei einem Wechsel von einer Phase in die nächste zu begleiten und das Produkt, den Markt und die internen Abteilungen optimal zu unterstützen.

Das Portfoliomanagement kann eine eigene Abteilung oder ein Team sein. Dies ist wieder abhängig von der Größe Ihrer Firma. Das Portfoliomanagement arbeitet dabei sehr eng mit dem Business Development zusammen und ist bei kleineren und mittleren Firmen oft integraler Bestandteil des Business Developments. Insgesamt geht es darum, dafür zu sorgen, dass einer Firma zu jedem Zeitpunkt genug erfolgreiche Portfolioelemente zur Verfügung stehen, um mit Hilfe des Vertriebs den benötigten Umsatz zu generieren. Dazu müssen die aktuellen Portfolioelemente permanent überwacht werden und eine potentielle Erweiterung oder Anpassung einzelner Elemente mit dem Business Development besprochen werden. Gemeinsam mit dem Business Development und der Produktentwicklung können weiterhin neue Elemente entworfen werden, die sich optimal in das gegebene Portfolio einfügen. Dazu werden die Ergebnisse der Marktbeobachtung aus dem Business Development herangezogen und es wird geschaut, welche Anforderungen der Markt gerade hat und welche Elemente aus dem jetzigen Portfolio so positioniert werden können, dass sie den Bedarf decken. Werden bei dieser Analyse Lücken im eigenen Portfolio gefunden, können diese kommuniziert und dann hoffentlich durch neue oder veränderte Produkte erfolgreich geschlossen werden.

Eine weitere wichtige Aufgabe besteht darin, Produkte zu identifizieren, die das Ende ihres Lebenszyklus erreicht haben. Dies geschieht in einer engen Absprache mit dem Controlling und dem Business Development. Hat ein Produkt diese Phase erreicht, verpassen es viele Unternehmen, diese Produkte aus dem Portfolio zu entfernen und schleifen damit oft Verlustbringer mit sich, die das Unternehmensergebnis negativ beeinflussen können. Gerne wird davon gesprochen, „tote Pferde zu reiten". Um dies zu vermeiden, müssen so identifizierte Portfolioelemente nach Freigabe durch das Management abgekündigt und dann nach einer vorher definierten Zeit ganz aus dem Portfolio entfernt werden. Dies ist oft keine leichte Entscheidung, da einzelne Produkte teilweise über Jahre sehr erfolgreich waren und einen großen Kundenstamm zufriedengestellt haben. Ist dem aber irgendwann nicht mehr so oder ist eine wirtschaftliche Weiterführung dieses Elements im Rahmen des Gesamtportfolios nicht mehr darstellbar, muss diese harte Entscheidung bewusst getroffen werden.

Sollen bestehende Produkte mit Hilfe des Business Developments verändert und damit hoffentlich verbessert werden oder sollen neue Elemente in das Portfolio aufgenommen werden, hilft es, sich einen genauen Überblick über die jeweiligen Möglichkeiten zu verschaffen. Dies kann zum Beispiel mit Hilfe der Ansoff-Matrix geschehen (vgl. [3]). Die Matrix liefert einen Überblick über die jetzigen und zukünftigen Produkte und hilft dabei, mögliche Stellen im Portfolio aufzudecken, die noch unbesetzt sind. Dies sind die sogenannten weißen Flecken oder auch White Spaces. Der Aufbau der Ansoff-Matrix wird in Abb. 3.4 grafisch dargestellt. In der Matrix wird zwischen neuen und alten Märkten und neuen und alten Produkten unterschieden. Dabei gibt es die folgenden vier Kombinationen:

Abb. 3.4 Die Ansoff-Matrix

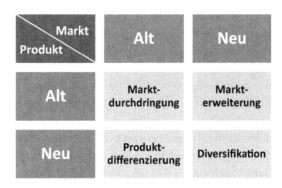

1. *Marktdurchdringung – alter Markt und alte Produkte:* Die richtige Strategie für Portfolioelemente, auf die diese Beschreibung zutrifft, ist es, mit Hilfe von gezielten Marketing- und Vertriebsaktionen die Marktdurchdringung zu fördern und damit einen höheren Marktanteil zu gewinnen.

2. *Markterweiterung – neuer Markt und alte Produkte:* In vielen Fällen können bekannte Produkte mit wenig oder manchmal sogar ohne Aufwand in neuen Märkten platziert werden. Dies können zum einen neue Segmente in einem bereits erschlossenen Markt sein, zum anderen aber auch ganz andere Märkte zum Beispiel in anderen Ländern. Hier bietet es sich oft an, erfahrene Partner zu integrieren, die bereits erfolgreich in dem neuen Zielmarkt vertrieblich aktiv sind. Auch hier sollten gezielte Marketing- und Vertriebsaktivitäten den neuen Markteinstieg flankieren.

3. *Produktdifferenzierung – alter Markt und neue Produkte:* Wenn Sie weiterhin in einem bekannten Markt agieren wollen, können Sie durch eine geschickte Portfolioerweiterung ihre Produktpalette differenzieren. Dadurch können Sie Ihr Vorwissen über den bekannten Markt und die bereits gewonnenen Kunden nutzen, um Ihre neuen Produkte zu platzieren. Eine neue Produkteinführung sollte auch hier wieder entsprechend mit dem Marketing und dem Vertrieb geplant werden. Im Rahmen einer Marktkonsolidierung könnten Sie in diesem Bereich auch durch einen gezielten Firmenzukauf expandieren (vgl. Abschn. 4.5).

4. *Diversifikation – neuer Markt und neue Produkte:* Die aufwendigste, gefährlichste und möglicherweise auch aussichtsreichste Strategie ist die, sich mit einem neuen Produkt in einen neuen Markt zu begeben. Hier wird auch von der Blue-Ocean-Strategie gesprochen. Um diesen Schritt erfolgreich durchzuführen, sollten Sie eine ausführliche Marktbeobachtung und tiefgreifende Analysen des neuen Zielmarktes durchführen (lassen). Andernfalls können Sie schnell untergehen. Genau wie bei der Markterweiterung sollten Sie erfahrene Partner in dem neuen Markt suchen und eine gute Marketing- und Vertriebsstrategie erarbeiten. Achten Sie aber darauf, dass die Geschichte zu Ihrem Produkt auch zu Ihrer Firma passt. Andernfalls machen Sie sich schnell unglaubwürdig.

Die Ergebnisse der Portfolioanalyse mit Hilfe der Ansoff-Matrix können Aufschluss auf die Frage nach einer Anpassung des aktuellen Geschäfts oder der Erweiterung des bestehenden Portfolios durch neue Elemente liefern. Dabei und auch schon bei der initialen Einsortierung der einzelnen Portfolioelemente in das Gesamtportfolio sollten Sie sich stets fragen, wie das jeweilige Produkt in Ihr Firmenportfolio passt. Ist Ihr Portfolio konsistent und für Kunden nachvollziehbar oder gibt es keinen erkennbaren roten Faden in der Portfoliozusammenstellung? Sie sollten insgesamt darauf achten, dass Ihr Portfolio zum einen sauber dokumentiert ist und zum anderen zu einer Gesamtgeschichte passt, die Ihr Unternehmen den Kunden vermitteln möchte. Führen Sie dazu für jedes jetzige und zukünftige Produkt immer auch einen Ökologiecheck durch, bei dem Sie versuchen, herauszufinden, wie Ihre Kunden in den unterschiedlichen Märkten Ihr Portfolio und Ihre Produkte wahrnehmen und welche Erwartungshaltung Ihre Kunden und Partner an Ihr Portfolio haben. Vergessen Sie bei dem Ökologiecheck auch nicht Ihre Mitbewerber, da Sie sich meist nicht allein in einem gegebenen Markt bewegen. Bleiben Sie hierzu in einem permanenten Austausch mit den Kunden und Ihren Partnern.

Die Veränderung bestehender Produkte und deren Businessmodellen sollte immer eines der drei folgenden Ziele anstreben, um sich von weiteren Produkten am Markt zu unterscheiden:

1. *Das Produkt soll billiger werden:* Dies ist der Klassiker unter den Produktanpassungen. Läuft ein Produkt nicht wie gewünscht, wird oft an der Preisschraube gedreht. Es gilt genau darauf zu achten, wie der Markt darauf reagiert. Weiterhin sollten Sie darauf achten, wie lange Sie den Preis senken. Möglicherweise ist die Senkung auch permanent geplant. Sollten sich Ihre Kunden einmal an einen billigeren Preis gewöhnt haben, ist es oft sehr schwierig, wieder einen höheren Preis durchzusetzen, ohne das Produkt spürbar aufzuwerten.
2. *Das Produkt soll innovativer werden:* Eine weitere Möglichkeit besteht darin, das Produkt innovativer zu gestalten. Wie dies im Detail funktioniert, ist natürlich im hohen Maße vom jeweiligen Produkt und dem Zielmarkt abhängig. Nutzen Sie aber die Ergebnisse der Marktbeobachtung, um Ihr Produkt so zu verändern, dass zusätzliche Bedürfnisse der Kunden gestillt werden können.
3. *Das Produkt soll spezialisiert werden:* Die letzte Möglichkeit liegt in einer strikten Spezialisierung. Hierbei suchen Sie sich nach einer genauen Analyse Ihrer Kunden und deren Bedürfnisse einen gezielten Engpass heraus und verändern Ihr Produkt so, dass es nur noch genau diesen Engpass bedient. Damit schließen Sie zwar einen breiteren Markt als Zielkunden aus, liefern aber für Ihre Zielkunden einen maximalen Nutzen. Dies kann eine sehr erfolgreiche Produktstrategie sein.

Eine weitere wichtige Aufgabe des Portfoliomanagements besteht darin, dafür zu sorgen, dass es stets einen ausgewogenen Mix in den verschiedenen Portfoliobereichen gibt. So sollten bestenfalls stets Produkte in allen Quadranten zur Verfügung stehen. Dass dies in der Realität nicht immer möglich ist, ist natürlich klar. Vor allem neue oder kleinere Firmen haben oft nicht solch ein breites Portfoliospektrum. Aber gerade darum sollten Sie sich ganz genau mit den existierenden Elementen beschäftigen und sie gezielt weiterentwickeln. Gleichzeitig sollten Sie dafür sorgen, dass es einen guten Umsatzartenmix gibt. Dieser kann natürlich wieder von Unternehmen zu Unternehmen verschieden sein, aber verlassen Sie sich nicht auf nur eine Umsatzart (z. B. Lizenzverkauf), sondern mischen Sie auch immer weitere Umsatzarten bei (z. B. begleitende Dienstleistungen). Zusätzlich sollte das Portfoliomanagement permanent eine Balance zwischen den verfügbaren Ressourcen (Personal, Skills, Waren, Finanzen usw.) und den angebotenen Produkten herstellen, damit es nicht zu einem Ungleichgewicht kommt.

Insgesamt sollten Sie bei aller Anpassung und Veränderung Ihres Portfolios darauf achten, dass Sie immer abwägen müssen zwischen einem langen Atem bei der Weiterführung eines Produkts und einer zu schnellen Veränderung oder Abkündigung eines Produkts. Beides kann fatale Folgen haben. Ein Erfolgsrezept gibt es für die jeweilige Entscheidungsfindung nicht. Nur eine feingranulare und permanente Analyse der Zahlen mit Hilfe des Controllings und genaue Absprachen mit dem Business Development bezüglich der aktuellen und zukünftigen Marktsituation können Ihnen als Leitlinie dienen.

Fazit für die Praxis

- Bauen Sie ein Portfoliomanagement zur permanenten Überwachung und Anpassung Ihrer angebotenen Produkte auf. Diese Aufgabe könnte zum Beispiel im Business Development angesiedelt werden.
- Entwickeln Sie eine klar definierte Portfoliostruktur mit eindeutig messbaren Parametern zur Einsortierung und Bewertung der einzelnen Elemente.
- Beachten Sie den Produktlebenszyklus und führen Sie Ihre Produkte aktiv durch die vier Phasen, um ein optimales Verhältnis zwischen Investition (Produktentwicklung, Marketing und Vertrieb) und Umsatz bzw. Ertrag zu erreichen.
- Sorgen Sie für einen ausgeglichenen Portfolio- und Umsatzartenmix, der permanent mit den zur Verfügung stehenden Ressourcen abgeglichen wird.

Literatur

1. Franz Xaver Bea and Jürgen Haas. *Strategisches Management*. Lucius & Lucius Stuttgart, 1997.
2. Everett M Rogers. *Diffusion of innovations*. Simon and Schuster, 2010.
3. H. Paul and V. Wollny. *Instrumente des strategischen Managements: Grundlagen und Anwendung*. De Gruyter, 2014.

Ressourcen

4

Zusammenfassung

Ein zentraler Aspekt beim Business Development sind die Ressourcen. Unter Ressourcen werden Menschen, Skills, Know-how, Partner, Budget und Weiteres verstanden. Es ist wichtig, einen vollständigen Überblick über die zur Verfügung stehenden und die benötigten Ressourcen zu haben, um neue Produkte zu planen, zu produzieren und zu vertreiben. Somit muss das Business Development stets wissen, welche Ressourcen für geplante Veränderungen zur Verfügung stehen und wo eventuell zusätzlich benötigte Ressourcen bezogen werden können. Im Folgenden wird dabei besonders auf die Skills der Mitarbeiter eingegangen und die Planung des zur Verfügung stehenden Budgets wird beschrieben. Weiterhin wird zwischen internen und externen Ressourcen unterschieden, da beide Arten immens wichtig sind und im Business Development miteinbezogen werden sollten. Ein weiteres Kapitel beschäftigt sich dann mit dem Bereich des anorganischen Firmenwachstums, denn eine mögliche Art, sich zusätzliche Ressourcen zu beschaffen, besteht im Bereich des M&As (Mergers & Acquisitions). Hierbei werden der Firma durch den Zukauf von externen Firmen oder Produkten neue Ressourcen zur Verfügung gestellt. Abschließend wird das Controlling als wichtige Ressource zur Steuerung des Geschäfts vorgestellt.

4.1 Skills

Zum Business Development gehört ein tiefgreifendes Branchen-Know-how. Ein Business-Development-Manager muss dabei genau wissen, wie das eigene Geschäft funktioniert und welche Skills (fachliche und nicht fachliche Fähigkeiten) die Mitarbeiter in den unterschiedlichsten Abteilungen benötigen, um die gewünschten Produkte zu erstellen und zu vertreiben. Um dies zu gewährleisten, verfügen vor allem große Unternehmen über ein sogenanntes Skill-Management. Hierbei werden zum einen spezielle Rollen im Unternehmen definiert,

© Springer Fachmedien Wiesbaden GmbH, ein Teil von Springer Nature 2022   97
A. Kohne, *Business Development*,
https://doi.org/10.1007/978-3-658-37914-8_4

die genau vorgegebene Aufgaben übernehmen, zum anderen werden jeder Rolle spezielle Skills mit möglichen Ausprägungen zugeordnet. Jeder Mitarbeiter erfüllt damit eine ihm genau zugeordnete Rolle und seine Kompetenz und seine Erfahrungen werden in der jeweiligen Skill-Gruppe erfasst. Hierdurch können schnell Mitarbeiter mit speziellen Profilen gefunden werden, die für neue Aufgaben geeignet sind. Gleichzeitig lässt sich mit einem Skill-Management auch eine sogenannte White-Space-Analyse durchführen. Dabei wird anhand von Anforderungsprofilen nach Lücken in den vorhandenen Skills gesucht. Wird zum Beispiel für ein neues Projekt in der Produktion ein Mitarbeiter mit einem speziellen Know-how im Produktionsbereich benötigt, kann über eine entsprechende Abfrage herausgefunden werden, ob grundsätzlich ein solcher Mitarbeiter in der Firma existiert oder ob ein neuer Mitarbeiter mit dem benötigten Profil am Markt gesucht werden muss. Diese Mitarbeitersuche kann durch das interne Personalwesen angestoßen werden. Hierbei kann die offene Stelle anhand des gesuchten Profils zum Beispiel extern ausgeschrieben werden. Möglicherweise kann auch ein Headhunter eingesetzt werden, der gezielt einen neuen Mitarbeiter sucht. Soll kein neuer Mitarbeiter angestellt werden, können nicht vorhandene Skills auch durch gezielte Schulungsmaßnahmen aufgebaut werden. Eine weitere Art, wie schnell neue Skills in ein Unternehmen integriert werden können, ist das M&A (vgl. Abschn. 4.5).

Im Rahmen der Marktbeobachtung ist es eine zentrale Aufgabe des Business Developments, permanent zu beobachten, wie sich der Markt gegenwärtig und zukünftig verändert. Diese Veränderungen müssen bewertet werden und es muss herausgefunden werden, welche Auswirkungen sie auf das aktuelle Geschäft haben. Dabei sollte auch stets überprüft werden, ob für die zukünftigen Anforderungen des Marktes auch das passende Personal mit den erforderlichen Skills zur Verfügung steht. Sollte dies nicht der Fall sein, können gemeinsam mit der Personalabteilung entsprechende Einstellungen und Fortbildungen geplant werden. Dies ist vor allem in der heutigen Zeit eine sehr wichtige Aufgabe, da in Deutschland ein akuter Fachkräftemangel herrscht. Dies gilt vor allem in dem Bereich der IT-Berufe, die im Rahmen der weltweiten Digitalisierung immer wichtiger werden. Eine gute Personalstrategie ist also in der Zeit des „War for Talents" immens wichtig, damit dem Unternehmen dauerhaft die richtigen Ressourcen und Skills zur Verfügung stehen (vgl. [1]).

Ein Aspekt, der in den letzten Jahren immer wichtiger geworden ist, sind die sogenannten Soft Skills (vgl. [2]). Dabei handelt es sich um außerfachliche oder fachübergreifende Kompetenzen wie zum Beispiel Teamfähigkeit, Konfliktmanagement, Stressbewältigung, Präsentationsfähigkeit, Einfühlungsvermögen und Problembewusstsein. Im Vergleich zu den Hard Skills, also den fachlichen Kompetenzen, die durch Ausbildung, Studium und Fortbildung erworben werden, handelt es sich dabei um Eigenschaften, die vor allem bei der Zusammenarbeit mit Kollegen, der Kommunikation mit Partnern und insbesondere mit Kunden zum Tragen kommen. Business-Development-Manager sollten über sehr gute Soft Skills verfügen, da ihre Aufgabe in großen Teilen in der Kommunikation mit dem Management, den Partnern und den Kunden liegt. Aber auch die weiteren Mitarbeiter sollten heutzutage über gute Soft Skills verfügen, da sie in der immer weiter vernetzten Welt permanent im Austausch stehen. Hierauf sollte bei der Personalauswahl großer Wert gelegt werden.

4.2 Budget

Ein zentrales Thema beim Business Development ist das Budget. In großen Firmen steht oft ein bestimmtes Budget pro Jahr für das Business Development zur Verfügung. Dies muss durch den jeweiligen Team- oder Abteilungsleiter auf die entsprechenden Projekte verteilt werden. Sollten sich unterjährig besondere Projekte ergeben, sollte es aber möglich sein, durch das Topmanagement ein Sonderbudget zu erhalten. Dies gilt natürlich nur für wirklich wichtige Projekte, die großen Einfluss auf das Geschäft haben können.

Das Budget für Business Development kann mehrere Posten umfassen. Hier ein paar Beispiele:

- *Innovation:* Der Hauptteil des Budgets liegt sicherlich im Bereich der eigentlichen Innovationen. Dabei handelt es sich also konkret um Entwicklungsprojekte, die mit einem gewissen Ziel geplant wurden. Aus dem Budget können dann die internen Mitarbeiter bezahlt werden, die während des laufenden Projekts zum Beispiel nicht mehr aktiv für einen Kunden oder in der Produktion arbeiten können. Weiterhin können aus diesem Topf die Investitionen in neue Technologien getätigt werden.
- *Partnermanagement:* Eine sehr wichtige Aufgabe des Business Developments ist das Partnermanagement (vgl. Abschn. 6.3). Zum einen müssen neue strategische Partner gefunden und integriert werden, zum anderen müssen die bestehenden Partnerschaften gepflegt und überwacht werden, da an die Partnerschaften oft auch gemeinsame Umsatzziele geknüpft sind. Je nach Partnerschaft kann dies eine sehr zeitintensive Aufgabe sein. Teilweise lohnt es sich sogar, dedizierte Partnermanager für einen oder zwei Partner zu haben. Diese Partnermanager betreuen den Partner dann ganzheitlich. Dies erzeugt Kosten, die im Rahmen des Budgets geplant werden sollten.
- *Marketing:* Teilweise bekommt das Business Development ein eigenes Marketingbudget, welches für gezielte Werbemaßnahmen, Messen oder Roadshows eingesetzt werden kann. Falls dem nicht so ist, sollte das Business Development zumindest bei der Planung des zentralen Marketingbudgets involviert werden, damit gemeinsame Aktionen geplant werden können.
- *Marktbeobachtung:* Ein Teil des Budgets sollte für die Marktbeobachtung investiert werden. Hierzu können beispielsweise externe Experten engagiert werden (vgl. Abschn. 5.1).
- *Reisen:* Eine zentrale Aufgabe des Business Developments liegt in der Marktbeobachtung. Dazu sollten viele Kundenbesuche eingeplant werden. Denn nur hier können die Business-Development-Manager erfahren, was ihre Kunden wirklich wollen. Außerdem sollten viele Fachtagungen und Messen besucht werden, um den Markt im Blick zu haben und mit Kunden und Partnern im steten Austausch zu sein.

- *Fortbildung:* Da die Business-Development-Manager stets auf dem neusten Stand der Technik sein müssen, sollte ein gesonderter Budgetposten für Fortbildungen eingeplant werden. Hierbei kann es sich zum Beispiel um fachspezifische Schulungen, Soft-Skill-Kurse oder Prozessschulungen handeln. Welche Fortbildungsmaßnahmen konkret sinnvoll sind, ist sehr individuell und branchenabhängig.

In Firmen, die zentral auf die Neuentwicklung von Produkten ausgerichtet sind, gibt es meist zusätzlich zum Business-Development-Budget ein konkretes Budget für Forschung und Entwicklung. Hier muss genau unterschieden werden, da die Forschungsabteilung eigenständig arbeitet und permanent neue Produkte entwickelt. Das Business Development sorgt in diesem Fall dafür, dass in die richtige Richtung entwickelt wird, sodass marktrelevante Produkte erzeugt werden, und dass diese mit den richtigen Businessmodellen erfolgreich am Markt platziert werden. Weiterhin baut und unterhält das Business Development ein entsprechendes Partner-Ökosystem, welches dafür sorgt, dass die eigenen Produkte mit Hilfe von Partnern noch besser vertrieben oder entwickelt und produziert werden können.

Das Business Development erzeugt selbstverständlich Kosten. In großen Firmen, die sich eine eigene Abteilung oder zumindest ein Team für diesen Zweck leisten, müssen diese Kosten zentral umgelegt werden. Dies belastet den Umsatz bzw. den Gewinn. Somit muss der Nutzen von Business Development größer sein als die Kosten. In den meisten Fällen ist dies aber schwierig zu messen. Meist greifen die entwickelten Maßnahmen erst nach mehreren Perioden. Die anfallenden Kosten können zum Beispiel aus den Firmengewinnen refinanziert werden. Entstehen im Rahmen eines großen und für die Firma vielleicht strategisch sehr wichtigen Projekts aus dem Business Development besonders hohe Kosten, so können diese auch durch einen externen Kredit oder durch Venture Capital finanziert werden. Kleinere Firmen müssen die Aufgabe oft zusätzlich zu einer Linienfunktion vergeben. Somit entstehen auf dem Papier zuerst keine Mehrkosten. Durch die Mehrbelastung kann aber die eigentliche Aufgabe nicht mehr zu 100 % erfüllt werden. Hierdurch entstehen Ausfälle, die wiederum Kosten erzeugen können. Dies ist bei der Einführung von Business Development in kleinen Unternehmen sehr genau abzuwägen.

4.3   Interne Ressourcen

Wie bereits in Abschn. 4.1 erwähnt, ist es eine zentrale Aufgabe des Business Developments, genau zu verstehen, wie sich der Markt entwickelt und diese Anforderungen mit den internen Produkten und Prozessen abzugleichen. Dabei müssen alle internen Ressourcen überwacht werden. Nur so können die begrenzten Ressourcen gewinnbringend in eine zukunftsweisende Unternehmensplanung eingebunden werden. Die Aufgabe des Business Developments besteht also darin, zum einen die existierenden Ressourcen auf ihre Sinnhaftigkeit hin zu bewerten und zum anderen zu schauen, welche Ressourcen zukünftig benötigt werden und wie diese in das Unternehmen integriert werden können. Dabei kann es zum

Beispiel auch sein, dass bestehende Ressourcen einfach nur neu kombiniert werden müssen, um ein neues Ergebnis zu erzielen. Dazu wird ein möglichst genaues und aktuelles Ressourcenmanagement benötigt, das einen konkreten Überblick über existierende Ressourcen und deren Auslastung oder deren Vorhandensein ermöglicht. Grundsätzlich lassen sich Ressourcen in mehrere Gruppen unterteilen:

1. *Personalressourcen:* Die Personalressourcen sind das wichtigste Gut einer Firma. Sie sind unter anderem für die Produktion, die Verwaltung und den Vertrieb zuständig. Natürlich gibt es viele weitere Aufgaben, die teilweise sehr spezifisch vom Unternehmen abhängen. Das Business Development sollte vor allem einen guten Überblick über das Personal haben, welches für die Produktion, die Planung, die Entwicklung und den Vertrieb von Produkten zuständig ist. Bei Dienstleistungsunternehmen liegt der Fokus auf dem entsprechenden Personal, welches die Dienstleistungen für die Kunden erbringt. Im besten Fall gibt es ein zentrales Skill Management, sodass jeder Mitarbeiter mit seinem Know-how und seinen Fähigkeiten (zum Beispiel Soft Skills) erfasst wird (vgl. Abschn. 4.1). Dies erleichtert den Überblick über die jetzige und die zukünftig benötigte Personalsituation.
2. *Finanzressourcen:* Ohne Finanzressourcen kann ein Unternehmen nicht arbeiten und ohne Budgets für Weiterentwicklung wird ein Unternehmen über kurz oder lang von Marktbegleitern überholt und abgehängt werden. Somit ist das Budget einer Firma ein zentral wichtiger Punkt für das Business Development (vgl. Abschn. 4.2). Der größte Teil des Firmenbudgets wird sicherlich für Personal- und/oder Produktionskosten verplant sein, doch es sollte in jedem Jahr auch ein fester Bestandteil für Veränderung und Weiterentwicklung des bestehenden Geschäfts eingeplant werden. Bei der Planung dieses Budgets und bei der Ausgestaltung dieser Projekte sollte das Business Development in jedem Fall miteinbezogen werden.
3. *Produktionsmittel:* Unter Produktionsmitteln wird hier alles verstanden, was für die Erstellung der Endprodukte benötigt wird. Darunter fallen Roh-, Hilfs- und Betriebsstoffe, zugelieferte Baugruppen, Partnerprodukte, Maschinen, Fahrzeuge und vieles mehr. Diese Ressourcen sind ebenfalls sehr wichtig, da sie die Grundlage für den Produktionsprozess bilden. Im Rahmen des Business Developments sollten diese Produktionsmittel, deren Beschaffenheit, mögliche Weiterentwicklungen und Alternativen permanent betrachtet werden. Hierbei sollten auch der Einkauf und die Produktionsleitung miteinbezogen werden.

Neben den jetzt und zukünftig benötigten Ressourcen gibt es auch Ressourcen, die durch Veränderungen am Geschäftsmodell oder an Produkten durch das Business Development überflüssig werden. Hier muss im Einzelfall entschieden werden, wie mit der jeweiligen Situation umzugehen ist. Handelt es sich nur um Produktionsmittel oder Rohstoffe, so ist dies sicherlich einfacher zu klären, als wenn es sich um Personal handelt. Hier ist gemeinsam mit der Personalabteilung zu prüfen, ob das Personal zum Beispiel durch Schulungen mit dem aktuell benötigten Know-how ausgestattet werden kann.

Zusätzlich zu der Überwachung, ob zum jetzigen Zeitpunkt alle benötigten Ressourcen zur Verfügung stehen, muss durch das Business Development auch geplant werden, welche Ressourcen zukünftig benötigt werden. Danach kann entschieden werden, ob diese Ressourcen intern aufgebaut (Personal), vorgehalten werden müssen (Finanzressourcen und Produktionsmittel) oder ob sie zu einem gegebenen Zeitpunkt von extern integriert werden können (vgl. Abschn. 4.4).

Oft werden vor allem bei Projekten, die schnell umgesetzt werden müssen, neue Ressourcen benötigt, die möglicherweise nicht schnell genug intern aufgebaut werden können. Weiterhin kann auch geplant sein, nicht alle Ressourcen permanent intern vorzuhalten. Dies kann zum Beispiel in den Kosten für die Lagerung begründet sein. Bei Mitarbeitern kann es sein, dass es sich nicht lohnt, für einen speziellen Bereich oder ein einmaliges Projekt eigene Mitarbeiter aufzubauen. Zusätzlich kann es vorkommen, dass in Projekten in Teilen oder sogar immer externe Mitarbeiter miteingeplant werden, da sie möglicherweise zu günstigeren Kostensätzen angeboten werden können als interne Mitarbeiter. In diesem Fall müssen externe Ressourcen integriert werden. Im nächsten Abschnitt wird hierauf im Einzelnen eingegangen.

4.4   Externe Ressourcen

Wie bereits im letzten Abschnitt beschrieben, benötigt ein Unternehmen Ressourcen zur Erfüllung von Geschäftsverpflichtungen. Dies können Personalressourcen, Finanzressourcen oder Produktionsmittel sein (vgl. Abschn. 4.3). All diese Ressourcen müssen aber nicht immer und zu jeder Zeit in der Firma vorhanden sein oder zur Verfügung stehen, da dies oft mit hohen Kosten verbunden ist. Um zum einen finanziell schonender planen und arbeiten zu können und zum anderen dynamisch auf sich ändernde Marktanforderungen reagieren zu können, greifen Firmen oft auf externe Ressourcen zurück. Im Folgenden werden dazu einige Beispiele gegeben.

Externe Ressourcen werden zum größten Teil im Bereich des Personals eingesetzt. Das Business Development sollte diese Möglichkeiten kennen und bei Bedarf entsprechend integrieren. Es können folgende Arten beispielhaft unterschieden werden:

- *Arbeitnehmerüberlassung:* Bei der Arbeitnehmerüberlassung (auch bekannt als Zeitarbeit oder Leiharbeit) werden Angestellte eines Unternehmens gegen Bezahlung Drittunternehmen zur Verfügung gestellt. Diese Arbeitsverhältnisse werden nur auf Zeit abgeschlossen und die Mitarbeiter sind zu keiner Zeit beim entleihenden Unternehmen angestellt. Dies hat für das entleihende Unternehmen viele Vorteile. Vor allem in produzierenden Unternehmen werden oft Leiharbeiter eingesetzt, um zum Beispiel saisonal auftretende Lastspitzen abzufangen. Weiterhin sind Zeitarbeiter meist günstiger als

festangestelltes Personal. Manchmal wird Leiharbeit auch als Übergangslösung eingesetzt, um schnell einen neuen Bereich mit Personal zu versorgen. Dies ist möglich, da
Zeitarbeitsfirmen oft auf einen großen Pool an Leiharbeitern zurückgreifen können, die
sehr zeitnah eingesetzt werden können.

Leiharbeiter müssen jedes Mal neu angelernt und eingearbeitet werden. Somit entstehen
nicht zu unterschätzende Aufwände. Zusätzlich kommt es manchmal zu Problemen, da
einige Firmen gezielt Leiharbeiter einsetzen, um die Lohnkosten insgesamt möglichst
niedrig zu halten. Oft werden Zeitarbeiter auch nicht gut behandelt und es wird ihnen
schwer gemacht, sich in die leihende Firma zu integrieren. So kann schnell eine Zwei-
klassengesellschaft entstehen, die sich negativ auf die Arbeitsleistung auswirken kann.
Richtig eingesetzt kann Leiharbeit aber ein sinnvolles Mittel sein, um zum Beispiel Pro-
duktionsschwankungen oder besondere Marktanforderungen abzufedern.

- *Freie Mitarbeiter:* Freie Mitarbeiter sind nicht im Unternehmen angestellt, sondern sie
  sind selbstständig. Zeitweise wurden sie auch als Ich-AG bezeichnet. In einigen Branchen, zum Beispiel in der IT, werden sie Freelancer genannt. Sie werden für spezielle
  Aufgaben angestellt und erhalten dafür ein Entgelt. Dabei kann ein befristeter Vertrag
  auf Dienstleistungsbasis oder ein unbefristeter Vertrag mit einem geschuldeten Gewerk
  vereinbart werden.

  Oft handelt es sich bei freien Mitarbeitern um Spezialisten, die ein tiefes Know-how
  in bestimmten Technologien, Prozessen oder Beratungen mitbringen. Teilweise werden
  Freelancer auch an Kunden weitervermittelt. So können zum Beispiel in einem IT-Projekt
  Freelancer eingesetzt werden, um dem Endkunden gegenüber ein Großprojekt aus einer
  Hand anbieten zu können. Die Freelancer sind in diesem Konstrukt dann Subkon-
  traktoren des Anbieters und bringen spezielles Know-how in ein Projekt mit ein. Das
  Unternehmen, welches die Freelancer angestellt hat, tritt dem Endkunden gegenüber als
  Generalunternehmer auf (vgl. [3]).

  Freie Mitarbeiter werden oft eingesetzt, um kurzfristig eine spezielle Aufgabe intern oder
  extern zu lösen. Teilweise werden freie Mitarbeiter nach mehrmaliger Beauftragung auch
  fest angestellt. Für das Unternehmen ist dies auf lange Sicht gesehen günstiger und es
  gibt dem Mitarbeiter Sicherheit.

- *Offshoring:* Beim Offshoring werden interne Unternehmensaufgaben oder ganze Unternehmensbereiche ins Ausland verlagert. Meist sind finanzielle Gründe die Motivation
  (vgl. [4]). Im klassischen Sinne bleibt die Aufgabe oder der Unternehmensbereich weiterhin Teil der Firma und es wird nur der Ort verlagert. Oft wird aber das klassische
  Offshoring mit einem Outsourcing kombiniert, um weitere Kosten zu sparen und um
  nur noch einen Service zu konsumieren, anstatt ihn selbst zu produzieren. Aufgaben,
  die oft über Offshoring betrieben werden, sind unter anderem: IT-Betrieb, IT-Support,
  Kunden-Support (zum Beispiel eine Hotline), Personalverwaltung und Buchhaltung. Ein
  anderer Bereich, in dem Offshoring weitverbreitet eingesetzt wird, ist die Produktion.
  Große produzierende Unternehmen betreiben ihre Produktion oft in asiatischen Ländern,
  um die Produktionskosten möglichst niedrig zu halten.

Offshoring wird häufig im IT-Bereich für den Betrieb von eigenen Services oder ganzen Rechenzentren eingesetzt. Oft werden auch Softwareentwickler eingesetzt, die in Ländern mit niedrigen Lohnkosten wohnen. Teilweise werden von Endkunden sogar Vorgaben für IT-Projekte gemacht, in denen festgelegt wird, dass ein gewisser Teil der Entwicklung über ein Off- oder Nearshoring abgewickelt werden muss, um die Projektkosten zu senken.

So einfach, wie dies im ersten Moment klingen mag, ist es leider nicht. Die erbrachte Qualität ist das wichtigste Kriterium. Diese kann stark schwanken und muss permanent überwacht werden. Hierdurch entstehen wieder Kosten, die gegen die Einsparungen durch das Offshoring gerechnet werden müssen. Ein weiteres, großes Problem liegt in den teilweise großen kulturellen Unterschieden zwischen den Mitarbeitern in unterschiedlichen Regionen der Welt. So müssen Mitarbeiter in Indien anders geführt und kontrolliert werden als Mitarbeiter in Deutschland oder Amerika. Dessen muss sich ein Unternehmen bewusst sein, welches Off- oder Nearshoring einsetzen möchte. Zusätzlich müssen die rechtlichen Rahmenbedingungen ausgiebig geprüft werden, da in jedem Land andere Gesetze (zum Beispiel Datenschutzgesetz, Arbeitsschutz usw.) gelten.

- *Nearshoring:* Das Nearshoring ist dem Offshoring sehr ähnlich (vgl. [4]). Es unterscheidet sich nur in der Wahl der Länder, in die die Aufgaben potentiell verschoben werden können. Aus deutscher Sicht kommen hier die osteuropäischen Länder in Frage, da sie ein deutlich niedrigeres Lohnniveau aufweisen als Deutschland. Für Nordamerika kommen zum Beispiel die südamerikanischen Länder in Frage.

  Das Nearshoring hat gegenüber dem Offshoring den Vorteil, dass die geografischen Entfernungen nicht so groß sind, was im Tagesgeschäft oft von Vorteil ist, da wichtige Besprechungen mit niedrigeren Kosten auch vor Ort durchgeführt werden können. Der größte Vorteil liegt aber darin, dass die kulturellen Unterschiede nicht so groß sind wie beim Offshoring und somit die Mitarbeiterführung oft einfacher ist.

- *Outsourcing:* Beim Outsourcing werden oft ganze Abteilungen oder Aufgaben an einen internen oder meist externen Dienstleister vergeben. Dieser sichert vertraglich die Erbringung der Dienste unter messbaren Bedingungen zu. Das Outsourcing ermöglicht den Bezug eines Services, ohne ihn selbst produzieren zu müssen (vgl. [5]). Hierdurch sinken die Kapitalkosten (CAPEX, Capital Expenditures) des Unternehmens, da zum Beispiel keine Hardware und Software mehr angeschafft werden müssen. Weiterhin sinken die Personalkosten, da der Dienst nicht mehr mit eigenen Mitarbeitern erbracht wird. Die Betriebsausgaben (OPEX, Operational Expenditures) steigen aber durch den Einkauf des Services. Dienste oder Unternehmensbereiche, die oft outgesourct werden, sind wie beim Offshoring zum Beispiel IT-Betrieb, IT-Support, Kunden-Hotline, Personalverwaltung und Buchhaltung. Es sollten aber nie Kernprozesse aus der eigentlichen Wertschöpfung outgesourct werden, da hierin der eigentliche Mehrwert des Unternehmens liegt, mit dem der Umsatz am Markt generiert wird. Es werden also meist Aufgaben abgegeben, die keinen Businessmehrwert bringen und das Unternehmen vom eigentlichen Kerngeschäft abhalten.

- **Externer Vertrieb:** Manchmal reicht der eigene Vertrieb nicht aus, um die Produkte oder Dienstleistungen in der gewünschten Menge zu vertreiben. Dann kann kurzfristig auf externe Vertriebsressourcen zurückgegriffen werden. Hierbei können entweder freie Mitarbeiter eingesetzt werden oder es können am Markt (auch international) neue Vertriebspartner gesucht werden. Oft werden hierzu nicht sofort entsprechende Partnerverträge geschlossen, sondern es wird erst einmal eine gewisse Zeit auf einer Vertrauensbasis zusammengearbeitet, bevor ein beidseitiger Vertrag geschlossen wird. So können kurzfristig neue Vertriebskanäle eröffnet werden.
  Zusätzlich ist es auch möglich, mit Unternehmen zusammenzuarbeiten, die sich darauf spezialisiert haben, Telefonakquise durchzuführen. Diese sogenannten Callcenter können nach kurzer Einarbeitungsphase vor allem bei der Neukundenakquise unterstützen. Natürlich kann dies nicht in jedem Bereich und in jeder Branche durchgeführt werden, da meist ein tiefes Branchen- oder Produkt-Know-how gefordert ist. Oft reicht es aber aus, dass Callcenter nur Ersttermine für einen eigenen Vertriebsmitarbeiter generieren, der das nötige Vertriebs-Know-how mitbringt. Auf diese Art lassen sich vor allem bei neuen Produkten schnell Kundentermine generieren.

Werden externe Ressourcen über einen längeren Zeitraum immer wieder genutzt oder sogar strategisch in die Produktion integriert, werden aus Zulieferern oft Partner. Diese können dann über spezielle Verträge an das Unternehmen gebunden werden. Auch sind hier oft spezielle Rabattkonditionen an große oder langfristige Abnahmemengen gekoppelt. Achten Sie auf ein gut funktionierendes Partnermanagement (vgl. Abschn. 6.3). Beachten Sie bitte weiterhin, dass es äußerst wichtig ist, die externen Ressourcen zentral zu überwachen und zu steuern. Hierzu wird oft ein Ressourcenmanagement eingesetzt. Teilweise findet sich dies im zentralen Einkauf, manchmal aber auch in der Buchhaltung. Das Business Development sollte im Auge behalten, welche externen Ressourcen wozu eingesetzt werden, um daraus abzuleiten, in welchen Bereichen ein eigener Ressourcenaufbau notwendig und lohnend wäre. Zusätzlich kann das Business Development dafür sorgen, dass dringend benötigte Ressourcen, die bisher noch nicht im Unternehmen verfügbar waren, extern eingebunden werden. Hier kann das Business Development dabei unterstützen, geeignete Ressourcenlieferanten oder Partner auszuwählen und diese zu betreuen.

Eine weitere Möglichkeit, externe Ressourcen zu integrieren, ist ein Joint Venture. Dabei schließen sich zwei oder mehr Firmen zusammen und gründen eine neue Firma zu einem gemeinsamen Unternehmenszweck. Dies kann viele Gründe haben. Zum Beispiel kann eine Firma großes technisches Know-how besitzen und die zweite Firma hat sich auf die Produktion oder den Vertrieb spezialisiert. Zusammen kann dann eine neue Firma gegründet werden, die beide Stärken bündelt, ohne dass die Firmen das fehlende Know-how selbst aufbauen oder einkaufen müssen.

Zusätzlich ist es auch möglich, externe Ressourcen durch einen Firmenkauf in das eigene Unternehmen einzugliedern. Dies wird unter dem Begriff M&A (Mergers & Acquisitions) zusammengefasst. Im nächsten Abschnitt wird dieser Sachverhalt ausführlich beschrieben.

4.5   Mergers & Acquisitions

Mergers & Acquisitions fasst zwei große Bereiche der Unternehmensentwicklung zusammen. Zum einen die Fusionen (Mergers), bei denen zwei oder mehrere Unternehmen sich zusammenschließen und in einem neuen Unternehmen aufgehen, um gemeinsam den Markt zu bearbeiten, zum anderen die Unternehmenskäufe (Acquisitions), bei denen ein Unternehmen oder ein Teil eines Unternehmens komplett von einer anderen Firma gekauft wird (vgl. [6]). Im zweiten Fall wird auch von einem Carve-out gesprochen. Diese Bereiche sind ebenfalls für das Business Development von Interesse, da zum Beispiel durch einen strategischen Unternehmenszukauf das Portfolio erweitert oder die vertriebliche Reichweite erhöht werden kann. Das Business Development kann hierbei als Ideengeber eingesetzt werden. Teilweise liegt die Verantwortung für den gesamten M&A-Prozess im Business Development. Dies ist von Firma zu Firma unterschiedlich und hängt unter anderem von der Unternehmensgröße und Häufigkeit der M&A-Aktivitäten ab.

Es gibt unterschiedlichste Gründe, ein fremdes Unternehmen zu kaufen. Die wohl wichtigsten sind die folgenden drei:

1. *Kunden:* Eine Firma wird übernommen, um die aktive Kundenbasis sprunghaft zu erhöhen. Durch die Übernahme ergeben sich auch immer Synergien im Vertrieb. Somit können beiden Kundenstämmen jetzt beide Portfolios angeboten werden. Dadurch steigt das Cross-Selling-Potential. Dies bedeutet, dass einem bestehenden Kunden zusätzlich zu dem bisher gekauften Produkt weitere Produkte aus dem bestehenden Portfolio verkauft werden.
2. *Technologie:* Eine Firma wird übernommen, da sie eine bestimmte Technologie besitzt, die dem kaufenden Unternehmen einen Wettbewerbsvorteil am Markt sichert. Diese Technologie kann zum Beispiel in einer bestimmten Produktionstechnik oder in einer Software-Lösung liegen. Durch die Übernahme kann die kaufende Firma diese Technologie ebenfalls gewinnbringend einsetzen und dadurch zum Beispiel schneller produzieren oder ein bestehendes Produkt aufwerten.
3. *Personal:* Eine Firma wird übernommen, weil sie über gutes oder speziell ausgebildetes Personal verfügt. Dadurch kann schnell spezifisches Know-how in die kaufende Firma transferiert werden. Hierdurch können sich Markt- oder Vertriebsvorteile ergeben.

Insgesamt lässt sich der Bereich M&A (vor allem der Teil der Unternehmenskäufe) in drei Phasen gliedern, die im Folgenden kurz vorgestellt werden (vgl. [7]):

1. *Vorfeldphase:* In der ersten Phase wird zuerst überlegt, warum überhaupt ein weiteres Unternehmen oder eine Technologie gekauft werden soll. Hierbei sollte der Entschluss durch das strategische Management vorgegeben werden. Gleichzeitig sollte ein Zielprofil erstellt werden, welches genau angibt, welche Art von Unternehmen oder Technologie gesucht wird, wo diese angesiedelt ist und wie möglicherweise ein preislicher Rahmen

aussieht. Danach kann die mit dieser Aufgabe betreute Einheit (zum Beispiel das Business Development) mit der Suche nach potentiellen Kandidaten beginnen. Dies wird auch als Target Screening bezeichnet. Ist ein Ziel identifiziert, kann eine Grobbewertung durchgeführt werden. Hierbei werden die wichtigsten Rahmendaten der potentiell zu kaufenden Firma ermittelt und mit den Vorgaben aus dem Management verglichen. Falls das Zielunternehmen in die engere Auswahl kommt, können erste konkrete Schritte geplant werden. Im Folgenden wird davon ausgegangen, dass das Zielunternehmen überhaupt zum Verkauf steht. Nachdem erste Gespräche mit dem Zielunternehmen geführt wurden und das Interesse bekundet wurde, kann die Planung des eigentlichen Prozesses beginnen. Hierbei wird zuerst die Planung der M&A-Organisation durchgeführt. Das heißt, dass interne Verantwortliche für die Bereiche Legal, Finanzen und inhaltliche Spezialisten benannt sind, die die nächsten Prozessschritte begleiten. Weiterhin muss ein Prozessverantwortlicher definiert werden. Im nächsten Schritt können Vorverträge geschlossen werden. Die wichtigsten beiden sind das Non-Disclosure Agreement (NDA) oder der Geheimhaltungsvertrag, der die Verschwiegenheit der jeweiligen Parteien regelt, und der Letter of Intent (LOI) oder die Absichtserklärung, die festhält, dass eine ernsthafte Kaufabsicht besteht.

2. *Transaktionsphase:* Die zweite Phase beginnt mit der Due Diligence (DD) (aus dem Englischen: gebotene Sorgfalt). Dabei handelt es sich um eine tiefe Analyse der Finanzkennzahlen des zu kaufenden Unternehmens. Im Anschluss an die DD können die Detailverhandlungen gestartet werden. Dabei wird sich auf den eigentlichen Kaufpreis geeinigt. Hierbei gibt es verschiedene Möglichkeiten. Im Standardfall kann der gesamte Kaufbetrag zu einem Stichtag fällig werden. Es gibt aber auch erfolgsorientierte Auszahlungen, die über Jahre ausgezahlt werden. Bei diesen sogenannten Earn-Out-Modellen wird eine Zahlung ausgehandelt, die bezogen auf einen definierten Business Case Prämien auszahlt, die vom (gemeinsamen) Erfolg der Unternehmen abhängen. Natürlich sind auch Kombinationen oder weitere Kaufpreismodelle möglich. Ist der Kaufpreis definiert, kann mit der Erarbeitung des eigentlichen Kaufvertrags begonnen werden. Hierbei werden meist externe Unternehmensberater und Kanzleien eingebunden, um eine Prozesssicherheit zu gewährleisten.

Nachdem der Kaufvertrag (SPA, Share Purchase Agreement) in der finalen Version vorliegt, muss auch das Management (der Vorstand, die Gesellschafter usw.) intern beschließen, die Übernahme durchzuführen. Sind alle Beschlüsse vollständig, kann der Vertrag unterschrieben werden. Hierbei wird vom Signing gesprochen. Nach einer kartellrechtlichen Prüfung kann die Übernahme rechtskräftig abgeschlossen werden. Dies wird als Closing bezeichnet.

3. *Integrationsphase:* In der dritten Phase werden die beiden Unternehmen integriert. Hierbei wird von der PMI (Post Merger Integration) gesprochen. Dies ist die längste und komplexeste Phase, da zwei bisher eigenständige Unternehmen integriert werden müssen. Personal muss zusammengelegt werden, das Management muss umgestellt werden, Systeme und Technologie müssen harmonisiert werden, die Produktion muss integriert

werden, die interne und externe Kommunikation muss angepasst werden, die kaufmännische Integration muss vollzogen werden und vieles mehr. Insgesamt handelt es sich um ein komplexes Change-Projekt, bei dem es am wichtigsten ist, die Mitarbeiter beider Unternehmen mitzunehmen und ihnen die Vorteile und Möglichkeiten der Integration aufzuzeigen. Zusätzlich müssen in dieser Phase Synergien gehoben werden. Diese können durch eine Zusammenlegung von Standorten oder durch einen gemeinsamen Vertrieb entstehen. Aber auch die Nutzung eines einheitlichen Abrechnungssystems oder einer gemeinsamen Produktion können erhebliche Kostenvorteile bringen. Dies muss bei jeder Übernahme individuell geprüft und dann entsprechend umgesetzt werden, um wirklich den vollen Nutzen aus einer Übernahme zu ziehen.

4.6   Controlling

Das Controlling ist eine zentrale Funktion im betrieblichen Ablauf. Das Controlling schafft betriebswirtschaftliche Transparenz im Unternehmen und unterstützt die Geschäftsleitung bei der zukunftsgerichteten Entscheidungsfindung. Dabei arbeitet die Abteilung mit den Daten aus dem Rechnungswesen und hilft bei einem Ist-/Soll-Abgleich der Zielerreichung von unternehmerischen und strategischen Zielen sowie von Projektzielen (vgl. [8]).

Für das Business Development ist das Controlling ein wichtiger interner Ansprechpartner, da hier alle Business-relevanten Zahlen zusammenlaufen und regelmäßig ausgewertet werden. Gemeinsam mit dem Controlling kann das Business Development auswerten, in welchen Kundensegmenten welcher Länder welche Produkte gut verkauft werden und wo dem nicht so ist. Weiterhin können interne Trendanalysen erstellt werden, die dabei helfen, das interne Portfolio durch den Lebenszyklus zu führen (vgl. Kap. 3). Somit müssen das Business Development und das Controlling eng zusammenarbeiten und gemeinsam Metriken definieren, die eine Steuerung der laufenden Projekte und aktuellen Produkte zulassen und gleichzeitig Zukunftsanalysen erlauben, die mit den Informationen aus den Marktanalysen Schlüsse auf zukünftige Anpassungen im Portfolio erlauben. Hierbei sollte stets darauf geachtet werden, dass Aufwand und Nutzen der Analysen in einem sinnvollen Zusammenhang stehen.

Bei der Entwicklung und der Einführung eines neuen Produkts oder einer neuen Dienstleistung sollte das Business Development stets das Controlling miteinbeziehen. So wird von Anfang an sichergestellt, dass die Wirtschaftlichkeit gemessen und überwacht wird. Dazu müssen sich die beiden Abteilungen entsprechend abstimmen und die benötigten Überwachungsmaßnahmen frühzeitig festlegen. Weiterhin sollten definierte Reports in regelmäßigen Abständen erstellt und gemeinsam ausgewertet werden. So kann das Portfolio optimal gesteuert und den Marktgegebenheiten angepasst werden.

Fazit für die Praxis

- Sorgen Sie dafür, dass Sie stets einen kompletten Überblick über alle verfügbaren Ressourcen mit ihren jeweiligen Auslastungen haben. Ermitteln Sie ebenfalls, welche Ressourcen zukünftig benötigt werden und planen Sie entsprechende Maßnahmen (Schulungen, Personalaufbau, Kreditverhandlungen usw.).
- Sorgen Sie für ein aktives Skill Management. Ihre Mitarbeiter und deren Skills sind das eigentliche Kapital Ihrer Firma. Gehen Sie sorgfältig mit diesem Kapital um und planen Sie Weiterbildungsmaßnahmen und Personalaufbaumaßnahmen, um stets das richtige Personal mit dem richtigen Wissen einsetzen zu können.
- Planen Sie ein spezielles Budget für das Business Development ein. Achten Sie dabei auf eine ganzheitliche Kostenbetrachtung.
- Setzten Sie geschickt interne und externe Ressourcen ein, um Ihre Kostenstrukturen zu optimieren und agil am Markt handeln zu können.
- Durch Unternehmenszukäufe oder -verschmelzungen (M&A) können Sie schnell wachsen. Dieses anorganische Wachstum kann drei Gründe haben: Kunden, Technologie und/oder Personal.
- Das Business Development sollte sehr eng mit dem Controlling zusammenarbeiten. Dies garantiert, dass alle Aktivitäten von Anfang an über die richtigen (Finanz-) Parameter gemessen und gemanagt werden können.

Literatur

1. K. Götz. *Personalarbeit der Zukunft*. Rainer Hampp Verlag, 2002.
2. A. Moritz and F. Rimbach. *Soft Skills für Young Professionals: Alles, was Sie für Ihre Karriere brauchen*. Whitebooks. GABAL, 2006.
3. Thomas Matzner and Ruth Stubenvoll. *IT-Freelancer, Ein Handbuch nicht nur für Einsteiger*. dpunkt.verlag, 2013.
4. Gerd Nicklisch, Jens Borchers, Ronald Krick, and Rainer Rucks. *IT-Near- und -Offshoring in der Praxis, Erfahrungen und Lösungen*. dpunkt.verlag, 2008.
5. Heinz-Josef Hermes. *Outsourcing: Chancen und Risiken, Erfolgsfaktoren, rechtssichere Umsetzung*. Haufe-Lexware, 2005.
6. B. W. Wirtz. *Handbuch Mergers & Acquisitions Management*. Gabler Verlag, 2006.
7. F. Keuper, M. Häfner, and C. Von Glahn. *Der M&A-Prozess: Konzepte, Ansätze und Strategien für die Pre- und Post-Phase*. Gabler Verlag, 2012.
8. Hans-Ulrich Küpper, Gunther Friedl, Christian Hofmann, Yvette Hofmann, and Burkhard Pedell. *Controlling: Konzeption, Aufgaben, Instrumente*. Schäffer-Poeschel Verlag, 2013.

Zielmarkt

5

Zusammenfassung

Eine wichtige Aufgabe des Business Developments ist es, einen guten Überblick über die aktuelle Marktsituation zu haben. Dieser Überblick ist sehr wichtig, da neue oder bestehende Produkte ideal im Zielmarkt positioniert werden müssen, um einen großen Umsatz zu erzielen. Um diesen Zielmarkt aber überhaupt erst einmal zu finden und zu verstehen, ist eine Marktanalyse notwendig. Hierbei werden entweder durch eigene Online- und Offline-Recherchen oder durch externe Marktforschungsunternehmen der Markt, seine Teilnehmer, die darin vertretenen Produkte, die Kunden mit ihren Anforderungen und die Mitbewerber ausgiebig untersucht. In einem nächsten Schritt kann dann der definierte Zielmarkt in einzelne Marktsegmente eingeteilt werden. Dies ist hilfreich, da unterschiedliche Marktsegmente unterschiedliche Anforderungen und unterschiedliche Zielkunden haben, die möglicherweise eine unterschiedliche Vertriebsansprache benötigen. Danach kann der definierte Zielmarkt mit Hilfe einer Risikoanalyse untersucht werden, die zum einen aufzeigt, welche Chancen der Markt bietet, zum anderen aber auch, welche Risiken sich ergeben. Diese gilt es zu verstehen und bestmöglich zu vermeiden. Eine weitere Aufgabe des Business Developments kann auch die Internationalisierung eines Produkts sein. Dabei wird zu einem bekannten Markt ein neuer Markt in einem oder mehreren neuen Ländern gesucht, in denen sich ein Vertrieb lohnt. Hierbei müssen viele Details und Regularien beachtet werden, um einen erfolgreichen Markteinstieg zu schaffen.

5.1 Marktbeobachtung

Die permanente Marktbeobachtung ist eine fortwährende Aufgabe für das Business Development. Da es die Hauptaufgabe des Business Developments ist, das Unternehmen und die jeweiligen Produkte und Dienstleistungen immer weiter zu verbessern und den sich ständig ändernden Kundenanforderungen anzupassen, muss zu jeder Zeit klar sein, wie der Markt, in dem sich das Unternehmen befindet, sich aktuell verhält und wie er sich zukünftig weiterentwickeln wird (vgl. [1]).

Die Marktbeobachtung ist dabei eine Teildisziplin der Marktforschung. Sie bezieht sich im Gegensatz zur Marktanalyse auf einen Zeitraum und nicht einen konkreten Zeitpunkt. Die Marktbeobachtung versucht, aus historischen Daten, Umfragewerten und weiteren technischen und sozioökonomischen Faktoren ein zukünftiges Marktverhalten vorherzusagen. Es wird bei der Marktbeobachtung zwischen einer primären und einer sekundären Beobachtung unterschieden. Bei der primären Beobachtung werden die auszuwertenden Daten durch das Unternehmen selbst erhoben. Dies kann zum Beispiel mit Hilfe von Umfragen geschehen. Bei der sekundären Beobachtung werden Daten aus frei verfügbaren Quellen (zum Beispiel Studien und Trendbarometer) ausgewertet und entsprechend verdichtet. Das Business Development kann eine grundsätzliche Marktbeobachtung durchführen. Sollen aber tiefgreifende Analysen durchgeführt werden, die als Basis für eine neue Firmenstrategie dienen sollen, sollte ein externes Unternehmen mit einer umfassenden Marktbeobachtung beauftragt werden. Solche Unternehmen greifen oft auf große Datenbanken mit vielen Werten aus unterschiedlichsten Branchen zu und verfügen über eigene Callcenter, die sich auf Umfragen spezialisiert haben.

Weiterhin wird zwischen einer qualitativen und einer quantitativen Marktbeobachtung unterschieden. Die qualitative Beobachtung nutzt klassische Interviews und Umfragen mit Freitextfeldern. Die Ergebnisse werden in Form von Kundenaussagen und Feedbacks zusammengefasst. Eine quantitative Marktbeobachtung erfasst Meinung, Aussagen und Informationen in Form von Zahlen. Dabei können Ergebnisse genauso wie Einschätzungen anhand von Skalen, Ampelsystemen oder Bewertungssternen erfasst werden.

Marktbeobachtungen können über unterschiedliche Zeiträume durchgeführt werden. Kurzfristige Auswertungen helfen, sich schnell einen Überblick über einen gegebenen Markt zu verschaffen. Da aber oft ein tieferes Verständnis für den speziellen Markt fehlt, kann es passieren, dass der Untersuchungszeitraum zu kurz ist oder die falschen Personen befragt werden. Auch kann die Stichprobengröße zu klein gewählt sein. Dies kann im schlimmsten Fall zu verzerrten oder falschen Ergebnissen führen, die zu einer falschen Einschätzung der Marktsituation führen können. Lange Marktbeobachtungen liefern sehr viel verlässlichere Ergebnisse, da über einen langen Zeitraum ein Verständnis für den Markt, seine Gegebenheiten und seine Spezialitäten aufgebaut wird. Leider fehlt oft die Zeit oder das Geld, um langfristige Studien durchzuführen. Somit muss hier ein gesundes Mittelmaß gefunden werden, um eine Balance zwischen Kosten und Aufwand sowie Aussagefähigkeit der Beobachtung zu finden.

Bei einer Marktbeobachtung kann grundsätzlich zwischen „Befragen" und „Beobachten" unterschieden werden:

- **Befragen:** Hierbei werden aktiv Personen aus dem gewählten Markt befragt. Dies kann zum Beispiel mit Hilfe von Interviews, Umfragen oder speziellen Fokusgruppen geschehen. Die Befragungen können persönlich, per Telefon oder über das Internet durchgeführt werden. Die Ergebnisse können dann qualitativ und/oder quantitativ ausgewertet werden.

- **Beobachten:** Hierbei werden Personen der Zielgruppe zum Beispiel beim Einkaufen oder bei Unterhaltungen beobachtet. Dies kann in einem Szenario mit Hilfe von Kameras aufgezeichnet und später ausgewertet werden. Es gibt auch spezielle Vorrichtungen, die die Augenbewegungen der Probanden aufzeichnen. Hierdurch kann zum Beispiel ausgewertet werden, wohin sie in einem Schaufenster, einem Regal oder in einer Werbeanzeige sehen, um Rückschlüsse auf nicht direkt ausgedrücktes Interesse und mögliches Kaufverhalten zu ziehen.

Grundsätzlich soll eine Marktbeobachtung Aufschluss darüber geben, in was für einem Markt das Unternehmen agiert oder wie sich ein Markt verhält, in den das Unternehmen neu vorstoßen will. Dabei sollten Schlüsseltrends herausgearbeitet werden, die aufzeigen, was den Markt und im Speziellen die Kunden bewegt. Welche Marktkräfte sind aktiv? Welche makroökonomischen Kräfte wirken? Welche speziellen Branchenkräfte wirken? Welche politischen Einflüsse gibt es? Welche Zwänge oder juristischen Vorschriften gelten? Welche Engpässe gibt es zurzeit und welche werden für die Zukunft gesehen?

Ziel der Marktforschung ist es, den relevanten Markt und seine Teilnehmer bestmöglich zu verstehen. Dazu gehören ein Überblick über die Gesamtsituation des Zielmarkts, die Meinung der Kunden zum eigenen Unternehmen und den angebotenen Produkten sowie Dienstleistungen, das Kaufverhalten, die Zufriedenheit und Loyalität der Kunden, das verfügbare Investitionsvolumen und die Investitionsbereitschaft, ein Überblick über die Marktbegleiter und deren Preisstrukturen, die Bewertung der Wirkung der eigenen Werbung und die Einschätzung der eigenen Marktposition.

Eine Marktbeobachtung soll frühzeitig Chancen für neue Produkte und Dienstleistungen aufzeigen, Trends sichtbar machen und dabei helfen, Risiken frühzeitig zu erkennen, um sie vermeiden zu können. Aufbauend auf die Marktbeobachtung können möglicherweise Anpassungen am Angebot durchgeführt und gegebenenfalls die Marketing- und die Vertriebsstrategie an die sich ändernde Situation angepasst werden.

Die Marktbeobachtung sollte dabei sehr spitz auf den Zielmarkt abgestimmt werden. Dies bedeutet aber auch, dass zuvor der Zielmarkt genau definiert werden muss. Erst danach können die zur Einschätzung der jetzigen und zukünftigen Situation des Marktes benötigten Parameter erhoben und untersucht werden (vgl. [2]).

Untersuchen Sie dabei auch, wie sich die Kaufkraft in Ihrem Zielmarkt entwickelt, welche kulturellen Veränderungen eine Rolle spielen und natürlich auch, wie sich Ihre Marktbegleiter positionieren und wie sie sich auf die sich ändernden Umstände einstellen. Eine einfache Möglichkeit, dies zu tun, ist es, in einem intensiven Austausch mit den eigenen Kunden und Partnern zu sein. Fragen Sie sie, wie sie den Markt gerade sehen und was sie sich für die Zukunft wünschen. Weiterhin sollten Sie branchenübliche Fachmedien lesen und Fachmessen und Tagungen besuchen. So erhalten Sie einen guten Überblick über den Zielmarkt.

Ihre Marktbeobachtung sollten Sie auch dazu nutzen, herauszufinden, welche Technologien in Ihrem Zielmarkt zukünftig eine große Rolle spielen werden, um sich frühzeitig damit auseinanderzusetzen und zu überlegen, ob diese Technologien gewinnbringend in Ihr Business integriert werden können. Weiterhin sollten Sie den Markt auf potentielle neue Partner durchleuchten. So können Sie Ihr Ökosystem permanent aktualisieren.

Der Ablauf einer Marktbeobachtung ist an den einer klassischen empirischen Studie angelehnt und lässt sich in elf Phasen aufteilen (vgl. [3]):

1. *Formulierung des Problems:* Zu Beginn wird das zugrundeliegende Problem genau definiert und der zu untersuchende Zielmarkt definiert. Hierdurch kann vermieden werden, dass die Ergebnisse verzerrt oder ganz unbrauchbar werden.
2. *Festlegung des Untersuchungsdesigns:* Bei der Definition des Designs wird festgelegt, um was für eine Art von Marktbeobachtung es sich handeln soll. Sollen zum Beispiel Personen offen auf der Straße befragt werden oder soll ein spezielles Experiment in einem Forschungslabor aufgebaut werden?
3. *Festlegung der Informationsquellen:* Hier wird definiert, welche Quellen genutzt werden sollen. Dabei können zum Beispiel Umfragen aus erster Hand genauso wie Ergebnisse aus bereits durchgeführten Experimenten eingesetzt werden.
4. *Bestimmung des Durchführenden:* In diesem Schritt wird definiert, wer die Beobachtung im Endeffekt durchführen soll. Hier wird festgelegt, ob die Aufgabe mit eigenem Personal bearbeitet, ein spezielles Marktforschungsunternehmen hinzugezogen oder mit einer Hochschule zusammengearbeitet werden soll.
5. *Festlegung der Datenerhebungsmethode:* Im nächsten Schritt wird definiert, wie die Daten erhoben werden sollen. Dies kann zum Beispiel mit Hilfe von Umfragen, Interviews oder Fokusgruppen geschehen.
6. *Auswahl der Stichprobe:* Danach werden Art und Größe der zu untersuchenden Stichprobe festgelegt. Hierbei muss darauf geachtet werden, dass die Stichprobengröße so gewählt wird, dass das Ergebnis statistisch relevant ist und eine realistische Einschätzung der echten Situation zulässt. Zu kleine oder falsch gewählte Stichproben können das Ergebnis negativ beeinflussen.
7. *Gestaltung des Erhebungsinstrumentes:* Hier wird die eigentliche Untersuchung vorbereitet. Es werden zum Beispiel die konkreten Fragen für ein Interview oder eine Umfrage erarbeitet, bewertet, sortiert und getestet.
8. *Durchführung der Datenerhebung:* In diesem Schritt wird die eigentliche Erhebung durchgeführt.
9. *Editierung und Kodierung der Daten:* Nachdem alle Ergebnisse aufgezeichnet und gesichert wurden, müssen in diesem Schritt die Ergebnisse so aufbereitet werden, dass sie sich analysieren lassen. Dazu können zum Beispiel mündliche Interviews transkribiert und Umfrageergebnisse in digitale Datensätze überführt werden, die sich mit Hilfe von statistischen Maßnahmen auswerten lassen.

10. *Analyse und Interpretation der Daten:* Hier werden die Ergebnisse der Untersuchung ganz konkret und unter Berücksichtigung der initialen Fragestellung ausgewertet. Die Daten werden analysiert und für eine Präsentation entsprechend (grafisch) aufbereitet.

11. *Präsentation der Forschungsergebnisse:* Im letzten Schritt werden die Ergebnisse vorgestellt. Hierbei können auf Basis der gefundenen Informationen bereits Empfehlungen für mögliche neue Produkte oder Anpassungen am bestehenden Portfolio gegeben werden.

Mit dem Wissen aus der Marktbeobachtung können Sie Ihren Zielmarkt sehr viel besser verstehen und Ihre Produkte auf die speziellen Anforderungen und Wünsche anpassen. Dazu sollten Sie in einem nächsten Schritt ein Idealunternehmen definieren, welches zu 100 % Ihrem Zielkunden entspricht. Beschreiben Sie, welche Anforderungen und Herausforderungen das Unternehmen jetzt und in der nahen Zukunft hat und arbeiten Sie heraus, wie Ihre Produkte diesen Kunden optimal unterstützen können. Definieren Sie weiterhin, wie ein idealer Ansprechpartner in dem Unternehmen aussieht. Danach können Sie Ihre Vertriebsbotschaften optimal anpassen. Ihr Vertrieb kann im Folgenden die Idealkundenbeschreibung nutzen und sie mit den Bestandskundenlisten abgleichen, um potentielle Käufer zu finden. Mögliche Neukunden können auch gleich mit diesem Profil abgeglichen werden.

Zusätzlich zu der Marktbeobachtung im Zielmarkt sollten auch immer die sogenannten Mega-Trends im Auge behalten werden. Dies sind globale Trends, die Auswirkungen auf alle Branchen haben. Diese Trends ändern sich zwar nicht so häufig wie einzelne Markttrends, dennoch sollten die aktuellen Mega-Trends bekannt sein und die globalen Auswirkungen auf das eigene Geschäft permanent beobachtet werden. Einen guten Überblick liefert das Zukunftsinstitut (vgl. [4]). So sind zum Beispiel die Themen Nachhaltigkeit und CO_2-Reduktion aktuelle Mega-Trends, die sich durch alle Branchen und Nationen ziehen. Ein Unternehmen aus der Automobilbranche kann zum Beispiel diesen Trend in einem ersten Schritt auf die eigene Branche eingrenzen und analysieren, welche Auswirkungen der Trend kurz-, mittel- und langfristig haben wird. Daraufhin können in einem nächsten Schritt die Auswirkungen auf das eigene Unternehmen analysiert werden. In einem letzten Schritt können dann neue Geschäftsmodelle, Produkte und Dienstleistungen entwickelt werden, die genau auf diesen Trend abzielen. In diesem Fall wären das zum Beispiel eine konsequente Ausrichtung der Produktion in Richtung elektrischer Fahrzeuge, eine energiesparende Optimierung der Produktion und die Schaffung neuer Mobilitätsservices als Alternative zum Besitz von eigenen Autos.

Achten Sie darauf, dass die Aufgabe der Marktbeobachtung nie abgeschlossen ist und alle aus den Daten gewonnenen Erkenntnisse nur Momentaufnahmen darstellen. Das Business Development sollte also permanent versuchen, einen Eindruck der momentanen und zukünftigen Marktsituation zu haben. Nur so können Sie das Business optimal unterstützen und weiterentwickeln.

Im Folgenden wird mit dem Gartner Hype Cycle ein spezielles Werkzeug vorgestellt, dass Sie im Rahmen Ihrer Marktbeobachtung einsetzen können.

5.1.1   Gartner Hype Cycle

Neue Geschäftsmodelle und Produktionstechniken basieren in vielen Teilen auf digitaler Technologie. Die Digitalisierung beeinflusst inzwischen fast alle Bereiche. Somit ist es für das Business Development ungemein wichtig, einen guten Überblick über aktuelle und zukünftige technologische Entwicklungen und Trends zu haben. Dabei müssen nicht nur die Technologie als solche, sondern auch die Auswirkungen auf die eigene Branche und die eigenen Angebote analysiert und verstanden werden. Nur dann kann das eigene Geschäft entsprechend optimiert und zukünftiges Geschäft sinnvoll geplant werden. Dabei ist bei Weitem nicht jeder technologische Trend wirklich sinnvoll oder nachhaltig und einflussreich. Somit muss jeder Trend daraufhin untersucht werden, ob und wann er wirklich Traktion in der Wirtschaft erreichen wird und welche Einflüsse er auf das eigene Geschäft haben könnte. Es wird also ein Werkzeug benötigt, das bei der frühzeitigen Einschätzung neuer Technologien unterstützt und hilft, Fehlentscheidungen und Fehlinvestitionen vorzubeugen.

Das Marktforschungsunternehmen Gartner hat dazu vor einigen Jahren den Gartner Hype Cycle entwickelt (vgl. [5]). Lassen Sie sich dabei nicht verwirren, denn der Hype Cycle ist kein Kreislauf im eigentlichen Sinne. Vielmehr bewertet Gartner einmal im Jahr ausgesuchte technologische Themen in unterschiedlichen Bereichen und bewertet sie anhand von zwei Kriterien:

- *Y-Achse:* Auf dieser Achse wird bewertet, wie hoch die Erwartungen an die neue Technologie sind und wie viel Aufmerksamkeit ein gegebenes Thema zum Untersuchungszeitraum erhält. Dazu wird mit Hilfe von Marktforschung untersucht, wie viel über ein gegebenes Thema (on- und offline) gesprochen und diskutiert wird, wie stark sich die Wissenschaft mit einem Thema beschäftigt und inwieweit eine frühe Adaption eines Themas am Markt zu beobachten ist.
- *X-Achse:* Auf dieser Achse wird die Zeit betrachtet. Dabei wird bewertet, wie lange ein gegebenes Thema zu beobachten ist.

Gartner hat mit der Erfahrung aus jahrelanger Marktbeobachtung eine Abfolge von fünf kritischen Phasen herausgearbeitet, die jede neue Technologie durchläuft. Im Folgenden werden diese Phasen im Einzelnen beschrieben. In Abb. 5.1 wird der Gartner Hype Cycle grafisch dargestellt.

1. *Technologischer Auslöser:* Die erste Phase des Hype Cycles beschreibt den Einführungszeitpunkt einer neuen Technologie. Meist gibt es zu diesem Zeitpunkt eine rudimentäre Idee oder einen sehr frühen Prototyp. Dies reicht aber oft schon aus, sodass frühzeitig technologieaffine Menschen erstes Interesse zeigen und erstes Risikokapital eingesammelt wird. Die Technologie ist zu diesem Zeitpunkt in der breiten Masse noch nicht bekannt.

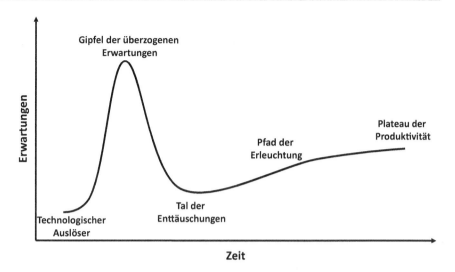

Abb. 5.1 Der Gartner Hype Cycle

2. *Gipfel der überzogenen Erwartungen:* In der zweiten Phase ist der Hype auf seinem Höhepunkt angekommen. Das Thema ist in aller Munde und wird in allen Medien als „The next big thing" gefeiert. Zu diesem Zeitpunkt setzen sich viele Menschen und Unternehmen aus den unterschiedlichsten Bereichen mit dem Thema auseinander und es wird viel Geld für eine Technologie mit ungewissem Ausgang ausgegeben. Es herrscht Goldgräberstimmung.

3. *Tal der Enttäuschungen:* In der nächsten Phase zeigt sich langsam, was die Technologie wirklich bewirken kann und ob sie den Hype wert war. Hier wird realisiert, dass viele Behauptungen nicht zutreffen oder viel zu wohlwollend waren und diese in der Realität nicht umsetzbar sind. Frühe Investoren haben bis dato oft viel Geld verloren und beginnen, die Technologie zu verteufeln.

4. *Pfad der Erleuchtung:* In dieser Phase trennt sich die Spreu vom Weizen. Technologien, die wirkliches Potential haben, fangen an, hier wirklich Traktion aufzubauen und erste Umsetzungen kommen zur Marktreife. Die Investitionen ziehen in dieser Phase wieder an und eine breitere Masse an Unternehmen beginnt, sich mit der Technologie und deren Auswirkungen auf das eigene Geschäft auseinanderzusetzen.

5. *Plateau der Produktivität:* In der letzten Phase hat sich die Technologie endgültig durchgesetzt und ist im Massenmarkt angekommen. Die Technologie ist beherrschbar geworden, wurde mehrfach in unterschiedlichsten Produkten und Dienstleistungen eingesetzt und hat eine breite Akzeptanz am Markt erreicht.

Jedes Element wird daraufhin bewertet, wann es wirklich marktrelevant wird, wie viele Jahre dafür noch nötig sind und ob es frühzeitig scheitern wird und somit nie in die Produktivitätsphase kommen wird.

Der Gartner Hype Cycle ist ein wichtiges Werkzeug für das Business Development, um aktuelle und zukünftige Trends zu bewerten und einsortieren zu können. Er hilft dabei, schnell einen breiten Überblick über aktuelle Technologien zu gewinnen und deren Relevanz auf das eigene Geschäft einschätzen zu können.

Das Werkzeug gibt keine absoluten Wahrheiten wieder und hat keinen wissenschaftlichen Anspruch. Trotzdem hat es sich als der „Quasistandard" zur Bewertung von neuen Technologien und deren Marktrelevanz durchgesetzt. Business Development Manager sollten zumindest einmal im Jahr die für ihre Branche relevanten Hype Cylce überprüfen und mögliche Auswirkungen auf das eigene Geschäft bewerten. Möglicherweise ergeben sich dadurch Ansätze zur Optimierung des eigenen Geschäfts durch die Integration einer neuen Technologie oder es ergeben sich vollkommen neue Geschäftsmodelle durch das frühzeitige Aufgreifen einer neuen Technologie.

5.2   Marktsegmentierung

Nachdem eine ausführliche Marktanalyse erstellt und der Zielmarkt definiert wurde, kann im nächsten Schritt durch das Business Development eine Marktsegmentierung durchgeführt werden. Hierbei wird der Zielmarkt mit Hilfe von vorher definierten Kriterien in Teilmengen zerlegt. Mögliche Kriterien für Marktsegmente sind zum Beispiel:

- Geschlecht
- Altersklasse
- Bildungsstand
- Kaufkraft
- Mitarbeiterzahl
- Firmenumsatz
- Rechtsform
- Industriezweig
- Firmensitz

In einem nächsten Schritt kann genau untersucht werden, welche Segmente für das Produkt besonders geeignet sind. Dazu müssen die Bedürfnisse der jeweiligen Kunden in einem gegebenen Segment genau analysiert und mit der angebotenen Lösung abgeglichen werden. Wird ein Marktsegment untersucht, in dem bereits ein eigenes Produkt verkauft wird, so sollte bei der Analyse erhoben werden, wie hoch die bisherige Durchdringung dieses Segments ist und wie die genauen Absatzzahlen sind. Zusätzlich sollten auch alle Marktbegleiter, die ebenfalls dieses Segment bedienen, erfasst und ihre jeweiligen Angebote genau untersucht werden, um in einem nächsten Schritt eine Vertriebsbotschaft zu entwickeln, die sich von denen der Mitbewerber unterscheidet und die eigenen Vorteile hervorhebt.

Achten Sie bei der Segmentierung des Zielmarktes auf trennscharfe Kriterien. Andernfalls erhalten Sie Segmente, deren Elemente (Ihre Zielkunden) nicht sauber definiert sind. Dies erschwert es später, eine zielgerichtete Vertriebsbotschaft zu erstellen. Bewerten Sie dann, welche der gefundenen Segmente besonders interessant für Sie sind. Möglich wäre eine Bewertung anhand der geschätzten Umsatzmenge, der Anzahl der sich in dem Segment befindenden Zielkunden, der Mitbewerbersituation oder der bisherigen Marktdurchdringung. Sie können hierfür eine klassische ABC-Analyse durchführen, bei der Sie die einzelnen Segmente absteigend nach dem von Ihnen festgelegten Kriterium sortieren. Hierdurch erhalten Sie eine gute Einteilung des Zielmarktes.

Je genauer Sie diese Analyse durchführen, desto schärfer sind die einzelnen Segmente voneinander abgegrenzt. Suchen Sie danach eine möglichst kleine und erfolgversprechende Anzahl an Zielsegmenten heraus, in denen Sie das Produkt platzieren wollen. Möglicherweise wählen Sie sogar nur das Segment mit dem größten Potential aus. Dies ist von Vorteil, da Sie die Bedürfnisse der Zielkunden in diesem Segment sehr genau analysieren können, um dann eine sehr spitz adressierte Vertriebsbotschaft generieren zu können. Vermeiden Sie dabei das Gießkannenprinzip, bei dem die Vertriebsbotschaft sehr unspezifisch formuliert ist und einer sehr breiten Masse vorgesetzt wird. Dies ist in den meisten Fällen nicht besonders zielführend und verschwendet Marketingbudget.

Nachdem Sie Ihr Zielsegment gefunden und genau analysiert haben, kann das Business Development gemeinsam mit dem Marketing sehr zielgerichtete Vertriebsbotschaften erzeugen. Diese können dann an die Anforderungen des Segments angepasst werden. Mögliche Anpassungen Ihrer Ansprache können folgende Aspekte berücksichtigen:

- Aktuelle Situation der Zielkunden
- Aktuelle Bedürfnisse der Zielkunden
- Aktuelle Probleme der Zielkunden
- Aktuelle Herausforderungen der Zielkunden
- Aktuelle Engpässe der Kunden
- Bevorzugte Ansprache der Zielkunden
- Bevorzugte Kommunikationswege der Zielkunden

Nachdem Sie Ihr Zielkundensegment gefunden und eine spitz auf die konkreten Bedürfnisse der Kunden zugeschnittene Vertriebsbotschaft erstellt haben, sollten Sie den Markt auch noch auf seine Risiken hin untersuchen. Im folgenden Abschnitt wird hierauf näher eingegangen.

5.3   Risikoanalyse

Der Eintritt in einen neuen Markt ist gleichzeitig mit Chancen, aber auch mit Risiken versehen. Dessen sollten Sie sich immer bewusst sein. Darum ist es eine sehr wichtige Aufgabe
des Business Developments, bei der Planung eines neuen Markteintritts oder der Änderung
eines Businessmodells beide Seiten ausführlich zu untersuchen. Neue Märkte stellen immer
auch eine neue Situation dar, die von allen Seiten beleuchtet werden sollte. Nur so können
spätere Überraschungen vermieden werden. Die Einführung eines neuen Produkts oder einer
neuen Dienstleistung kann nämlich auch rechtliche Implikationen haben, mögliche Klagen
können finanzielle Auswirkungen haben, Wirtschaftsspione könnten wichtige Pläne ent-
wenden, Datenpannen können große Schäden anrichten, Patentverletzungen können hohe
Strafzahlungen nach sich ziehen und all dies kann zu nicht bezifferbaren Imageschäden
führen.

Im Folgenden wird beschrieben, wie Sie eine Risikoanalyse strukturiert angehen und
potentielle Risiken frühzeitig erkennen und möglicherweise sogar abwenden können. Dazu
haben sich zwei Methoden durchgesetzt. Dies ist zum einen die SWOT-Analyse und zum
anderen die STEP-Analyse. Die Ergebnisse der beiden Analysen ergeben zusammen einen
guten Eindruck der Chancen, Möglichkeiten und potentiellen Gefahren für ein zu unter-
suchendes Business und sollten Ausgangspunkt für strategische Entscheidungen für oder
gegen ein Business sein.

Beachten Sie, dass eine ausführliche Risikoanalyse zu Beginn einer Aktion durch das
Business Development oder bei weiteren strategischen Entscheidungen durchgeführt werden
sollte. Die dabei aufgedeckten Risiken sollten dann gezielt gemanagt werden. Das bedeutet,
dass versucht werden sollte, mögliche Risiken initial zu vermeiden oder zumindest deren
Eintrittswahrscheinlichkeit zu minimieren. Denken Sie aber daran, dass dies keine einmalige
Aktion ist, sondern fortlaufend eine Risikobewertung durchgeführt werden sollte, da sich
die Risikofaktoren mit der Zeit verändern können.

Um die Auswirkungen eines Risikos bewerten zu können, können Sie die geschätzte
Eintrittswahrscheinlichkeit mit dem geschätzten Schaden multiplizieren. Die so gewonnenen
Werte können Sie absteigend sortieren und danach entscheiden, bei welchen Risiken Sie
aktiv gegenlenken wollen und welche Risiken Sie zwar wahrnehmen, aber (im Moment)
nicht weiter abmildern wollen.

Im Folgenden werden die beiden bekanntesten Analyse-Tools im Einzelnen vorgestellt.

5.3.1   SWOT-Analyse

Die SWOT-Analyse wird in vielen Unternehmen als das Standard-Tool zur strategischen
Planung von Produkt- oder sogar ganzen Firmenstrategien eingesetzt. Sie sollte von jedem
Business-Development-Manager beherrscht werden. Die englische Abkürzung steht für
Strengths (Stärken), Weaknesses (Schwächen), Opportunities (Chancen) und Threats

(Gefahren). Damit werden die vier wichtigsten Einflüsse auf ein Business bewertet. Im Folgenden werden die einzelnen Aspekte kurz erklärt (vgl. [6]):

- **Strengths/Stärken:** Hier bewerten Sie die individuellen Stärken Ihrer Firma, des jeweiligen Bereichs einer Firma oder eines Produkts. Was zeichnet zum Beispiel das Produkt aus? Was sind die Alleinstellungsmerkmale? Wie unterscheiden Sie sich von Marktbegleitern? Wie unterstützt es Ihre Kunden? Welche Probleme löst es? Wo liegen weitere Stärken?
- **Weaknesses/Schwächen:** In diesem Bereich bewerten Sie die Schwächen. Wo gibt es bekannte Schwächen zum Beispiel eines Produkts? Wo sind Marktbegleiter besser? Wo erfüllen Sie nicht die Ansprüche Ihrer Kunden? Werden vielleicht nicht alle (Sicherheits-) Vorschriften oder Normen eingehalten? Ist Ihr Produkt im Markt zu wenig bekannt? Wo liegen weitere Schwächen?
- **Opportunities/Chancen:** Jeder Markt bietet Chancen, die Sie nutzen sollten. Dafür müssen Sie diese aber erkennen, bewerten und sich dann gezielt zu Nutze machen. Gibt es vielleicht gerade einen Konjunkturaufschwung? Können Sie sich günstig Geld für eine wichtige Investition leihen? Haben Sie eine lukrative Marktlücke gefunden? Können Sie in einen ausländischen Markt eintreten? Haben sich wirtschaftliche oder gesetzliche Vorgaben verändert? Was gibt es noch für Chancen?
- **Threats/Gefahren:** Natürlich hat auch jeder Markt seine Gefahren. Diese sollten Sie noch besser kennen als seine Chancen, da es potentiell schlimmere Folgen haben kann, eine Gefahr zu übersehen, als eine Chance zu verpassen. Welche gesetzlichen oder wirtschaftlichen Rahmenbedingungen könnten sich ändern? Haben die Kunden dauerhaft Bedarf an Ihren Produkten? Ist der Markt groß genug? Gibt es weitere Mitbewerber mit besseren Konditionen? Können alle für die Produktion benötigten Ressourcen permanent zu gleichen Konditionen bezogen werden? Verschieben sich die Märkte? Könnte es Probleme im Datenschutz oder im Bereich IT-Sicherheit ergeben? Kann es zu Imageschäden kommen? Gibt es weitere Gefahren?

Nachdem Sie alle vier Bereiche im Einzelnen und ausführlich untersucht haben, können Sie die Ergebnisse zusammenführen. Die Ergebnisse einer SWOT-Analyse werden dabei meist in einer Grafik mit vier Quadranten gegenübergestellt. Hier lassen sich die gegenseitigen Einflüsse gut ablesen. In Abb. 5.2 wird eine SWOT-Matrix grafisch dargestellt. Fassen Sie hier die wichtigsten Punkte der vier Bereiche zusammen und stellen Sie deren Zusammenspiel dar. Beschreiben Sie dabei, wie Sie Ihre Stärken nutzen und Ihre Schwächen umgehen können, um die Chancen zu nutzen und die Gefahren möglichst abwehren zu können.

Abb. 5.2 Die SWOT-Analyse

5.3.2 STEP-Analyse

Die STEP-Analyse oder auch PEST-Analyse grenzt die Analyse gegenüber der eher allgemeinen SWOT-Analyse auf die folgenden, makroökonomischen Themen ein (vgl. [7]):

- *Sociocultural Change/Soziokulturelle Veränderung:* Hier werden die soziokulturellen Aspekte für einen gegebenen Markt zusammengetragen. Dies können demografische Rahmendaten wie Bevölkerungswachstum und Lebensstil sein, Einkommensverteilungen, Bildungsstände und soziale Werte und Normen.
- *Technological Change/Technische Veränderung:* Hier werden die technischen Aspekte zusammengetragen, die sich auf einen Markteintritt auswirken können. Dies können zum Beispiel der aktuelle Forschungsstand, Produktlebenszyklen, neue technische Entwicklungen oder Forschungssubventionen sein.
- *Economic Change/Ökonomische Veränderung:* Hier werden die ökonomischen Aspekte für einen gegebenen Markt zusammengetragen. Dies können monetäre Auswirkungen wie aktuelle Zinsen, Wechselkurse und Inflation sein, aber auch die aktuelle Arbeitslosenzahl, mögliche Konjunkturzyklen und Ressourcenverfügbarkeiten.
- *Political Change/Politische Veränderung:* Hier werden politische Aspekte zusammengetragen, die Auswirkungen auf ein gegebenes Produkt oder einen Markt haben können.

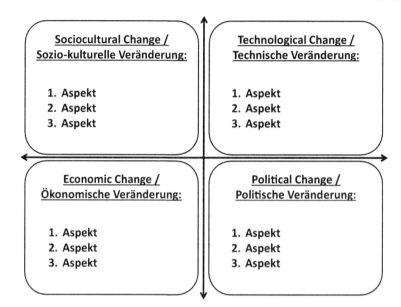

Abb. 5.3 Die STEP-Analyse

Dies können die aktuelle politische Situation und Stabilität im Zielland sein (herrscht zum Beispiel zurzeit Krieg), besondere Gesetzgebungen mit Auswirkungen auf das Produkt oder den Markteintritt, steuerrechtliche Auswirkungen, mögliche Handelsembargos, Sicherheitsrichtlinien oder auch staatliche Subventionen.

Nach der Analyse werden die gefundenen Auswirkungen meist in einer Grafik dargestellt. Abb. 5.3 zeigt eine solche Grafik.

Es gibt auch noch eine Erweiterung zur klassischen STEP-/PEST-Analyse. Sie wird mit PESTLE abgekürzt, wobei das L für Legal steht und spezielle, juristische Aspekte untersucht und das E für Environment steht und ökologische Aspekte untersucht.

5.4   Internationalisierung

Eine Aufgabe des Business Developments kann es auch sein, bestehende Produkte oder Dienstleistungen zu internationalisieren. Dabei sind viele Punkte zu beachten, die im Folgenden erläutert werden.

Die Internationalisierung von Produkten ist eine sehr komplexe Aufgabe, da es nicht damit getan ist, einfach ein bestehendes Produkt in einem weiteren Land anzubieten. Es müssen viele Themen im Vorfeld geklärt werden. Dies beginnt mit einer ausgiebigen Marktbeobachtung (vgl. Abschn. 5.1). Hiermit wird zuerst geklärt, in welchem Land oder besser noch zuerst auf welchem Kontinent ein Markteinstieg überhaupt sinnvoll ist. Möglicherweise können einige Länder oder gar ein ganzer Kontinent sofort ausgeschlossen werden. Hierbei sollten auch bestehende Handelsembargos beachtet werden. Vielleicht ist es sinnvoll, zuerst die direkten Nachbarländer in den Blick zu nehmen. Hier sind die kulturellen und technologischen Unterschiede nicht so groß. Auch spielen Währungsunterschiede und die allgemeine wirtschaftliche Lage eine große Rolle. Das richtige Timing für einen Markteinstieg im Ausland ist von großer Bedeutung, da sich politische oder rechtliche Voraussetzungen häufig schnell ändern können. All diese Aspekte müssen in die Marktanalyse miteinbezogen werden. Definieren Sie also zuerst ein Zielland und arbeiten Sie dann gezielt heraus, wie die Nachfrage nach Ihrem Produkt in diesem Land aussieht und wie groß das Absatzpotential ist. Beachten Sie auch, dass Sie sich möglicherweise gegen Marktbegleiter aus dem Zielland positionieren. Vergleichen Sie also genau, wie Sie Ihr Produkt platzieren müssen, um einen Mehrwert zu generieren.

Viele Produkte sind sehr konkret auf ein landesspezifisches Marktsegment ausgerichtet. Eine Internationalisierung erfordert oft eine Anpassung an die im Zielland gegebenen Anforderungen. Dabei können diese Anforderungen gesetzlicher Natur sein, es können bestimmte Sicherheitsvorschriften gelten oder es müssen bestimmte technische Normen eingehalten werden. Hierbei ist sehr viel spezifisches Know-how notwendig. Denken Sie zum Beispiel nur an die unterschiedlichen Stromsysteme weltweit. Wenn Sie ein Produkt verkaufen wollen, welches Strom für den Betrieb benötigt, müssen Sie klären, welche Spannungen im Zielland zur Verfügung stehen, welches Steckersystem eingesetzt wird, welche Normen und Sicherheitsvorschriften eingehalten werden müssen und ob dies überhaupt mit Ihrem Produkt kompatibel ist oder ob größere Anpassungen notwendig wären. Am besten ziehen Sie hierfür frühzeitig einen Spezialisten hinzu, der Ihnen bei der Vorbereitung einer Markteinführung helfen kann. So gelten in allen Ländern andere Rechtssysteme, andere Steuersysteme, andere Einfuhr- und Zollsysteme und viele weitere Auflagen, die stark von den jeweiligen Produkten oder Dienstleistungen abhängen. All diese Dinge müssen im Vorfeld eindeutig und rechtssicher geklärt werden. So dürfen Sie zum Beispiel in den Vereinigten Arabischen Emiraten nur Geschäfte tätigen, wenn Sie einen ortsansässigen Businesspaten haben, der gegenüber den Behörden für Sie bürgt.

In anderen Ländern existiert auch oft ein ganz anderes soziales und kulturelles Umfeld. Dies kann direkte oder indirekte Auswirkungen auf Ihr Angebot oder Produkt haben. Weiterhin kann ein komplett anderes Preisgefüge im Zielland vorherrschen. Sie sollten dann prüfen, ob ein Vertrieb in diesem Land überhaupt lukrativ für Sie ist. Falls Sie über einen internationalen Vertrieb nachdenken, kann es oft sinnvoll sein, zumindest am Anfang über einen indirekten Vertrieb mit lokalen Vertriebspartnern nachzudenken. Dies hat viele Vorteile, da Sie vor Ort kein Personal aufbauen oder Vertriebsmitarbeiter auf möglicherweise teure Dienstreisen schicken müssen. Außerdem kennt der Partner das Land, die Vorgaben und sonstigen Gegebenheiten sehr gut und kann Ihr Produkt möglicherweise sehr viel besser am Markt positionieren. Wenn die Partnerschaft erfolgreich anläuft und Ihre Produkte den gewünschten Absatz finden, können Sie zu einem späteren Zeitpunkt immer noch über einen eigenen Vertrieb nachdenken.

Falls Sie nicht nur über einen internationalen Vertrieb nachdenken, sondern darüber, die Produktion (zumindest in Teilen) ins Ausland zu verlegen, müssen Sie noch weitere Aspekte beachten. Einige davon wurden bereits im Abschn. 4.4 in den Abschnitten über das Near- und Offshoring beschrieben. Beachten Sie die Zulieferketten, die Lieferfähigkeit von Rohstoffen und lokale und internationale Logistikketten. Denken Sie auch daran, dass in anderen Ländern die Mentalität der Mitarbeiter oft eine ganz andere ist und auch das Lohngefüge ein komplett anderes sein kann. Bei der internationalen Produktion spielen rechtliche und steuerliche Vorgaben eine noch viel stärkere Rolle als bei einem reinen Vertrieb. Hier sollten Sie sich auf jeden Fall rechtlichen Beistand durch einen Spezialisten suchen.

Bei der Planung einer wie auch immer gelagerten Internationalisierung sollten Sie immer beachten, dass sich durch den Schritt in ein neues Land viele Chancen und Möglichkeiten ergeben. Es entstehen aber auch viele Risiken, die Sie im Vorfeld so genau wie möglich beschreiben sollten, um sie soweit es geht zu vermeiden. Hier kann auch wieder eine SWOT-Analyse helfen (vgl. Abschn. 5.3). Beachten Sie bei der Erstellung des Businessplans (vgl. Abschn. 2.5.4), dass das Geschäft im Ausland möglicherweise langsamer anläuft, als Sie es sich wünschen. Halten Sie Ihre Erwartungen und vor allem die Erwartungen des Managements realistisch und planen Sie gemeinsam mit dem Controlling einen realitätsnahen Business Case.

Fazit für die Praxis

- Eine wichtige Aufgabe des Business Developments ist die permanente Marktbeobachtung. Dabei werden alle relevanten Marktaktivitäten, technologische und soziologische Trends und die Mitbewerbersituation genau betrachtet, um daraus Schlüsse für die Anpassung des eigenen Geschäfts zu ziehen.
- Segmentieren Sie Ihren Zielmarkt so genau wie möglich. Nutzen Sie dafür eindeutige Kriterien, um möglichst überschneidungsfreie Segmente zu erhalten. Dies hilft Ihnen, die konkreten Kundenbedürfnisse genauer herauszuarbeiten und in einem nächsten Schritt Produkte und vertriebliche Ansprachen zu definieren, die genau auf das jeweilige Segment zugeschnitten sind.
- Bevor Sie ein neues Produkt entwickeln oder ein bestehendes Produkt oder Businessmodell verändern, sollten Sie eine detaillierte Risikoanalyse durchführen. Dies hilft Ihnen, frühzeitig Risiken zu erkennen, die sich dann vermeiden oder zumindest abmildern lassen. Beachten Sie, dass die Risikoanalyse eine permanente Aufgabe ist, da sich Risikoszenarien schnell verändern können.

- Beachten Sie bei einer möglichen Internationalisierung, dass in jedem Land andere politische, technische und kulturelle Faktoren eine Rolle spielen. Informieren Sie sich frühzeitig und ausgiebig über mögliche Auswirkungen auf Ihr Geschäft. Holen Sie sich am besten externe Unterstützung oder Partner dazu, die bereits Erfahrung in Ihrem neuen Zielmarkt haben.

Literatur

1. J. Deltl. *Strategische Wettbewerbsbeobachtung*. Gabler Verlag, 2004.
2. Peter Winkelmann. *Marketing und Vertrieb: Buch*. Oldenbourg Verlag, 2008.
3. Christian   Homburg.   *Marketingmanagement: Strategie-Instrumente-Umsetzung-Unternehmensführung*. Springer Verlag, 2016.
4. Zukunftsinstitut. Die Megatrend-Map. Zugriff am 31. Mai 2022 from https://www.zukunftsinstitut.de/artikel/die-megatrend-map/, 2022.
5. Gartner. Gartner Hype Cycle. Zugriff am 31. Mai 2022 from https://www.gartner.com/en/research/methodologies/gartner-hype-cycle, 2022.
6. Franz Xaver Bea and Jürgen Haas. *Strategisches Management*. Lucius & Lucius Stuttgart, 1997.
7. M.P. Zerres. *Handbuch Marketing-Controlling*. Springer Berlin Heidelberg, 2013.

Marktbearbeitungsstrategie

6

Zusammenfassung

Die Marktbearbeitungsstrategie ist das Herzstück des Business Developments. Dies liegt daran, dass es neben der eigentlichen Entwicklung von neuen Produkten und Dienstleistungen beim Business Development vor allem darum geht, bestehende Produkte zu verbessern, sie neu am Markt (oder in neuen Märkten) zu positionieren oder bestehende Businessmodelle zu optimieren und an neue Gegebenheiten anzupassen, um insgesamt den Produkterfolg zu vergrößern. Dabei gibt es verschiedene Stellschrauben, an denen das Business Development drehen kann, um den Produktabsatz anzukurbeln. Ein wichtiger Aspekt ist dabei das Preismodell. Es muss an die Anforderungen des Kunden angepasst sein und gleichzeitig so abgestimmt werden, dass ein maximaler Ertrag erwirtschaftet werden kann. Weiterhin kann über das Vertriebskonzept zum einen die Botschaft an die Kunden optimiert und zum anderen durch die Integration von neuen Vertriebskanälen ein breiterer oder gar ein internationaler Markt angesprochen werden. Zur Unterstützung des eigenen Vertriebs können zusätzlich auch noch Partner mit ins Boot geholt werden, die die eigenen Produkte mitverkaufen. Dabei können die Produkte einfach nur weiterverkauft oder mit zusätzlichen Produkten oder Dienstleistungen veredelt werden. Hier kann das Business Development mit einer gezielten Partnerstrategie ebenfalls den Absatz erhöhen. Abgerundet wird die Marktbearbeitungsstrategie durch ein gezieltes Marketing, welches dabei unterstützt, die Produktinformationen in Kaufanreize zu übersetzen und die Vertriebsbotschaften in den unterschiedlichsten Kanälen zu positionieren. Zusätzlich kann das Business Development auch im Bereich des Sales Enablements unterstützen. Dabei begleiten Mitarbeiter aus dem Business Development vor allem am Anfang nach einer Produktveränderung oder nach der Einführung eines neuen Produkts die Vertriebsmitarbeiter in konkreten Kundensituationen. Ziel der Marktbearbeitungsstrategie ist eine

© Springer Fachmedien Wiesbaden GmbH, ein Teil von Springer Nature 2022
A. Kohne, *Business Development*,
https://doi.org/10.1007/978-3-658-37914-8_6

optimale Positionierung des Produkts mit einem marktgerechten Preismodell, in einem genau definierten Markt und über fest definierte und kontrollierte Vertriebs- und Marketingkanäle. Dazu werden die einzelnen Konzepte im Folgenden vorgestellt.

6.1 Preisgestaltung

Nachdem das neue Produkt oder die Dienstleistung feststeht, muss ein Preismodell für den Vertrieb gefunden werden. Es gibt unterschiedlichste Preismodelle, die in vielen Bereichen abhängig vom Produkt oder von der Dienstleistung sind. Die Preisgestaltung sollte dabei in Absprache mit dem Vertrieb, dem Management, der Produktion und dem Business Development durchgeführt werden. Grundsätzlich sollte dabei das Business Development ein Preiskonzept entwickeln, welches beschreibt, wie und in welchen Zeiträumen Geld mit dem Produkt verdient wird. Die Höhe des Preises sollte dabei zuerst keine Rolle spielen. Beachten Sie an dieser Stelle, dass die Wahl des Preismodells direkte Auswirkungen auf den Umsatzartenmix Ihrer Firma hat. Im Zweifel gibt es auch Vorgaben aus dem Management, welche Umsatzart zukünftig gesteigert werden oder welche Umsatzart neu hinzukommen soll. Da es viele verschiedene Preisgestaltungsmöglichkeiten gibt, werden im Folgenden nur die bekanntesten vorgestellt.

Preismodelle

- *Klassischer Kaufpreis:* Der Klassiker unter den Preismodellen ist sicherlich der einfache Kaufpreis. Er wird häufig für Produkte eingesetzt, die entweder direkt an Endkunden oder an Zwischenhändler verkauft werden. Dabei ist noch zwischen einem Einzelpreis und einem Gruppenpreis zu unterscheiden. Im zweiten Fall werden oft Rabatte eingeräumt, wenn eine größere Menge gekauft wird. Oft steigen die Rabatte auch mit der Produktzahl. Dieser Anstieg wird dann in sogenannten Rabattstaffeln geplant.
  Falls es sich bei dem Produkt um eine größere Anschaffung handelt, wird oft auch ein Kaufvertrag aufgesetzt, der unter anderem auch die Zahlungsmodalitäten regelt. Bei großen Beträgen kann zum Beispiel auch eine Ratenzahlung angeboten werden.
- *Lizenz:* Die Lizenz ist ebenfalls ein weitverbreitetes Preismodell. Dabei wird ein eingeschränktes oder uneingeschränktes Nutzungsrecht an einem Produkt für einen bestimmten Zeitraum an den Lizenznehmer übertragen. Dieses Modell wird zum Beispiel oft im Bereich der kommerziellen Software genutzt.
- *Dienstleistung nach Aufwand:* Falls Sie Dienstleistungen verkaufen, können Sie zwischen zwei verschiedenen Preismodellen wählen. Bei dem ersten Modell wird die Dienstleistung nach Aufwand verrechnet. Hierbei schulden Sie dem Kunden kein Gewerk. Es werden zwar oft feste Ziele oder Meilensteine definiert, die vom Kunden vertraglich erwartet werden, diese werden aber im Rahmen der vorher vereinbarten Zeit abgearbeitet. Kann ein Ziel nicht erreicht werden, muss dies durch eine weitere Beauftragung des

Kunden nachgeholt werden. Solche Verträge werden auch „Time and Material"-Verträge genannt, da genau nach vorher vereinbarter Zeit und Materialeinsatz abgerechnet wird.

- **Dienstleistung nach Festpreis:** Das zweite Modell für den Verkauf von Dienstleistungen ist der sogenannte Werkvertrag. Dabei schulden Sie dem Kunden gegenüber ein vom Kunden unter vorher vereinbarten Kriterien abgenommenes Gewerk. Da Sie im Gegensatz zu den Dienstleistungen nach Aufwand ein abgeschlossenes Projekt verkaufen, bei dem Sie selbst im Vorfeld alle internen und externen Aufwände planen müssen, wird oft ein Risikoaufschlag auf den Endpreis erhoben, um eventuelle Fehlkalkulationen auszugleichen.

- **Verleihen:** Sie können Ihre Produkte auch verleihen. Hierbei stellen Sie den Kunden das Produkt für einen definierten Zeitraum zur Verfügung und erheben dafür eine Leihgebühr. Diese Gebühr ist dabei so zu kalkulieren, dass sich das Produkt über einen zu definierenden Zeitraum amortisiert, die Abnutzung und gegebenenfalls die Wartung und der Service miteinberechnet werden und natürlich insgesamt ein Gewinn erzielt wird.

- **Vermieten/Leasing:** Genauso können Sie das Produkt auch vermieten oder über einen Leasing-Vertrag anbieten. Ähnlich dem Verleihen stellen Sie das Produkt für einen vertraglich geregelten Zeitraum zur Verfügung und erheben dafür eine (zum Beispiel monatlich fällig werdende) Miete oder Leasing-Gebühr. In vielen Fällen wird dem Kunden nach Ablauf einer vertraglich geregelten Frist angeboten, das Produkt zu einem vorher fixierten Preis nach Vertragsende zu übernehmen.

- **Subventionierung:** Ein weiteres Preismodell ist die Subventionierung. Hierbei wird das Kernprodukt absichtlich unter dem eigentlich kalkulierten Endpreis verkauft, um schnell eine größere Kundenbasis aufzubauen. Die Differenz zum eigentlichen Preis wird dann über zusätzliche Optionen im späteren Kundenverhältnis verdient. Somit rechnet sich dieses Modell erst nach einer gewissen Zeit. Klassische Beispiele für solch ein Preismodell sind die zum Teil stark subventionierten Mobilfunkgeräte, die bei Abschluss eines Mobilfunkvertrags verkauft werden oder die Spielkonsolen der Hersteller Sony und Microsoft. Hier werden die Konsolen zu einem günstigen Preis verkauft und der Gewinn über Zusatzdienste und Lizenzbeteiligungen an den Spielen erzielt.

- **On demand/Pay as you go:** Dieses Preismodell ist in den letzten Jahren vor allem im Bereich des Cloud-Computings und des Video-Streamens in Mode gekommen. Anstatt eine Lizenzgebühr oder einen monatlichen Festpreis zu bezahlen, wird hierbei nach realem Verbrauch abgerechnet. Dies erlaubt es dem Kunden, das Produkt sehr flexibel einzusetzen, da die Nutzung nur abgerechnet wird, wenn sie wirklich stattfindet. Hierdurch lassen sich Kosten sparen, da das Produkt nicht mehr komplett angeschafft werden muss, sondern es bedarfsgerecht eingesetzt und abgerechnet wird. Somit verschieben sich für den Kunden die Kosten von den CAPEX zu den OPEX.
Um solch ein Modell anbieten zu können, muss die Bereitstellung und Produktion extrem flexibel sein und es dürfen keine oder kaum sprungfixe Kosten auftreten. Somit ist dieses Modell vor allem in IT-basierten Systemen wiederzufinden, bei denen sich viele Benutzer ein System teilen können, ohne dass sich für den Betreiber große Kostenunterschiede bei

schwankenden Nutzerzahlen ergeben. Ein On-Demand-Modell muss sehr genau geplant werden, damit es sich ab einer gewissen Benutzerzahl dauerhaft rentiert. Somit ist auch klar, dass ein solches Modell zu Beginn Verluste generiert. Dies muss unbedingt eingeplant und entsprechend kommuniziert werden, da es sonst zu Problemen mit dem Management kommen kann.

- *Freemium:* Das neuste Preismodell, das zurzeit stark von Online-Services eingesetzt wird, heißt Freemium. Dabei handelt es sich um ein Kunstwort, das aus den beiden englischen Wörtern „free" für kostenlos und „premium" im Sinne von zusätzlichem Nutzen generiert wurde (vgl. [1]). Grundidee dieses Modells ist, dass ein Basis-Service oder Produkt kostenfrei angeboten wird und ergänzende Dienste oder Funktionen berechnet werden. So bieten zum Beispiel viele E-Mail-Provider den Basis-Service kostenlos an. Für zusätzlichen Speicherplatz oder mehrere E-Mail-Adressen wird dann ein monatlicher Betrag fällig. Auch in der Computerspieleindustrie hat sich dieses Geschäftsmodell durchgesetzt. Hier wird von „Free-to-play" gesprochen. Ziel dieses Modells ist es, durch den kostenlosen Basis-Service schnell einen breiten und potentiell internationalen Kundenstamm aufzubauen, der dann gezielt mit weiteren Services bedient werden kann.

Welches Modell für Ihren konkreten Fall das beste ist, muss natürlich individuell entschieden werden. Dabei gibt es kein richtig oder falsch und es ist auch nicht möglich zu sagen, welches insgesamt das beste Preismodell ist. Suchen Sie das für Sie und Ihr Produkt passendste Preismodell heraus. Im Zweifel können Preismodelle auch im Nachhinein noch angepasst werden. Achten Sie dabei aber stets darauf, dass die Änderungen nicht zum Nachteil für die Bestandskunden werden. Dadurch könnten Sie sie möglicherweise verlieren.

6.2   Vertriebskonzept

Das Business Development unterstützt meist auch bei der Definition des Vertriebskonzepts. Dabei wird die Marken- oder Produktbotschaft so erstellt, dass sie über den für den Zielkunden am besten geeigneten Weg zur Verfügung gestellt werden kann und den Kunden in angemessener Weise erreicht. Das bedeutet, dass ein gutes Vertriebskonzept sich an den Bedürfnissen des Kunden ausrichtet. Die zentrale Frage lautet: Wie möchte der Kunde angesprochen werden und welche Informationen braucht er, um eine Kaufentscheidung fällen zu können?

Das Vertriebskonzept wird dabei meist gemeinsam mit dem eigentlichen Vertrieb erstellt. Oft unterstützt auch die Marketingabteilung bei der Formulierung und der Gestaltung der Vertriebsbotschaften. Bei der Erstellung des Vertriebskonzepts werden die Ergebnisse der Marktbeobachtung genutzt, um die Vertriebsbotschaft zielgerichtet erstellen zu können (vgl. Abschn. 5.1). Dabei spielen natürlich auch die Ergebnisse der Definition der Zielkunden und des Zielkundensegments eine große Rolle (vgl. Abschn. 5.2). Weiterhin muss bekannt sein, wer der Ansprechpartner beim Kunden ist, um die Botschaften auf konkrete Bedürfnisse anpassen zu können. Zusätzlich wird auch die Preisgestaltung (vgl. Abschn. 6.1) und die eigentliche Produktbeschreibung benötigt, um eine aussagekräftige Botschaft erstellen zu können. Die Produktbeschreibung sollte dabei so gestaltet sein, dass der konkrete Bedarf des Kunden genau erfasst und beschrieben wird. Zusätzlich sollten die Vorteile des Produkts und die Art und Weise, wie es den Kunden unterstützt, wie ein konkretes Problem gelöst oder ein Bedürfnis gestillt wird, beschrieben werden. Dabei kann es sein, dass für unterschiedliche Zielkunden in unterschiedlichen Segmenten unterschiedliche Botschaften erstellt werden müssen, da sie andere Anforderungen an das Produkt haben. Erstellen Sie also für jeden Vertriebskanal und für jeden Zielkunden bzw. jedes Zielkundensegment die richtige Botschaft, bei der das Alleinstellungsmerkmal des Produkts genau herausgearbeitet wird.

In einem nächsten Schritt wird dann festgelegt, welche Vertriebskanäle am sinnvollsten für die Vermarktung sind. Dabei wird zuerst grundsätzlich zwischen einem Direktvertrieb und einem indirekten Vertrieb unterschieden. Beim Direktvertrieb verkaufen die Vertriebsmitarbeiter Ihrer Firma das Produkt selbst und direkt an den Endkunden. Bei einem indirekten Vertrieb schalten Sie Zwischenhändler zwischen sich und Ihre Endkunden. Dies können zum Beispiel Großhändler sein, die die Produkte dann an die Endkunden verkaufen. Es ist aber durchaus auch ein mehrschichtiges Modell mit mehreren Zwischenhändlern möglich. Abhängig von Ihrem Produkt gibt es auch weitere Vertriebsmöglichkeiten. Die Wahl des richtigen Vertriebskanals hängt dabei auch stark davon ab, ob es sich um ein Produkt oder um eine Dienstleistung handelt. Dienstleistungen werden meist direkt oder über Vertriebspartner verkauft (vgl. Abschn. 6.3), selten über einen mehrstufigen Vertriebsprozess mit Zwischenhändlern. Zusätzlich können Sie auch freie Handelsvertreter einsetzen oder Ihre Kunden über (interne oder externe) Telefonakquise erreichen. In den letzten Jahren hat sich der Online-Vertrieb immer mehr durchgesetzt. Hierbei haben Sie (fast) keinen direkten Kundenkontakt mehr, sondern Ihre Kunden bestellen Ihre Produkte direkt über Ihren eigenen Webshop oder über eine große Online-Vertriebsplattform. Wählen Sie stets die beste Form des Vertriebskontakts für Ihre Kunden aus. Es ist dabei möglich, mehrere Vertriebskanäle zu kombinieren. So erreichen Sie zum Beispiel durch die Kombination aus direktem Vertrieb und Online-Shop Ihre Kunden zum einen sehr direkt und bieten zum anderen eine Plattform, die sogar international erreichbar ist und somit eine weite Verbreitung und Sichtbarkeit verspricht.

6.3 Partnerkonzept

Partner sind im heutigen Geschäftsleben sehr wichtig. Eine gut strukturierte Partnerlandschaft kann das Business beflügeln und viele weitere Vertriebskanäle eröffnen. Um die richtigen Partner auszuwählen und sie auch richtig zu steuern, wird ein gutes Partnerkonzept benötigt. Der Vorteil von Partnern liegt darin, dass Sie sich auf Ihre Stärken konzentrieren können und sich für die weiteren Aufgaben Partner suchen können, die Sie gezielt unterstützen. Dafür müssen die Partner aber mit Bedacht gewählt werden. Hier kann das Business Development unterstützen, da Partnerschaften oft bezüglich eines konkreten Business-Bereichs geschlossen werden. Somit sollte durch das Business Development zuerst eine grundsätzliche Partnerstrategie erarbeitet werden, in der beschrieben wird, warum in welchen Bereichen welche Partner gesucht werden. Weiterhin brauchen Sie ein ausgearbeitetes Partnermanagement. Hierbei wird festgelegt, wie mit den verschiedenen aktiven Partnern umgegangen wird. Dabei sollten Sie vom Partner-Onboarding, also dem Aufnehmen neuer Partner, über die eigentliche Zeit der Partnerschaft bis hin zum Kündigen der Partnerschaft einen genau definierten Lebenszyklus festlegen. Hierbei ist vor allem der letzte Schritt sehr wichtig, denn er wird oft vergessen. Dadurch sammeln sich über die Jahre oft viele Partnerschaften an, denen beide Seiten nicht mehr gerecht werden können. Solche Partnerschaften, die nur noch auf dem Papier bestehen, bringen keiner Seite etwas und sollten darum beendet werden. Es hilft nämlich keinem, sich mit möglichst vielen Partnerschaften zu brüsten. Suchen Sie sich lieber eine kleine Anzahl an Partnern aus, mit denen Sie dafür aber strategisch zusammenarbeiten. Arbeiten Sie dafür einen entsprechenden Partnervertrag aus, in dem von der Geheimhaltungspflicht über mögliche Rabattstaffeln für den Vertrieb bis hin zu Produktionsplanungen alle für Sie wichtigen Rahmenparameter definiert sind. Denken Sie bitte auch daran, gemeinsam mit dem Partner einen Umsatzplan zu erarbeiten, in dem Sie sich beide auf einen gemeinsamen Umsatz für einen bestimmten Zeitraum einigen. Die Einhaltung dieser Verträge muss dann zur Laufzeit auch wirklich kontrolliert werden. Hierzu bauen Sie am besten ein eigenes Partnermanagement auf. Dies lohnt sich erst ab einer gewissen Unternehmensgröße oder ab einer gewissen Anzahl an Partnern. In manchen Fällen lohnt es sich aber durchaus, einen Mitarbeiter für das Partnermanagement abzustellen, möglicherweise auch nur für das Management eines strategisch sehr wichtigen Partners.

Neu gewonnene Partner müssen zuerst mit allen relevanten Informationen versorgt werden. Am besten definieren Sie hierzu eine Art Onboarding-Prozess für neue Partner. Dabei erhält der Partner alle relevanten Informationen und einen festen Ansprechpartner in Ihrem Unternehmen, der für alle Fragen als erste Instanz zur Verfügung steht.

Bauen Sie sich so Schritt für Schritt ein ganzes Netzwerk an Partnern für die verschiedenen Bereiche auf. In diesem Zusammenhang wird oft von einem sogenannten Partnerökosystem gesprochen.

Im Folgenden werden die wichtigsten Arten von Partnerschaften kurz erläutert:

- *Vertriebspartner:* Vertriebspartner helfen Ihnen, Ihre Produkte und Dienstleistungen einem größeren Kreis an Endkunden zur Verfügung zu stellen. Dabei können die Partner Ihre Produkte entweder direkt verkaufen oder sie in ihre Produkte und Lösungen einbauen. Somit erreichen Sie auch Kunden, die bisher nicht zu Ihrem direkten Kundenkreis gehört haben. Dieser Schritt ermöglicht auch Wege für das Cross-Selling, bei dem Sie dann gezielt weitere Produkt an die neu gewonnenen Kunden verkaufen können. Weiterhin können Ihnen Vertriebspartner auch bei einer Internationalisierung helfen. Wenn Sie zum Beispiel Ihre Produkte im Ausland verkaufen wollen, so können Sie,

bevor Sie im Zielland eine eigene Niederlassung gründen oder eigenes Vertriebspersonal entsenden, Partner vor Ort suchen, die Ihre Produkte im Ausland verkaufen (vgl.
Abschn. 5.4).

- **Technologiepartner:** Technologiepartner helfen in der Produktion mit speziellem Know-
how oder Maschinen aus. Möglicherweise liefern sie auch Software-Komponenten oder
spezielle Produkte, die in Kundenprojekten eingesetzt werden können. Diese Partner sind
sehr wichtig, da das Geschäft ohne sie sehr kostspielig oder gar unmöglich wäre. Dies
liegt daran, dass nicht jede Firma jede benötigte Technologie neu entwickeln kann oder
will. Hierzu lassen sich besser strategische Partnerschaften gründen, die beiden Seiten
helfen, weiteres Geschäft zu generieren.
- **Lieferanten:** Auch mit Lieferanten können feste Partnerverträge geschlossen werden.
Hier können zum Beispiel Exklusivrechte im Gegenzug zu günstigen Konditionen
gewährt werden. Dies sichert einen günstigen Einkaufspreis bei den Lieferanten und
garantiert den Lieferanten feste Abnahmemengen. Somit gewinnen beide Seiten.
- **Finanzpartner:** Finanzpartner sind ebenfalls sehr wichtig, da eine Firma nur arbeiten
kann, wenn die nötigen finanziellen Mittel zur Verfügung stehen. Um den Fortbestand
einer Firma zu sichern, sollte sie dazu permanent auf Weiterentwicklung (zum Beispiel
mit Hilfe von Business Development) setzen. Um diese Entwicklung finanzieren zu können, muss oft extern Geld aufgenommen werden. Hier zahlen sich gute Partnerschaften
aus.

6.4 Marketingkonzept

Nachdem in den letzten Abschnitten im Einzelnen auf die Marktbeobachtung und Kunden-
segmentanalyse (vgl. Abschn. 5.1 und 5.2) eingegangen und ebenfalls das Vertriebs- und das
Preiskonzept erläutert wurde (vgl. Abschn. 6.2 und 6.1), können die Ergebnisse aus diesen
Teilen jetzt im Marketingkonzept zusammengeführt werden. Das Marketingkonzept wird
üblicherweise durch die Marketingabteilung erstellt. Aber auch hierbei kann das Business
Development wieder unterstützen, da es ein guter Sparringspartner ist, der sich sehr gut mit
dem Produkt und den Zielkunden auskennt. Das Marketingkonzept begleitet und unterstützt
dabei das Vertriebskonzept.

Im Folgenden wird der Aufbau eines Marketingkonzepts in sieben Schritten dargestellt
(vgl. [2]):

1. **Analyse des Status quo:** Erstellen Sie zuerst eine Analyse des Status quo. Wo stehen
Sie? Wo stehen Ihre Kunden? Wie sieht die aktuelle Marktsituation aus? Was für aktuelle
Einflüsse könnten sich auf Ihr Produkt auswirken (politische, ökonomische und soziale
Einflüsse)? Nutzen Sie ebenfalls die Ergebnisse aus der Risikoanalyse (vgl. Abschn. 5.3).
Was für Risiken sehen Sie und viel wichtiger, wie können Sie diese umgehen oder
minimieren? Finden Sie ebenfalls heraus, wie Ihre Zielkunden angesprochen werden
möchten und welche Art von Beziehung sie wünschen.

Achten Sie darauf, dass Sie ein möglichst vollständiges Bild der aktuellen Situation haben, damit Ihr Marketingkonzept nicht auf Fehlannahmen oder falschen Einschätzungen basiert. Definieren Sie in dieser Phase ebenfalls das zur Verfügung stehende Budget.

2. *Marketingziele:* Im nächsten Schritt werden die Ziele des Marketingkonzepts definiert. Achten Sie dabei von Anfang an darauf, dass sich Ihr Konzept möglichst nahtlos in das Unternehmenskonzept einreiht. Klären Sie an dieser Stelle die grundlegende Ausrichtung: Was soll durch das Marketingkonzept erreicht werden? Wollen Sie Kunden informieren? Wollen Sie Aufmerksamkeit erzeugen? Wollen Sie die Kunden sensibilisieren? Definieren Sie vor allem auch messbare Ziele, die Sie mit dem Konzept erreichen wollen. Soll die Anzahl der aktiven Kunden erhöht werden? Wenn ja: Wie viele Neukunden sollen in welchem Zeitraum gewonnen werden? Wie groß soll Ihr Marktanteil nach welchem Zeitraum sein? Wie viele Kunden in Ihrem Zielsegment sollen nach welchem Zeitraum Ihr Produkt kennen?

3. *Marketingstrategie:* In diesem Schritt definieren Sie Ihre Strategie in Bezug auf das neue Produkt. Klären Sie, wie Sie als Firma wahrgenommen werden wollen. Wofür steht das Produkt und wofür steht Ihre Firma? Analysieren Sie ebenfalls, wie Ihre Mitbewerber sich in dem Zielmarkt bewegen. Welche Produkte gibt es bereits und wie werben Ihre Mitbewerber? In der Strategie legen Sie sich auch auf die konkreten Zielsegmente fest, um Ihre Marketingbotschaften möglichst zielgerichtet positionieren zu können. Ebenfalls wird hier das zu bewerbende Produkt genau definiert und beschrieben. Möglicherweise wird Ihre Marketingmaßnahme auch durch eine interne Marketingkampagne begleitet. Dies macht in vielen Situationen Sinn. So stellen Sie sicher, dass auch die internen Mitarbeiter Ihre Produkte und Neuheiten kennen und darüber berichten können. Beachten Sie auch, dass Sie möglicherweise unterschiedliche Strategien für unterschiedliche Märkte definieren müssen. Berücksichtigen Sie weiterhin, mit welchen Kunden Sie Ihr Geschäft planen. Verkaufen Sie Ihre Produkte an Unternehmen, so wird Ihr Business als B2B (Business-to-Business) bezeichnet. Arbeiten Sie mit Behörden zusammen, so wird diese Art des Business als B2G (Business-to-Government) bezeichnet und erfordert sicherlich eine andere Marketingstrategie, als wenn Sie direkt an Endverbraucher B2C (Business-to-Consumer) verkaufen.

4. *Marketinginstrumente:* Im nächsten Schritt werden die Werkzeuge definiert, mit denen die gerade festgelegte Marketingstrategie umgesetzt werden sollen. Hierbei werden oft die „4Ps" des Marketings genutzt. Dies sind die bekannten Marketinginstrumente „Product, Place, Price & Promotion" (vgl. [3]):

    - *Product/Produkt:* Hier wird das Produkt genau beschrieben. Was ist es? Wie sieht es aus? Was ist sein Alleinstellungsmerkmal (der USP)? Was für Varianten gibt es? Welche Probleme löst es? Was ist alles beinhaltet? Was erhält der Kunde nach dem Kauf? Wie kann das Produkt genutzt werden?
    - *Place/Distributionspolitik:* Bei der Distributions- oder Vertriebspolitik wird zwischen zwei Aspekten unterschieden. Zum einen gibt es den logistischen Aspekt, in dem beschrieben wird, wie zum Beispiel mit Themen wie Lagerung und Produktion

umgegangen wird, zum anderen gibt es den akquisitorischen Aspekt, der mit Hilfe des Vertriebskonzepts definiert wird (vgl. Abschn. 6.2).

– *Price/Preisgestaltung:* Die Preisgestaltung muss individuell auf das Produkt und die Zielkundensegmente abgestimmt werden. Hierbei wird zum einen die Höhe des Produktpreises festgelegt und zum anderen, in welcher Art und Weise die Kunden für das Produkt zahlen (vgl. Abschn. 6.1).

– *Promotion/Kommunikation:* Hierbei wird das eigentliche Marketingkonzept festgelegt. Wie werden die Zielkunden erreicht? Welche Botschaft muss vermittelt werden? Über welche Wege wird das Produkt beworben?

Achten Sie bei der Definition der eingesetzten Marketinginstrumente darauf, dass Sie möglicherweise unterschiedliche Botschaften für unterschiedliche Kundensegmente oder sogar unterschiedliche Marketingkanäle benötigen. Denken Sie aber stets daran, einfachste Botschaften zu definieren, die dem Kunden sofort einen Mehrwert aufzeigen.

Beispiele für Marketinginstrumente sind unter anderem:

- Klassische Print-/Druckwerbung in Tageszeitungen, Themenmagazinen, Illustrierten usw.
- Online-Werbung mit Hilfe von Werbebannern
- Content Marketing mit Berichten und Reportagen
- Platzierung von Marketing-Material im eigenen Media Center (vgl. [4])
- Fernsehwerbung
- Radiowerbung
- Messeauftritte und weitere Events (fremd oder selbst veranstaltet)
- Roadshows
- (exklusive) Kundenveranstaltungen
- Cold-Calling-Kampagnen
- E-Mail-Werbung (Werbung oder Newsletter)
- SMS-Werbung
- Social-Media-Werbung

5. *Marketingmix:* In diesem Schritt werden die zuvor definierten Werkzeuge zu einem integralen Konzept zusammengeführt. Hierbei sollte darauf geachtet werden, dass die unterschiedlichen Marketingaktivitäten in den unterschiedlichen Kanälen untereinander abgestimmt und synchronisiert sind. So lassen sich zum einen Kommunikationsprobleme vermeiden und zum anderen lassen sich dadurch die geplanten Ziele einfacher überwachen. Achten Sie an dieser Stelle nochmals darauf, dass die hier geplanten Aktivitäten in die firmenweite Brand-Strategie integriert sind. Kontrollieren Sie in definierten Zeiträumen, ob der zu Beginn gewählte Marketingmix noch passend ist und verändern Sie ihn gegebenenfalls.

6. *Realisierung des Marketingkonzepts:* In diesem Schritt wird das vorher geplante Marketingkonzept umgesetzt. Es werden also die vorher definierten Marketingbotschaften

über die gewählten Kanäle verbreitet. Achten Sie hierbei darauf, dass Sie am Ende jeglicher Aktivität immer einen „Call to Action" einbinden. Damit ist gemeint, dass am Ende jeder Werbung ein Aufruf an den Kunden positioniert werden sollte, der ihn zu einem nächsten Schritt aufruft. Bieten Sie dazu eine Mailadresse oder eine Hotline für spezielle Fragen an oder bieten Sie an, weitere Informationen auf dem Postweg zu versenden oder sogar einen Vertriebsmitarbeiter zu entsenden. Dies sorgt dafür, dass interessierte Kunden schnell reagieren und auf Sie zukommen.

7. *Controlling:* Im letzten Schritt kontrollieren Sie die Ergebnisse der durchgeführten Marketingaktivitäten. Wurde das Budget komplett aufgebraucht? Konnten genug Kunden erreicht werden? Wurden die geplanten Umsatzzahlen erreicht? Wurden genug Vertriebstermine generiert? Kamen genug Teilnehmer auf die Messe? Ist die Anzahl der Neukunden wie geplant angestiegen?

Überprüfen Sie hier auch, ob weitere Maßnahmen nötig sind und ob bei der nächsten Planungsrunde vielleicht etwas verbessert werden kann. Dies sorgt dafür, dass Sie mit jedem Durchgang besser werden und die vorher definierten Ziele besser erreichen.

Um sich dem Thema Marketingkonzept einfacher zu nähern, gibt es eine sehr einfache und visuelle Herangehensweise. Sie wurde von der Firma XPLANE entwickelt und heißt „Kundenempathiekarte" oder Customer Empathy Map (vgl. [5]). Dabei wird anhand einer einfachen Grafik und eines beispielhaften Kunden analysiert, wie der Kunde sich fühlt, was er denkt und was er genau möchte. Dazu werden die folgenden Aspekte untersucht (vgl. Abb. 6.1):

- *Hören:* Was hört der Kunde? Von wem hört er es? Wodurch wird er beeinflusst? Wie wird er dadurch beeinflusst?
- *Denken und Fühlen:* Was denkt der Kunde? Was fühlt der Kunde? Welche Hoffnungen hat er? Welche Sorgen macht er sich? Welchen Herausforderungen ist er ausgesetzt? Welche beruflichen und privaten Ziele hat er?
- *Sehen:* Was sieht der Kunde? Wo sieht der Kunde dies? Was nimmt er wahr? Wie sieht er den Markt? Wie sieht er sich/seine Firma? Wie sieht er seine Umwelt? Was sieht er sonst noch?
- *Sagen und Tun:* Was sagt der Kunde? Wie sagt er es? Zu wem sagt er es? Was tut der Kunde? Wo tut der Kunde es? Mit wem tut er es? In welchen Situationen sagt oder tut der Kunde etwas?
- *Frust:* Was frustriert den Kunden? Welche Ängste hat er? Was sind mögliche Hindernisse? Was blockiert ihn? Was stört ihn? Wie kann Ihr Produkt helfen, seinen Frust abzubauen?
- *Lust:* Was bereitet dem Kunden Lust? Was sind seine Ziele? Wie kann er diese erreichen? Was sind seine Wünsche (privat/beruflich)? Wie kann Ihr Produkt ihn zu einem Lustgewinn führen?

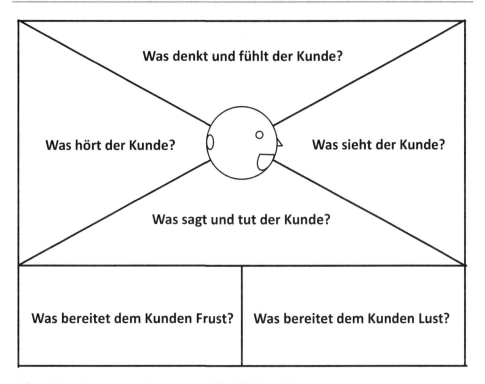

Abb. 6.1 Die Kundenempathiekarte nach XPLANE (vgl. [5])

Das Ausfüllen dieser Empathiekarte sollte dabei in einem lockeren Workshop stattfinden, bei dem am besten Personen aus den unterschiedlichen Abteilungen miteinbezogen werden (z. B.: Marketing, Produktion, Entwicklung, Business Development und Vertrieb). Der Workshop sollte von einem Moderator gelenkt werden, um bei ausufernden Diskussionen einzugreifen und alle Teilnehmer an das Ziel zu erinnern. Ziel ist es, einen guten Überblick über die Befindlichkeiten der Zielkunden zu entwickeln, um darauf aufbauend ein möglichst optimales Marketingkonzept zu erstellen.

6.4.1 Online-Marketing

Neben den klassischen Vertriebskanälen ist der Verkauf über das Internet in den letzten Jahren zu einem wichtigen Instrument im Vertrieb geworden. Für viele Unternehmen ist das sogenannte Online-Marketing sogar zum einzigen Vertriebsweg geworden. Business-Development-Manager sollten sich zumindest grundlegend mit den Techniken und Prozessen auskennen und gemeinsam mit der internen Marketing- und Kommunikationsabteilung entsprechende Maßnahmen zur Vermarktung einplanen.

Ziel des Online-Marketings ist es, voll- oder teilautomatisiert neue Interessenten (sogenannte Leads) oder Kunden zu generieren. Neben einer durch das Marketing getriebenen
Content-Strategie zur Verkaufssteigerung mit Hilfe von Social Media, Blogs und Newslet-
tern hat sich für viele Unternehmen auch der Betrieb eines eigenen Webshops durchgesetzt.
Der für die Zielgruppen relevante Content soll dabei gleichzeitig informieren und Kaufanreize setzen, die sofort im eigenen Webshop umgesetzt werden können.

Die Optimierung der eigenen Homepage und die Bewerbung der eigenen Produkte und
Dienstleistungen auf den großen Suchmaschinen sind Standard im Bereich des Online-
Marketings. Es gilt die Formel: SEM = SEO + SEA.

- **SEM (Search Engine Marketing):** Hierunter fallen alle digitalen Unternehmensaktivi-
  täten zur Verkaufssteigerung über das Internet mit Hilfe von Suchmaschinen.
- **SEO (Search Engine Optimization):** Hierunter wird die Optimierung der eigenen Homepage zur besseren Auffindbarkeit bei den großen Suchmaschinen zusammengefasst. Es
  gibt viele Techniken und Strategien, die helfen, eine Seite sichtbarer zu gestalten. Ziel
  ist es, ohne Geld für die Platzierung zu investieren, in den organischen Suchergebnissen
  möglichst weit oben zu rangieren.
- **SEA (Search Engine Advertising):** Hierunter fallen alle Aktivitäten, die sich mit dem
  Begriff Suchmaschinenwerbung zusammenfassen lassen. Es geht darum, mit Hilfe von
  bezahlter Werbung, in den jeweiligen Suchmaschinen bei der Suche nach speziellen
  Schlüsselbegriffen oder ganzen Schlüsselphrasen einen besonderen Werbeplatz eingeräumt zu bekommen, der den Nutzern exklusiv, neben den organischen Ergebnissen,
  angezeigt wird.

Die konkreten Umsetzungen sind dabei sehr individuell und unterscheiden sich stark je
nachdem, was verkauft werden soll. Produkte werden dabei grundsätzlich anders behan-
delt als Dienstleistungen. Weiterhin gibt es starke Unterschiede zwischen B2B- und B2C-
Strategien. Auch der Preis eines Produkts kann einen starken Einfluss auf die gewählten
Online-Marketing-Strategien haben. So geht es zum Beispiel bei dem Vertrieb von Schuhen
darum, eine breite Masse zu erreichen und den Fokus auf die reibungslosen Bestell- und
Retourenprozesse zu legen. Beim Verkauf hochpreisiger Uhren oder Sportwagen steht im
Vordergrund, einen Hauch von Exklusivität, Luxus und Glamour zu vermitteln. Dement-
sprechend sind auch die Vermarktungskampagnen, die Ansprachen und die eingesetzten
Anzeigen umzusetzen.

Insgesamt ist es das Ziel von Online-Marketing, die eigene Marke in ein positives Licht
zu rücken, sichtbar im Online-Markt zu sein und dem Vertriebsprozess weitere Zielkunden
zuzuführen. Für diesen Prozess hat sich der Begriff „Sales Funnel" (englisch: Vertriebstrichter) durchgesetzt. Hierbei werden durch einen Prozess Personen aus dem Zielmarkt auf die
passenden Angebote aufmerksam gemacht und dann Schritt für Schritt zu zahlenden Kunden weiterentwickelt. In Abb. 6.2 wird ein prototypischer Sales Funnel dargestellt, bei der
die namensgebende Trichterform deutlich zu erkennen ist. In jeder der Trichterstufen wird

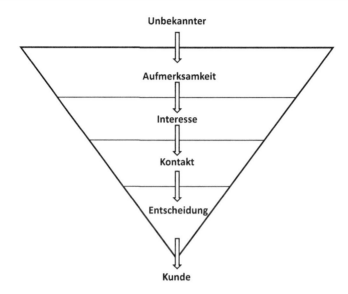

Abb. 6.2 Der Sales Funnel (Vertriebstrichter)

der Kunde mit wichtigen Informationen und Anreizen versorgt, die ihn mit jedem Kontakt tiefer in den Trichter führen. Am Ende des Funnels angekommen, wandelt sich ein Interessent endgültig in einen zahlenden Kunden. Im Folgenden werden die einzelnen Stufen des Funnels beschrieben:

1. *Unbekannter:* Zu Beginn hatte die Person noch keinen Kontakt mit der Firma. Bei einer Suche im Internet oder durch die Einblendung von passender Werbung lernt die Person das entsprechende Angebot initial kennen.
2. *Aufmerksamkeit:* Die Person richtet jetzt ihre Aufmerksamkeit auf das Produkt oder die Dienstleistung. In dieser Stufe müssen (unterschwellig) zusätzliche Information angeboten werden, die die Aufmerksamkeit weitersteigern. Dies kann zum Beispiel durch nochmalige Werbeeinblendungen mit Hilfe von Retrageting geschehen. Dabei können Nutzer auf Internetseiten anhand von Cookies auf anderen Seiten „wiedererkannt" werden und die gleiche oder ähnliche Werbung angezeigt bekommen.
3. *Interesse:* Jetzt wurde das Interesse der Person geweckt und sie recherchiert eigenständig weiter. An dieser Stelle sollte die Person auf eine zentrale Homepage oder direkt in einen Webshop geleitet werden. Hier können zusätzliche Informationsangebote in Form von Texten, Bildern und Videos angeboten werden, die das Interesse weitersteigern. An dieser Stelle werden oft Videos eingesetzt, die den Nutzen des Produkts oder der Dienstleistung ganz konkret aufzeigen. Weiterhin wird hier mit Meinungen von Bestandskunden gearbeitet, die das Angebot positiv bewertet haben.

4. *Kontakt:* Im nächsten Schritt wird die Person näher an das Unternehmen gebunden, indem zum Beispiel Newsletter oder Abonnements für Social-Media-Seiten angeboten werden. So erhält der Interessent fortlaufend passgenaue Informationen und das Interesse steigt weiter.

5. *Entscheidung:* Nachdem weitere Informationen eingeholt wurden, steht als nächster Schritt die Kaufentscheidung an. An dieser Stelle können mit befristeten Sonderangeboten oder zusätzlichen Lockangeboten (zum Beispiel kostenloser Versand) weitere Kaufanreize gesetzt werden, um den Interessenten zu einem Kauf zu bewegen.

6. *Kunde:* Im letzten Schritt hat sich der Interessent für einen Kauf entschieden und den Bestellprozess erfolgreich abgeschlossen. An dieser Stelle wird von der sogenannten „Conversion" gesprochen, da ein weiterer Interessent in einen Kunden gewandelt (konvertiert) wurde. Bestandskunden können im Nachgang zum Kauf mit zusätzlichen Informationsangeboten weiter an das Unternehmen gebunden und möglicherweise zum Kauf weiterer Angebote bewegt werden.

Online-Marketing ist eine wirkungsvolle Strategie, weitere Interessenten in den Sales Funnel zu bekommen. Natürlich können auch klassische Marketing- und Vertriebsstrategien im Offline-Bereich eingesetzt werden. Wichtig ist, dass die eingesetzten Werkzeuge sich sinnvoll ergänzen und die Anzahl der Kunden insgesamt gesteigert werden kann.

Eine weitere sehr erfolgreiche Methode im Bereich des digitalen Marketings ist das Social Selling.

6.4.2 Social Selling

Das Social Selling hat sich in den letzten Jahren erfolgreich etabliert. Unter dem „sozialen Verkaufen" werden alle Aktivitäten zusammengefasst, die der Vertrieb oder das Business Development gemeinsam mit der Marketing- und Kommunikationsabteilung im Bereich der sozialen Netzwerke zur Verkaufssteigerung durchführen.

Grundsätzlich werden beim Social Selling Informationen über das Unternehmen, die Produkte und Dienstleistungen und weitere angrenzende Bereiche in den für das Unternehmen relevanten sozialen Netzwerken verbreitet. Die Wahl der richtigen Netzwerke ist dabei sehr wichtig, da nicht jedes Netzwerk zu jedem Unternehmen passt. So sollte gemeinsam mit Spezialisten genau geplant werden, welche Netzwerke bespielt werden sollen, um die Kunden möglichst zielgenau ansprechen zu können. Andernfalls verpuffen die Anstrengungen und das vergeudet unnötig Ressourcen. Ziel des Social Selling ist es, in den sozialen Netzwerken eine große Kundenbindung aufzubauen und durch die starke Nähe zu Kunden und Interessenten immer wieder gezielt Kaufanreize zu setzen, ohne nur vertriebliche Botschaften zu verteilen. Der Schlüssel zu einer erfolgreichen Social-Selling-Strategie ist eine gute Mischung von unterschiedlichem Content, der eine hohe Relevanz im jeweiligen Zielkundensegment hat. So sollten fachliche Informationen mit Hintergrundberichten, interessanten Storys aus der Firma mit schönen Bildern und vertriebliche Botschaften mit einem persönlichen Touch kombiniert werden.

Neben einer Unternehmensseite auf der jeweiligen Social-Media-Plattform sollten vor allem Mitarbeiter aus dem Vertrieb und dem Business Development mit dem Social Selling beauftragt werden, da es sich gezeigt hat, dass Content, der über persönliche Profile geteilt wird, sehr viel besser angenommen wird als Content, der über eine zentrale Firmenseite ausgespielt wird.

Insgesamt betrachtet ist Social Selling ein weiteres, sehr wirksames Vertriebsinstrument, welches gezielt vom Business Development mit in die Vertriebsstrategie eingeplant werden sollte, um eine zusätzliche Quelle für potentielle Neukunden und eine optimale Kundenbindung aufzubauen.

6.5 Sales Enablement

Im Rahmen der Erstellung einer Marktbearbeitungsstrategie sollte auch das Sales Enablement durch das Business Development geplant werden. Darunter wird eine gezielte Informationskampagne für den Vertrieb verstanden, bei der alle für einen erfolgreichen Vertriebsprozess notwendigen Informationen über ein Produkt in geeigneter Form zur Verfügung gestellt werden. Das Business Development sollte hierzu eng mit dem Produktmanager, der Produktion und vor allem dem Vertrieb zusammenarbeiten.

Beim Sales Enablement ist es sehr wichtig, einfachste Botschaften zu erzeugen, die der Vertrieb schnell aufnehmen und beim Kunden wiedergeben kann. Um dies zu erreichen, sollten Sie zuerst genau definieren, was der USP (Unique Selling Point/Unique Selling Proposition) ist. Der USP fasst den Vorteil, den der Kunde durch das Produkt oder die Dienstleistung hat, auf den Punkt zusammen und erklärt, wie ein konkretes Problem oder eine Herausforderung für den Kunden gelöst wird oder wie ein sonstiges Bedürfnis befriedigt wird.

Erstellen Sie in einem nächsten Schritt Vertriebshilfen. Dabei handelt es sich um schriftliche Dokumente, die Sie dem Vertrieb entweder in gedruckter oder elektronischer Fassung zur Verfügung stellen. Dies können Sie zum Beispiel bei einem entsprechenden Vertriebsmeeting tun oder die Dokumente über Ihr Intranet zentral verfügbar machen. Die Vertriebshilfen können dabei technische Beschreibungen, Produktbeschreibungen, Variantenbeschreibungen, Konfigurationsmöglichkeiten, USP-Botschaften, Lieferbedingungen, Laufzeiten, Voraussetzungen und gegebenenfalls auch die Mitarbeitspflichten des Kunden im Einzelnen beschreiben. Achten Sie bei der Erstellung der Vertriebshilfen darauf, dass die Botschaften für den Vertrieb gedacht sind. Das bedeutet, dass Sie keine vorwiegend technischen Dokumente zur Verfügung stellen sollten, sondern vielmehr aus Sicht des Kunden überlegen, welche Fragen in einem Vertriebsgespräch aufkommen können und wer auf Kundenseite im Vertriebsprozess zu welchem Zeitpunkt welche Informationen benötigt, um einen erfolgreichen Verkauf abzuschließen.

Zusätzlich können Sie auch Web- und/oder Telefonkonferenzen anbieten, in denen Sie dem Vertrieb das neue Produkt näherbringen. Genauso ist es möglich, dass Sie ein Produktvideo erstellen, welches später im Vertriebsprozess eingesetzt werden kann. Sie können sogar Beispiel-Kundengespräche aufzeichnen, um den Vertrieb optimal auf die Kundengespräche vorzubereiten. Falls Ihre Firma auf Telefonakquise setzt, können Sie auch Telefonleitfäden für Kundengespräche erstellen, in denen konkrete Abläufe und Satzbausteine zur Verfügung gestellt werden, die dem Vertrieb in einem konkreten Telefonat helfen, das Produkt zielgerichtet zu positionieren.

Helfen Sie Ihrem Vertrieb bei der Beantwortung der Frage: Wer ist der MAN (Money, Authority, Now)? Wer hat neben einem konkreten Bedürfnis auch ein passendes Budget (Money)? Wer hat beim Zielkunden die Autorität (Authority), über einen Kauf zu entscheiden? Und wer hat das Bedürfnis jetzt (Now)? Die Antworten auf diese Fragen helfen im Vertriebsprozess, die richtigen Ansprechpartner bei den Zielkunden zu identifizieren, damit sie im nächsten Schritt mit der passenden Vertriebsansprache angerufen oder angeschrieben werden können.

Eine weitere wichtige Aufgabe des Business Developments ist die Pre-Sales-Begleitung oder das Pre-Sales Consulting. Darunter wird eine Begleitung des Vertriebspersonals bei einer konkreten Kundensituation durch einen Spezialisten verstanden. Da das Business Development das neue Produkt von Anfang an mitentwickelt hat, ist hier natürlich ein tiefes Know-how vorhanden. Ziel des Pre-Sales Consultings ist, dass der Spezialist beim Kunden auch direkt tiefer gehende Fragen beantworten kann und somit eine optimale Ergänzung zum Vertriebspersonal ist. Nach einer gewissen Zeit sollte der Vertrieb solche Fragen aber auch selbst beantworten können und die Pre-Sales-Unterstützung nur noch nutzen, wenn ein Kunde echtes Kaufinteresse bekundet. Andernfalls können an dieser Stelle hohe Personalkosten entstehen.

6.6   Networking

Unternehmen brauchen ein verlässliches Netzwerk oder Ökosystem aus Partnern, Unternehmen und Einzelpersonen um sich herum, um sich in alle Richtungen optimal entfalten zu können. Der Aufbau und die Pflege eines entsprechenden Netzwerks sind dabei nicht zu unterschätzende Aufgaben. Sie brauchen Zeit und Ressourcen.

Business Development kann dieses Networking als Aufgabe übernehmen. Darunter fällt die Vernetzung mit wichtigen Personen, Organisationen, Partnern, Vereinen, bis hin zu (Unternehmens- oder Spezialisten-)Netzwerken usw. Ziel ist es, Aktuelles zu erfahren, auf dem Laufenden zu bleiben und sich auszutauschen. Es ist nicht das primäre Ziel, sofort geschäftliche Verbindungen aufzubauen. Das wäre eine vertriebliche Aufgabe. Vielmehr geht es darum, als vertrauensvoller Ansprechpartner zu gelten, der kontaktfähig ist und aktiv anspricht. Es ist wichtig, wirklich helfen zu wollen, Wissen zu teilen, Kontakte anzubieten und Kontakte zwischen Dritten zu vermitteln. Das Networking sollte ein offenes und ehrliches Geben und Nehmen sein. Somit wird Schritt für Schritt ein belastbares Netzwerk aufgebaut, auf das bei Bedarf verlässlich zugegriffen werden kann.

Networking funktioniert heute online sowie offline. Es ist wichtig, in beiden Welten aktiv vertreten zu sein. Online bieten sich diverse Businessnetzwerke, Social Media, Blogs, Foren oder Chat-Gruppen an. Hier gibt es eine große Anzahl von sehr breiten oder hochgradig spezialisierten Plattformen und Austauschmöglichkeiten, aus denen nach Bedarf gewählt werden kann. Offline bieten sich diverse lokale, regionale, landesweite oder sogar globale Events, Messen, Branchentreffs, Clubs und Vereine sowie sonstige übergreifende Organisationen an.

Sie können auch aktiv eigene Netzwerk-Events entwickeln und durchführen. So könnten Sie regelmäßige After-Hour-Events in lockerer Atmosphäre oder technikfokussierte „Business Breakfasts" anbieten. Bei diesen Events sollten Sie auf Ihr internes Marketing zurückgreifen, um sich bei der Planung, Organisation und Durchführung unterstützen zu lassen.

Der Erfolg des Networkings stellt sich nicht über Nacht ein, sondern es dauert, bis sich ein entsprechendes Netzwerk aufgebaut hat. Steht ein Ansprechpartner aber einmal in seinem Netzwerk für ein Unternehmen, ein Thema oder eine Technologie, so ist er das Gesicht, das damit verbunden wird. Ab diesem Zeitpunkt wird er automatisch und ohne weitere Aktivitäten Anfragen aus dem Netzwerk erhalten. Diese Anfragen können dabei zum Beispiel fachlicher Natur sein. Es werden aber definitiv vertriebliche Anfragen aufkommen, da er als ansprechbarer Problemlöser in seinem Bereich bekannt ist. Ab da zahlt sich der Einsatz aus und das Netzwerk kann gemeinsam wachsen.

Fazit für die Praxis

- Die Marktbearbeitungsstrategie ist das Herzstück des Business Developments. Sie vereint die konkrete Preisgestaltung, das Vertriebs-, Marketing- und Partnerkonzept. Hier liefert das Business Development den größten Mehrwert, da Produkt-Know-how, Branchenkenntnis, Marktbeobachtung und vertriebliches Gespür benötigt werden, um ein gegebenes Produkt optimal in einem Zielmarkt platzieren zu können.
- Finden Sie für jedes Produkt das optimale Preismodell. Möglicherweise benötigen Sie für ein und dasselbe Produkt in verschiedenen Märkten oder Marktsegmenten auch unterschiedliche Modelle. Richten Sie sich hier nach den Wünschen Ihrer Kunden. Beachten Sie, dass Sie mit der Wahl des Preismodells auch Ihren Umsatzartenmix beeinflussen.
- Erstellen Sie ein möglichst konkretes Vertriebskonzept, in dem genau definiert wird, wie Ihre Produkte über welche Kanäle zu Ihren Zielkunden gelangen. Beziehen Sie an dieser Stelle möglicherweise auch Vertriebspartner mit ein.
- Definieren Sie eindeutige Parameter, anhand derer Sie mit Hilfe des Controllings den vertrieblichen Erfolg messen und steuern können.

- Entwickeln Sie sehr spitz auf die Bedürfnisse Ihrer Kunden abgestimmte Vertriebsbotschaften. Diese Botschaften können von Kundensegment zu Kundensegment unterschiedlich sein.
- Definieren Sie ein umfassendes Marketingkonzept, das passgenau für jedes Produkt erstellt werden sollte. Achten Sie darauf, dass Sie Ihre Marketingbotschaften zielgerichtet nur über die Kanäle verbreiten, über die Ihre Kunden erreichbar sind. Messen Sie das Ergebnis Ihrer Marketingaktivitäten und optimieren Sie Ihre Strategie permanent.
- Entwerfen Sie eine unternehmensweite Partnerstrategie. Partner helfen Ihnen, sich auf Ihr Kerngeschäft zu fokussieren und können Ihren Erfolg maßgeblich beeinflussen. Suchen Sie gezielt nach strategischen Partnerschaften und managen Sie diese aktiv. Nur so können beide Seiten daraus einen Vorteil ziehen. Lösen Sie nicht mehr genutzte oder erfolglose Partnerschaften auf.
- Das Business Development sollte vor allem bei einer neuen Produkteinführung oder nach der Veränderung eines Produkts oder eines Businessmodells den Vertrieb aktiv beim Kunden begleiten. So wird über das Pre-Sales Consulting sichergestellt, dass den Kunden der Produktmehrwert schnell und eindeutig erläutert wird. Der Vertrieb sollte zu einem späteren Zeitpunkt aber so viel Produkt-Know-how aufgebaut haben, dass zumindest ein Ersttermin bei einem Kunden ohne weitere Begleitung durchgeführt werden kann. Bei konkreten Fragen oder näherem Interesse sollte dann erst im zweiten Schritt ein Produktspezialist hinzugezogen werden.
- Bauen Sie ein belastbares Netzwerk auf und bringen Sie sich proaktiv mit ein. So erhalten Sie zusätzliche Sichtbarkeit und weitere Kundenanfragen.

Literatur

1. Fred Wilson. The freemium business model. *A VC Blog, March*, 23, 2006.
2. Jean-Paul Thommen and Ann-Kristin Achleitner. *Umfassende Einführung aus managementorientierter Sicht*. Gabler Verlag, 2001.
3. Alfred Kuß. *Marketing-Theorie*. Gabler Verlag, 2013.
4. Andreas Kohne, Marc J. Friedrich, and Christine Siepe. *Media Center in der Unternehmenskommunikation*. Springer Gabler, 2021.
5. XPLANE. Customer Empathy Map. Zugriff am 01. November 2018 from http://www.xplane.com, 2016.

Fallstudie

7

Zusammenfassung

Nachdem in diesem Buch das Business Development ausführlich vorgestellt wurde, wird im Folgenden ein fiktives Fallbeispiel präsentiert, das einen kompletten Durchlauf des Business-Development-Prozesses aufzeigt. Natürlich kann hier nicht jeder Schritt im Einzelnen beleuchtet werden und es werden auch nicht alle Entscheidungen mit ihren Alternativen vorgestellt, da dies nicht zielführend wäre. Das Beispiel verdeutlicht aber, wie das Business Development ein gegebenes Produkt und den entsprechenden Markt analysiert, schrittweise eine Verbesserung einführt und ein neues Ökosystem um das Produkt herum entwickelt wird. Dadurch kann neues Marktpotential geschöpft und das Produkt sogar international positioniert werden.

7.1 Ausgangssituation

Die Firma LSuS GmbH (Logistik Software und Services) ist ein deutsches, mittelständisches Unternehmen mit ca. 40 Angestellten, das seit über 30 Jahren erfolgreich am Markt agiert. Das wichtigste Produkt der Firma ist eine Software zur Planung von Lagerlogistik. Die Software wird seit vielen Jahren weiterentwickelt und zurzeit in der Version 6 verkauft und ist in diesem Bereich eine feste Größe im deutschen Markt. Die LSuS GmbH hat über 200 große und kleine Logistikunternehmen als Kunden, die mit Hilfe der Software ihre Lagerplanung durchführen. Insgesamt ist der Markt gesättigt, das heißt, dass es keine Logistikfirma ohne eine Software zur Lagerplanung gibt. Es handelt sich also um einen reinen Verdrängungsmarkt, in dem die Preise in den letzten Jahren stagnieren und teilweise sogar fallen. Der deutsche Anbietermarkt hat sich in den letzten zehn Jahren stark konsolidiert, sodass nur noch eine Handvoll Anbieter dieses Feld besetzt.

In der Firma arbeiten zum großen Teil hoch spezialisierte Software-Entwickler, die seit Jahren diese Software entwickeln, bei Kunden installieren und im Betrieb unterstützen. Sie besitzen nicht nur spezielles Know-how für die Software-Entwicklung, sondern sie verfügen auch über ein tiefgreifendes Verständnis der Lagerlogistik. Bei der Software handelt es sich um eine klassische Windows-Anwendung mit einem Server, der im Rechenzentrum des Kunden betrieben wird, und einer Nutzeranwendung, die auf jedem PC installiert wird.

Der Vertrieb der Software wird ausschließlich durch eigenes Personal durchgeführt. Das Vertriebsteam besteht dabei aus fünf Personen, die vor allem die Bestandskunden betreuen. Neukunden sollen zum Beispiel auf speziellen Messen und Kongressen gewonnen werden; auch im Internet wird für die Software geworben. Der Umsatz wird insgesamt auf drei Arten erzielt:

1. *Lizenzverkauf:* Die Software wird an einen Kunden verkauft. Dafür bezahlt der Kunde einen Lizenzpreis, der sich nach der Anzahl der Benutzer richtet. Es gibt einen Basispreis für die Software und danach einen benutzerbasierten Staffelpreis, der bei steigender Benutzeranzahl entsprechende Rabatte vorsieht. Der Lizenzpreis wird einmalig beim Verkauf fällig.
2. *Wartung:* Kunden der Software können beim Kauf der Software einen Wartungsvertrag abschließen. Wartungskunden erhalten alle Produktneuerungen kostenlos und können sich bei Problemen an eine kostenlose Hotline wenden. Der Wartungspreis beträgt 18 % der Lizenzkosten und wird jährlich fällig.
3. *Dienstleistung:* Die LSuS GmbH bietet für ihre Kunden ein individuelles Customizing der Software an. Unter Customizing wird die Anpassung von Software an die speziellen Wünsche und Anforderungen der Kunden verstanden, die über den standardmäßigen Funktionsumfang hinausgehen. Hierbei handelt es sich um Dienstleistungsprojekte unterschiedlicher Laufzeit, die sehr guten Umsatz bringen, da nur die Mitarbeiter der Firma LSuS GmbH die Software anpassen können. So können hohe Tagessätze erzielt werden. Einige große Kunden planen diese Aufwände schon im Voraus und schließen Rahmenverträge über Dienstleistungskontingente ab, die sie über das Jahr verteilt zu einem Festpreis abrufen können.

Da der Markt gesättigt ist, stagnieren die Umsätze der Firma in den letzten Jahren und es findet auch kein Wachstum mehr statt. Es können nur noch wenige Neukunden pro Jahr gewonnen werden und dabei handelt es sich meist um kleine Kunden, die nur wenig Umsatz generieren. Das Wartungsgeschäft ist zwar sehr lukrativ und gut planbar, aber der Umsatz wird zum größten Teil genutzt, um die laufenden Personalkosten zu decken. Die Wartungsumsätze sind neben dem Customizing inzwischen die Haupteinnahmequelle geworden. Zum Glück haben alle Kunden eigene Vorstellungen, wie die Software bei ihnen aussehen und arbeiten muss, sodass das Customizing-Geschäft konstant gut läuft und umsatzstark ist.

Auf den Kundenveranstaltungen, die jedes Jahr für alle Bestandskunden veranstaltet werden, werden seit ein paar Jahren die Stimmen lauter, die sagen, dass die Software langsam etwas in die Jahre gekommen sei und dass sie sich etwas Neues wünschen.

Der Geschäftsführer der LSuS GmbH beschließt, dass sich etwas in der Firma ändern muss, da langfristig die steigenden Kosten die schwindenden Umsätze auffressen. Er beschließt, einen Business-Development-Prozess zu starten, um im ersten Schritt zu analysieren, wo potentielle Wachstumsfelder sein könnten, und in einem zweiten Schritt eine marktfähige Idee zu entwickeln und zu testen. Da es sich bei der LSuS GmbH um eine recht kleine Firma handelt und nicht extra eine Person oder gar ein ganzes Team mit der Aufgabe des Business Developments beauftragt werden kann, beschließt der Geschäftsführer, dass ein virtuelles Business-Development-Team zusammengestellt werden soll. Teilnehmer sind neben dem Geschäftsführer der Vertriebsleiter und der Entwicklungsleiter. Sie alle erhalten die Aufgabe des Business Developments zusätzlich zu ihren normalen Aufgaben. Gemeinsam soll eine Idee entwickelt werden, die innovativ ist und die die Umsätze der LSuS GmbH zukunftssicher steigern kann.

7.2   Business-Development-Prozess

Im ersten Schritt wird beschlossen, dass im Rahmen einer Marktanalyse herausgefunden werden soll, wie der aktuelle Markt im Logistiksegment gerade aussieht. Dazu soll der Vertriebsleiter mit den bestehenden Kunden sprechen und herausfinden, wie zufrieden sie mit der jetzigen Lösung sind, welche Ideen und Wünsche sie haben und zusätzlich soll er die Lösungen der Mitbewerber analysieren und interessante Konzepte finden. Der Entwicklungsleiter soll untersuchen, welche Technologien zurzeit in ihrer speziellen Branche eingesetzt werden und welche technologischen Strömungen insgesamt gerade in der IT von Bedeutung sind. Der Geschäftsführer will sich über aktuelle Businessmodelle informieren und herausfinden, ob es vielleicht zeitgemäßere Lizensierungsmöglichkeiten gibt.

Dies sind die Ergebnisse der Marktforschung:

1. *Kundenwünsche:* In den Gesprächen hat der Vertriebsleiter des Öfteren zu hören bekommen, dass sich die Kunden eine neue, Web-basierte Lösung wünschen würden, die mit einer zeitgemäßen Benutzerschnittstelle ausgestattet ist. Weiterhin soll die Lösung einfacher zu bedienen sein und im besten Fall auch auf mobilen Endgeräten wie Smartphones und Tablets lauffähig sein. Zusätzlich klagen viele Kunden darüber, dass sie die Lösung selbst betreiben müssen. Sie sagen, dass ihr Kerngeschäft die Logistik sei und sie sich eigentlich kein komplettes IT-Team leisten wollen, das die lokale IT betreibt. Hinsichtlich einer Cloud-Lösung haben aber viele Kunden Bedenken, da sie das Thema Datensicherheit als sehr kritisch ansehen. Da viele Logistikunternehmen auch international arbeiten, wünschen sich diese Kunden auch die Möglichkeit, die Software in verschiedenen Sprachen nutzen zu können. Dies würde die Einarbeitungszeit in den ausländischen Standorten reduzieren.

Bei der Mitbewerberanalyse zeigt sich, dass sich Web-basierte Lösungen immer weiter durchsetzen und die klassischen Anwendungen immer mehr vom Markt verdrängt werden.

Bei den Kundengesprächen stellte sich weiterhin heraus, dass es durchaus einige Kunden gibt, die Interesse daran hätten, gemeinsam mit der Firma LSuS eine neue Lösung zu erproben und sie bei dem Entwicklungsprozess durch frühes Testen unterstützen würden.

2. *Technologische Möglichkeiten:* Bei der Untersuchung der technologischen Möglichkeiten hat der Entwicklungsleiter zum einen herausgefunden, dass moderne Applikationen entweder als Webanwendung oder direkt als App für Smartphones oder Tablets entwickelt werden, zum anderen ist als Betriebsmodell das aus dem Cloud Computing stammende „Software as a Service"-Modell (SaaS) immer weiter auf dem Vormarsch. Dabei wird die Anwendung nicht mehr beim Kunden lokal installiert und betrieben, sondern in einem großen Rechenzentrum. In diesem Rechenzentrum wird die Software für alle Kunden auf einer einheitlichen Plattform betrieben. Dies erlaubt eine schnellere Bereitstellung und einen günstigeren Betrieb. Der Zugriff auf die Anwendung erfolgt dann über das Internet.
   Beide Strömungen haben viele Vorteile. Sie können für den Kunden einfacher und günstiger zur Verfügung gestellt werden und sie skalieren bei Kundenwachstum sehr viel einfacher. Problematisch ist nur, dass in der Firma zu diesen Themen überhaupt kein Know-how vorhanden ist.

3. *Neue Businessmodelle:* Bei der Analyse moderner Businessmodelle im Bereich der Software-Anbieter stößt der Geschäftsleiter auf die neuen „Pay as you go"-Modelle. Dabei bezahlt der Kunde nicht mehr einen festen Betrag zu Beginn der Vertragslaufzeit einer Software-Nutzung, sondern er zahlt auf einer meist monatlichen Basis einen festen Betrag für die jeweils in der vergangenen Abrechnungsperiode genutzte Lizenzanzahl. Dies ermöglicht vor allem in Bereichen mit stärkeren Fluktuationen eine bedarfsgerechte Abrechnung.
   Weiterhin sieht der Geschäftsführer, dass immer mehr Hersteller sich auf ihr Kerngeschäft und ihre Kernkompetenzen konzentrieren und sich für alles Weitere strategische Partner suchen. Sie bilden zusammen ein starkes Ökosystem, das jedem Unternehmen hilft, sich auf die jeweiligen Stärken zu konzentrieren und gemeinsam das Geschäft auszubauen.

Nachdem die Ergebnisse der Marktanalyse zusammengetragen und diskutiert wurden, wird im nächsten Schritt ein Brainstorming durchgeführt, bei dem Ideen entwickelt werden sollen, die die gewonnenen Erkenntnisse mit dem bestehenden Produkt verknüpfen. Im Folgenden wird nur die im Endeffekt gewählte Lösung vorgestellt, die durch mehrere Iterationen und intensive Gespräche und regen Austausch mit Spezialisten entwickelt wurde:

Die bestehende Software bleibt mittelfristig erhalten und wird auch weiterentwickelt. Die Entwicklungskapazität wird aber heruntergestuft. Bestehende Kunden werden weiter mit Updates und Service versorgt. Eine Abkündigung der Software in drei bis fünf Jahren ist angedacht. Bis dahin wird die Software im Cash-Cow-Modus betrieben (vgl. Abschn. 3.2).

Gleichzeitig wird eine neue Web-basierte Version der Software entwickelt. Untersuchungen durch einen Spezialisten haben dabei ergeben, dass ein Großteil der bestehenden Software mit Hilfe eines Migrationstools auf eine neue Programmiersprache migriert werden kann. Dadurch bliebe die komplette Businesslogik des Programms erhalten und es müsste nur ein zeitgerechtes Benutzerinterface entwickelt werden. Hierzu wurden extra zwei neue Spezialisten eingestellt. Die durch die Umstellung auf den Cash Cow-Modus freigewordenen Entwickler werden auf die neue Programmiersprache umgeschult und können jetzt an beiden Systemen entwickeln. Die neue Software ist von vorneherein so geplant, dass sie als Cloud-Service in einem zentralen Rechenzentrum betrieben wird. Dadurch müssen die Kunden keine Software mehr lokal installieren und betreiben. Als Businessmodell wurde ein modernes Pay-as-you-go-Modell entworfen, welches es den Kunden erlaubt, flexibel auf Monatsbasis neue Lizenzen hinzuzukaufen oder wieder zurückzugeben. Dazu muss ein komplett neuer Vertrag entworfen werden und auch die Abrechnungen und das Controlling müssen entsprechend angepasst werden, da sich die Zahlungsmodalitäten geändert haben. Außerdem muss ein Pay-as-you-go-Modell anders geplant werden als ein klassisches Lizenzgeschäft. Initial wird bei Neukunden eine Einrichtungsgebühr erhoben und existierende Kunden können in einem kleinen Projekt auf die neue Lösung migriert werden. Die neue Lösung soll zuerst im Fragezeichen-Modus betrieben werden mit der Möglichkeit, sich in einen Star zu verwandeln (vgl. Abschn. 3.2).

Nachdem die technologische Frage geklärt ist und das SaaS als Businessmodell definiert wurde, muss noch beschlossen werden, wie genau der Betrieb der Lösung aussehen könnte. Hierzu wurden auch wieder verschiedene Szenarien entworfen. Sie reichten vom Aufbau eines eigenen Rechenzentrums über das Mieten von Rechenzentrumsleistung bis hin zum Cloud-Service. Bei all diesen Ideen gab es aber immer zwei Probleme: Zum einen gab es in der Firma nicht das nötige Know-how für den Aufbau und den Betrieb einer solchen Lösung und zum anderen wären die initialen Kosten für den Aufbau eines Rechenzentrums und der Betriebsmannschaft sehr hoch. Darum brachte der Geschäftsführer die Idee ein, dass genau für diesen Fall ein Partner eingebunden werden könnte. Auch diese Idee wurde wieder in mehreren Runden diskutiert, bevor erste Gespräche mit potentiellen Partnern geführt wurden. Im Endeffekt wurde ein Partner gefunden, der eigene Rechenzentren betreibt. Diese Rechenzentren stehen in Deutschland, sodass den Kunden die Angst vor Verstößen gegen das strenge deutsche Datenschutzgesetz genommen werden kann. Weiterhin hat der Partner langjährige Erfahrung mit dem Betrieb von Cloud-Software und verfügt über einen Web-basierten Shop, über den er die bei ihm betriebenen Lösungen weltweit vertreibt. Nach mehreren Gesprächen mit dem Partner über die finanzielle Ausgestaltung der Partnerschaft konnte sich im Rahmen der Definition der Marktbearbeitungsstrategie auf ein sogenanntes Revenue-Share-Modell geeinigt werden. Dabei bezahlt die LSuS dem Partner nichts für die Erbringung der Rechenzentrumsdienstleistungen, sondern es wird der gesamte Umsatz, welcher mit gemeinsamen Kunden erzielt wird, nach einem vertraglich festgelegten Schlüssel aufgeteilt. In diesem konkreten Fall wurde sich darauf geeinigt, dass 60 % des monatlichen Umsatzes an die LSuS geht und 40 % dem Partner für den Betrieb der Lösung ausgezahlt werden. Somit haben beide Partner ein starkes Interesse daran, dass die Lösung gut läuft und möglichst viele Kunden die Software nutzen. Nachdem die Software in Deutschland eingeführt ist, ist für einen nächsten Schritt geplant, die Lösung zu internationalisieren und einem größeren Markt anzubieten.

Während die Idee immer weiter ausgearbeitet wird, erstellen der Geschäftsleiter und der Vertriebsleiter einen Businessplan. Darin fassen sie die Idee zusammen, erstellen eine Kostenübersicht und einen Ertragsplan. Dieser sieht vor, dass im ersten Jahr insgesamt zehn Bestandskunden auf die neue Plattform migriert werden, darunter mindestens ein Großkunde. Zusätzlich sollen mit der neuen Lösung fünf Neukunden akquiriert werden, die mindestens zehn SaaS-Lizenzen dauerhaft erwerben. In den nächsten Jahren soll die Anzahl der Migrationen und Neukunden weiter gesteigert werden. Zusätzlich sollen noch erste Kunden aus dem Ausland hinzukommen. Durch diese Kalkulation ergibt sich ein ROI (Return on Investment) von drei Jahren. Das bedeutet, dass die initialen Investitionen in die neue Lösung durch die Umsätze in drei Jahren amortisiert werden können. Mit diesen Zahlen kann der Geschäftsführer jetzt eine Finanzierungsplanung durchführen.

Während die Marktbearbeitungsstrategie entworfen wurde, kam die Idee auf, dass der Erfolg der neuen Lösung gesteigert werden könnte, wenn nicht mehr nur die eigenen Vertriebsleute die Software verkaufen, sondern wenn auch Partner die Software verkaufen könnten. Diese Vertriebspartner würden bei einem erfolgreichen Vertragsabschluss am Umsatz beteiligt werden. Dieses Modell wäre dabei im ersten Schritt in Deutschland möglich, könnte aber, nachdem die Software zumindest auch auf Englisch verfügbar wäre, auch international angewendet werden. Somit müsste sich LSuS nicht mehr direkt um das Auslandsgeschäft kümmern, sondern es müssten nur gezielt Vertriebspartner gefunden werden. Diese müssen entsprechend mit Informationen versorgt werden, sodass sie das Produkt erfolgreich verkaufen können. Hierfür muss ein entsprechendes Partnermodell ausgearbeitet werden, in dem auch die vertraglichen Angelegenheiten geregelt werden. Dies soll in einem nächsten Schritt durch den Vertriebsleiter in Absprache mit dem Geschäftsführer geschehen.

Nachdem die Idee fertig ausgearbeitet ist und bereits das Businessmodell, der Businessplan und das Partnermodell ausgearbeitet wurden, kann mit der Entwicklung begonnen werden. Diese Phase wird hier nicht weiter beschrieben.

Ein Bestandskunde hat sich nach dem Gespräch mit dem Vertriebsleiter dazu bereit erklärt, für Tests der neuen Software zur Verfügung zu stehen. Nachdem die erste Version der neuen Software erstellt wurde, kann also ein Test mit einem echten Kunden durchgeführt werden. Das Feedback kann dann sofort in die Entwicklung einfließen. Nachdem die erste finale Version fertiggestellt wurde, wird dieser Testkunde kostenlos auf das neue System migriert. Dafür stellt er sich als Referenz zur Verfügung. Das heißt, dass LSuS bei Werbeaktionen für die neue Software mit einer erfolgreichen Umsetzung bei diesem Kunden werben darf.

Während der Entwicklungsphase werden neue Programmierer für Webtechnologien eingestellt, um die neue Software zu entwickeln. Weiterhin wird der Revenue-Share-Vertrag zwischen der LSuS und dem Rechenzentrumsbetreiber ausgearbeitet und unterschrieben. Gleichzeitig werden die Mitarbeiter der LSuS und des Partners zu einem Betriebsteam zusammengeschlossen, das im Realbetrieb den Support übernimmt. Zusätzlich wird noch eine neue Schulung konzipiert, in der Kunden die neue Software zu bedienen lernen.

Um die neue Software entsprechend zu bewerben und einem breiten Publikum bekannt zu machen, wird eine Marketingstrategie entwickelt, die vorsieht, dass in einer Kampagne alle Bestandskunden eingeladen werden, um ihnen die neue Software vorzustellen. Weiterhin werden Messeauftritte auf nationalen und internationalen Logistikmessen geplant. Zusätzlich wurde eine Telefonakquisefirma damit beauftragt, weitere Zielkunden, die zurzeit eine andere Software einsetzen, anzurufen und die Lösung zu bewerben. Auch im Internet wird Werbung für die Lösung geschaltet und die Homepage der LSuS wird mit Hilfe eines SEO-Spezialisten (Search Engine Optimization) so optimiert, dass mehr interessierte Kunden auf die entsprechende Seite geleitet werden.

Bevor die neue Software komplett live geschaltet werden kann, müssen auch noch Anpassungen an der Abrechnungssoftware der LSuS vorgenommen werden. In dem neuen Cloud-Modell müssen jetzt monatlich Rechnungen erstellt werden, die sich dynamisch nach der Anzahl der aktiven Benutzer richten. Hierfür müssen auch noch ein neues Reporting und ein entsprechendes Controlling eingeführt werden, sodass die Zahlen zum einen korrekt erfasst und zum anderen korrekt verrechnet werden können. Dazu müssen die erzielten Umsätze auch noch im Rahmen des Revenue Shares mit dem Rechenzentrumsanbieter und potentiellen Partnern geteilt werden.

7.3   Ergebnis

Nachdem der Business-Development-Prozess das erste Mal sehr erfolgreich durchlaufen wurde, können die folgenden qualitativen und quantitativen Ergebnisse festgehalten werden:

Qualitativ

- Mit der neuen Cloud-Variante der Software wurde ein zeitgerechtes Tool entwickelt und erfolgreich am Markt platziert.
- Das alte Produkt bleibt erhalten. Die Entwicklungsaufwände werden aber heruntergefahren. Insgesamt wird das Produkt in den Cash-Cow-Modus überführt. Bestandskunden können in einer Übergangsphase zu einem vergünstigten Preis auf die neue Plattform migrieren.
- Es wurde eine neue, strategische Partnerschaft gegründet, die technologisch und vertrieblich zukunftsweisend ist.
- Es wurden neue interne Ressourcen zum Thema Webentwicklung und Betrieb aufgebaut.

- Es wurde die Basis für ein wachsendes Ökosystem rund um die Software geschaffen. Dies ermöglicht ein Wachstum für die kommenden Jahre.
- Die Software wurde für den internationalen Markt vorbereitet und kann potentiell überall vertrieben werden.
- Die neue Lösung kommt bei den Kunden sehr gut an und wird als innovativ empfunden.

Quantitativ

- Durch das Cloud-basierte Businessmodell wurde mit dem „On Demand-/Pay as you go"-Modell eine neue flexible Umsatzart hinzugefügt, die für wiederkehrenden Zahlungseingang sorgt.
- Das bestehende Geschäft kann durch den Cash-Cow-Modus kostenärmer betrieben werden.
- Insgesamt konnte der Umsatz gesteigert werden.
- In drei Jahren wird ein Break-even erwartet. Das heißt, dass bereits in drei Jahren alle Investitionskosten für die Entwicklung der neuen Software amortisiert wurden.
- Die Firma verzeichnet wieder ein positives Personalwachstum.
- Es wurde zum ersten Mal Umsatz im Ausland getätigt, da bereits ein erster Kunde aus den Niederlanden die englischsprachige Version der Software eingeführt hat.

Nachdem die neue Cloud-basierte Lösung erfolgreich am Markt platziert wurde, führt der Geschäftsführer der LSuS GmbH eine Lessons-Learned-Session durch. Dabei werden der gesamte Prozess und das eigentliche Ergebnis reflektiert und schriftlich festgehalten. Er konstatiert, dass der Prozess insgesamt sehr erfolgreich war und dass das Business Development zukünftig dauerhafter Bestandteil der weiteren Firmenentwicklung sein soll. Dazu setzt er ein monatlich tagendes Business-Development-Board ein, das neben ihm weiterhin den Vertriebsleiter und den Entwicklungsleiter umfasst. Zusätzlich ist geplant, zu konkreten Themen regelmäßig weitere interne oder auch externe Experten einzuladen und durch Impulsvorträge frischen Wind in die Entwicklung und den Vertrieb zu bringen. Für die nächste Business-Development-Runde hat sich der Geschäftsführer schon etwas einfallen lassen: Er möchte gerne zu der Logistik-Software eine passende mobile App entwickeln und international vertreiben lassen.

Interview mit Björn Radde 8

Zusammenfassung

In diesem Kapitel wird ein Einblick in den Einsatz von Business Development bei der Firma T-Systems gegeben. Dazu wurde Björn Radde, Vice President Digital Experience, interviewt. Er beschreibt anschaulich, wie Business Development in dem Unternehmen eingesetzt wird, um nah am Zielmarkt zu agieren. Dazu beschreibt er zum Beispiel die T-Systems Innovation Center, in denen gemeinsam mit Kunden neue Technologien und Geschäftsmodelle erprobt werden.

T-Systems ist eine Tochter der Deutschen Telekom und betreibt Niederlassungen in über 20 Ländern weltweit. Aktuell beschäftigt das Unternehmen mit Hauptsitz in Frankfurt über 28.000 Angestellte. T-Systems ist eines der führenden Beratungshäuser im Bereich der Digitalisierung und berät mit individuellen Ansätzen Kunden unterschiedlichster Branchen in der öffentlichen und privaten Wirtschaft. Die aktuellen Fokusthemen sind: Beratung, Cloud Services, Digital Enablement und Security.

Björn Radde ist verantwortlich für die Kundenerfahrungen an allen digitalen Touchpoints (Webseite, Social Media, Newsletter etc.). Zusätzlich ist er verantwortlich für den Bereich Social Selling, den aktiven und Content-getriebenen Vertrieb über die sozialen Netzwerke und die Ausbildung der Mitarbeitenden in diesem Bereich. Hier lernen sie, wie sie zum Beispiel auf LinkedIn und Twitter agieren, wie sie effektiv und reichweitenstark kommunizieren und ihr Netzwerk kontinuierlich erweitern können. Björn Radde ist verantwortlich für das interne Chief-Tomorrow-Officer-Programm (CTO). Dabei werden junge Talente von Universitäten mit einer gezielten Fragestellung aufgenommen und bei konkreten Forschungsanliegen im Unternehmen gefördert. Hier werden beispielsweise Fragestellungen bearbeitet wie: „Wie beeinflusst Blockchain unser Geschäft zukünftig?", „Werden wir zukünftig mit Chip-Implantaten ausgestattet und wie könnte das sinnvoll genutzt werden?" und „Wie kann das Thema Nachhaltigkeit gesteigert werden?".

© Springer Fachmedien Wiesbaden GmbH, ein Teil von Springer Nature 2022   153
A. Kohne, *Business Development*,
https://doi.org/10.1007/978-3-658-37914-8_8

Weiterhin ist er verantwortlich für das T-Systems Innovation Center in München. Weitere Center gibt es in Barcelona und Utrecht. Dabei handelt es sich um Zentren der innovativen Begegnung, in denen Kunden neuste Technik live erleben und gemeinsam mit Spezialisten von T-Systems an kreativen Ideen und Geschäftsmodellen arbeiten können. Während der Corona-Pandemie wurde ein virtuelles Innovation Center in Virtual Reality (VR) erstellt, in dem Treffen mit Menschen stattfinden können, die überall auf der Welt verteilt sind. Die drei physischen und das virtuelle Innovation Center werden dabei für aktives Business Development eingesetzt. Ziel ist es, gemeinsam mit den Kunden neue Lösungen zu finden und sich permanent mit neuen Technologien und Fragestellungen des Marktes auseinanderzusetzen.

Andreas Kohne (AK): Wie lautet Ihre Definition von Business Development?

Björn Radde (BR): Für mich bedeutet Business Development, gemeinsam mit Kunden neue Geschäftsfelder zu entdecken, ohne sofort mit einer Lösung aufzuwarten. In diesem Prozess können dann vollkommen neue Ideen oder ganze Geschäftsmodelle entstehen.

Zu diesem Zweck werden zum Beispiel in unseren Innovation Centern aktuelle Technologien auf ihre Nutzbarkeit untersucht, ohne sofort ein Produkt oder eine Lösung im Sinn zu haben. So wurde zum Beispiel neulich ein 3D-fähiges Tablet getestet, das das Betrachten von 3D-Inhalten ohne eine zusätzliche Brille ermöglicht. Einen fertigen Anwendungsfall gibt es bisher noch nicht. Das kann sich aber in einem der nächsten Kundengespräche von jetzt auf gleich ändern. Somit nutzen wir aktives Technology-Scouting, um immer an der Speerspitze des technologisch Machbaren zu agieren und dann mit diesem Wissen und gemeinsam mit dem Kunden eine passgenaue Lösung zu kreieren.

AK: Wie setzen Sie bei T-Systems Business Development ein, um neue Produkte optimal auf Ihre Zielgruppen auszurichten?

BR: Zum einen nutzen wir sehr aktiv unsere gerade beschriebenen Innovation Center, um relevante Lösungen mit unseren Kunden zu kreieren. Zum anderen nutzen wir unsere „Market Insights". Dabei handelt es sich um eigene Marktforschung, die den Markt, die Kunden und deren Bedürfnisse beobachtet und daraus Schlüsse für das eigene Geschäft zieht. Zusätzlich arbeiten wir hier mit einem renommierten externen Dienstleister zusammen, der uns im Bereich Marktbeobachtung und Trend-Scouting unterstützt. Aus der Mischung von interner und externer Beobachtung können wir dann unsere Schlüsse ziehen und unsere Strategie entsprechend anpassen.

AK: Ist Business Development bei Ihnen eine separate Einheit oder ist es in den einzelnen Fachbereichen integriert?

BR: Bei T-Systems gibt es keine zentrale Business-Development-Einheit. Stattdessen sind die Business-Development-Manager direkt in den unterschiedlichen Portfolioeinheiten, zum

Beispiel in dem stark wachsenden Bereich Healthcare, eingebunden. Dort arbeiten sie als Branchenspezialisten direkt mit den Kunden zusammen.

AK: Welche Kompetenzen und Skills haben Ihnen im Bereich Business Development geholfen?

BR: Ich finde, die wichtigsten Eigenschaften sind Neugier und zuhören können. Es geht darum zu hören, was der Kunde möchte, sowie den Drang zu verstehen und lernen zu wollen.

AK: Das passt sehr gut zu dem T-Shape-Modell (vgl. Abschn. 2.2). Kennen Sie dieses Modell und nutzen Sie es?

BR: Ich kenne das Modell und vor allem bei der Telekom kennen wir das „T" sehr gut (lacht). Die Kollegen in den speziellen Bereichen bringen natürlich eine tiefe Branchenerfahrung, zum Beispiel in den Bereichen Healthcare, Automotive usw., und somit einen starken „Mittelbalken" mit. In meinen Bereich, vor allem im Digital Marketing, ist es mir lieber, wenn der linke und der rechte Balken stärker ausgeprägt sind, da der Mittelteil trainiert werden kann. Soft Skills sind hier eher die Herausforderung. Fachwissen kann man sich heutzutage sehr schnell aneignen.

AK: Welche Methoden nutzen Sie zur Generierung neuer Ideen?

BR: In unseren Innovation Centern nutzen wir Design Thinking, um gemeinsam mit unseren Kunden neue Ideen zu generieren und zu Lösungen zu kommen. Weiterhin nutzen wir Hackathons bei externen sowie internen Veranstaltungen (vgl. Abschn. 2.5.1). Intern nehmen dabei Mitarbeiter aus den unterschiedlichsten Landesorganisationen teil. Zusätzlich gibt es „Learn Session", in denen intern neue Themen vorgestellt werden. Daraus ergeben sich oft neue Ideen. Zusätzlich haben wir „Deepdive Sessions", in denen besonders interessante Bereiche vertieft werden und die Mitarbeiter weiterführende Fragen stellen können. Zusätzlich nutzen wir klassisches Brainstorming (vgl. Abschn. 2.5.1), um neue Ideen zu generieren.

In den letzten zwei Jahren haben wir pandemiebedingt Hackathons und Design-Thinking-Workshops auch remote durchgeführt. Das funktioniert zwar, ist aber ungemein anstrengend. Ich bin zwar ein sehr digitaler Mensch, bevorzuge hierfür aber trotzdem Präsenzveranstaltungen, da ich glaube, dass Veranstaltungen, in denen du kreativ wirst und neue Ideen entwickelst, besser gemeinsam vor Ort stattfinden sollten.

AK: Wie testen Sie neue Ideen?

BR: Im Bereich „Digital" testen wir sehr viel. Im Rahmen von „Usability Tests" testen wir unsere neuen Produkte frühzeitig direkt am Kunden. Auch neue Webseiten und Kampagnen werden getestet. Wir nutzen dazu MVPs (Minimal Viable Products, A.d.R., vgl. Abschn. 2.5.5.1), also sehr kleine Lösungen und entwickeln dann am MVP weiter. Weiterhin haben wir regelmäßige interne Feedback-Schleifen und unsere Kundenverantwortlichen holen direkt vor Ort Feedback ein.

AK: Gibt es bei T-Systems einen Prozess, wie nach einem Hackathon, einem Design-Thinking-Workshop oder einem anderen Kreativprozess die besten Ideen in eine weitere Entwicklung im Unternehmen überführt werden?

BR: Die Gewinner der Hackathons und die Ergebnisse des Design Thinkings werden nach den Events aufbereitet und dann interessierten Kunden vorgestellt, um die Ideen dann gemeinsam weiterzuentwickeln. Die Ergebnisse aus internen Sessions werden in einem Backlog gesammelt und in regelmäßigen Sprints (vgl. Abschn. 1.7) weiter diskutiert, bewertet und im positiven Fall intern weiterentwickelt.

AK: Wie haben Sie die permanente Veränderung und Innovation in die Firmenkultur integriert?

BR: Das ist immer noch ein Prozess (lacht). Der Vorstand lebt es bei uns vor. Es gibt viele interne Veranstaltungen, bei denen das Board zusammenkommt und darüber spricht. Ich glaube, dass es wie ein Evangelismus ist, der oft wiederholt werden muss. In diesen Meetings wird immer wieder zu mehr Innovation aufgerufen und es wird dazu aufgerufen, ein „Thought Leadership" auf- und auszubauen und dies auch nach außen zu tragen. Dazu werden Spezialisten eingestellt, die mit sehr viel Know-how und Expertise die Innovation Tag für Tag vorleben.

AK: Glauben Sie, dass Business Development helfen kann, Firmen sicher durch Krisen zu führen und sie gegebenenfalls sogar zu stärken?

BR: Business Development hilft sicher, in einer Krise schneller zu reagieren. Ob ein Unternehmen dadurch erfolgreich durch eine Krise kommt, hängt natürlich von unterschiedlichsten Faktoren ab. Wenn du Prozesse nicht schnell umstellen kannst und nicht agil reagierst, hilft dir auch das beste Business Development nichts, aber es hilft und unterstützt, durch Krisen besser durchzukommen.

AK: Wie schätzen Sie die zukünftige Relevanz von Business Development für Unternehmen jeglicher Branche ein?

BR: Wenn ich Business Development als das gemeinsame Schaffen von neuen Ideen und Geschäftsmodellen mit den Kunden verstehe, wird es immer relevanter. Es wird eine hohe Bedeutung haben, Business Development richtig zu betreiben und nah am Kunden und am

Markt zu sein. Vor allem im B2B-Bereich. Denn wir verkaufen ja keine Schokoriegel (lacht). Natürlich gilt dies auch im B2C-Bereich und auch für Schokoriegel. Ich muss ja schließlich wissen, ob meine Kunden jetzt vegane, helle oder dunkle Schokolade haben wollen. Es ist also extrem wichtig, den Kunden zuzuhören und daraus das neue Business oder Business-Feld zu generieren.

AK: Gibt es noch etwas, das Sie zum Thema Business Development sagen möchten?

BR: Als Digital Marketeer ist für mich Social Media sehr wichtig, da ich hier meinen Kunden sehr genau zuhören kann. Am besten nicht nur zuhören, sondern mitdiskutieren. Über Social Listening kannst du sehr schön zuhören, aber wenn du aktiv bist und gute Business Developer hast, die auf LinkedIn und Twitter aktiv mit den Kunden kommunizieren, dann kann ein Impact entstehen, der bisher noch unterschätzt wird. Ich vermute, dass Firmen, die dies tun, besser sind als andere, da sie näher am Kunden sind. Dell war damals das erste Unternehmen, das einen Chief Listening Officer hatte. Er hatte einen ganzen Kommandostand, auf dem er in Echtzeit sehen konnte, wo auf der Welt gerade wie über Dell gesprochen wurde. Daraus konnten sie dann ihre Schlüsse ziehen und ihre Produkte sehr schnell verbessern. So haben sie zum Beispiel erfahren, dass es an manchen Geräten nicht möglich war, zwei USB-Sticks gleichzeitig einzustecken. Daraufhin wurden die Produkte sehr schnell angepasst. Heutzutage sind wir einen Schritt weiter und hören nicht nur zu, sondern diskutieren mit. Hier können Unternehmen noch besser werden. Auch im Bereich der „Co-Creation" mit den Kunden (vgl. Abschn. 2.5.1.1) können Unternehmen besser werden und gemeinsam mit ihren Kunden neue Produkte entwickeln oder den Kreativprozess über einen Croudsourcing-Prozess sogar ganz auslagern.

—

Dieses Interview zeigt eindrucksvoll, wie mit Hilfe von Business Development Kundenwünsche und aktuelle Technologien zu neuen Geschäftsmodellen verbunden werden können und wie Geschäftsfeldentwicklung in einem internationalen Unternehmen funktioniert. Vielen Dank für das Interview an Björn Radde und T-Systems.

In sechs Schritten zum Business Development 9

Zusammenfassung

Erfolgreiche Unternehmen benötigen in diesen Zeiten der schnellen Veränderung Produkte, die optimal auf die Kundenbedürfnisse abgestimmt sind. Business Development hilft, die aktuelle Marktsituation zu erfassen und die entsprechenden Veränderungen einzuleiten und zu begleiten.

In diesem Buch wird das Thema Business Development ganzheitlich beschrieben. Dabei werden die wichtigsten Aspekte einzeln vorgestellt und in einen größeren Zusammenhang gestellt. Im Folgenden werden die sechs Aspekte des Business Developments noch einmal kurz zusammengefasst:

1. *Grundlagen:* Das Business Development kann Ihnen helfen, in Zeiten immer schnellerer Veränderung Ihr Produktportfolio stets an die Kundenbedürfnisse anzupassen. Dazu sollten Sie mit Hilfe eines internen Change Managements darauf achten, dass die notwendigen Veränderungen angemessen und verständlich kommuniziert und im Unternehmen verankert werden. Weiterhin sollten Sie darauf achten, dass bei jeglicher Veränderung am Unternehmen, an Produkten oder Dienstleistungen stets alle betroffenen Stakeholder frühzeitig und fortlaufend involviert sind. Nur so sorgen Sie für einen geregelten Projektablauf. Insgesamt sollten Sie in Ihrem Unternehmen eine Kultur schaffen, in der Veränderung keine Angst erzeugt, sondern als etwas Normales und Notwendiges angesehen wird. So schaffen Sie es, gemeinsam marktrelevante Produkte zu erstellen und zu vertreiben.

2. *Organisation und Ablauf:* Bei der Integration von Business Development in Ihrem Unternehmen sollten Sie darauf achten, die Rolle, die Verantwortlichkeiten und die Aufgaben des Business-Development-Managers genau zu definieren. So stellen Sie sicher, dass das Team (die Abteilung oder die Person) im Unternehmen angenommen wird und handlungsfähig ist. Achten Sie weiterhin darauf, dass Sie Personen für diese Aufgabe

© Springer Fachmedien Wiesbaden GmbH, ein Teil von Springer Nature 2022
A. Kohne, *Business Development*,
https://doi.org/10.1007/978-3-658-37914-8_9

auswählen, die einem angemessenen Rollenprofil entsprechen. Bei der Umsetzung von Business Development in Ihrem Unternehmen können Sie sich für eine zentrale oder eine dezentrale Organisationseinheit entscheiden. Wählen Sie hier die für Sie beste Lösung. Definieren Sie weiterhin einen eindeutigen Business-Development-Prozess, der vorgibt, in welchen Schritten neue Ideen entwickelt werden sollten. Dadurch sichern Sie die Qualität der neuen Entwicklungen ab. Denken Sie aber daran, dass der Prozess nicht in Stein gemeißelt ist und permanent hinterfragt und optimiert werden sollte.

3. *Portfolio:* Ihr Portfolio ist die Summe aller Produkte und Dienstleistungen, die Sie Ihren Kunden anbieten. Achten Sie auf eine klare Struktur Ihres Portfolios und sortieren Sie jedes Produkt in diese Struktur ein. Nur so haben Sie einen Überblick über Ihre Produkte und können sie eindeutig in eine Phase im Portfoliolebenszyklus einordnen. Dafür benötigen Sie ein fein abgestimmtes Controlling, welches Ihnen hilft, relevante Produktmetriken zu definieren, zu erheben und zu überwachen. Mit Hilfe dieser Daten können Sie dann Ihre Produkte aktiv managen. Eine wichtige Aufgabe des Portfoliomanagements (welches häufig im Business Development angesiedelt ist) ist zum Beispiel, umsatzschwache Portfolioelemente zu identifizieren und entweder so zu optimieren, dass sie wieder Erträge einbringen oder sie aus dem Portfolio zu entfernen.

4. *Ressourcen:* Achten Sie beim Aufbau und Betrieb eines Business Developments darauf, dass Ihnen stets die richtigen Ressourcen in ausreichender Menge zur Verfügung stehen. Bei diesen Ressourcen kann es sich zum Beispiel um Skills der Mitarbeiter handeln oder um finanzielle Ressourcen. Da es oft zu teuer ist, alle Ressourcen selbst vorzuhalten, sollten Sie darauf achten, eine gute Mischung aus internen und externen Ressourcen einzusetzen. So optimieren Sie Ihre Ausgaben und können flexibel auf sich ändernde Marktsituationen reagieren. Falls Sie Ihre Firma über anorganisches Wachstum vergrößern wollen, sollten Sie sich frühzeitig mit dem Thema M&A auseinandersetzen, denn mit geschickten Zukäufen können Sie schnell Marktanteile oder neue Produkte und Mitarbeiter hinzugewinnen. Um all diese Ressourcen und deren richtigen Einsatz zu überwachen, sollten Sie ein funktionierendes Controlling aufsetzen, das Sie mit entsprechenden Daten bei der Steuerung Ihres Unternehmens unterstützt.

5. *Zielmarkt:* Um Ihre Produkte bestmöglich zu vertreiben, ist es sehr wichtig, den Zielmarkt genau zu kennen und zu verstehen. Dafür ist eine permanente Marktbeobachtung notwendig. Gleichzeitig sollten Sie Ihren Zielmarkt so genau wie möglich segmentieren, um für jede Kundengruppe ein passendes Produkt und eine passende Vertriebsansprache erstellen zu können. Beobachten Sie weiterhin stets die Chancen, die sich in den sich schnell verändernden Märkten ergeben. Vergessen Sie aber nie, die Risiken genau zu beleuchten. Nur so können Sie sicherstellen, dass Sie in Unsicherheit gute Entscheidungen treffen können. Beachten Sie, dass Wachstum zusätzlich durch eine gezielte Internationalisierung der Firma oder des Vertriebs herbeigeführt werden kann. Hierbei sind viele Rahmenbedingungen und Richtlinien zu beachten, um diesen Schritt zum Erfolg werden zu lassen.

6. *Marktbearbeitungsstrategie:* Die Marktbearbeitungsstrategie ist das Herzstück des Business Developments. Sie definiert genau, wie ein gegebenes Produkt den Kunden zur Verfügung gestellt wird. Ein wichtiger Punkt ist hierbei die Preisgestaltung des Produkts in Abhängigkeit vom Zielmarkt. Weiterhin wird hier das Vertriebskonzept festgelegt, welches definiert, wie Ihr Produkt in Ihrem Zielmarkt vertrieben wird. Gleichzeitig wird hier das Partnerkonzept erstellt, welches dafür Sorge trägt, dass Sie durch strategische Partner Ihre Vertriebskanäle verbreitern und somit Kunden erreichen, die Sie allein nicht erreicht hätten. Auch das Marketingkonzept wird hier festgelegt. Es sorgt dafür, dass Ihr Produkt angemessen beworben und in Ihrem Zielkundensegment bekannt gemacht wird. Abschließend ist das Business Development auch noch für das Sales Enablement zuständig. Hierbei unterstützen Sie Ihren Vertrieb gezielt in Vertriebssituationen, da vor allem bei einer neuen Produkteinführung sehr viel technisches und vertriebliches Know-how im Business Development konzentriert ist. Ziel ist es, dass der Vertrieb schnell verkaufsfähig ist und Kundengespräche zeitnah selbstständig durchführen kann. Dazu können vom Business Development zum Beispiel Schulungen oder spezielle Vertriebsunterlagen erstellt werden.

Ich hoffe, dass Ihnen das Buch gefallen hat, es Ihnen einen guten Überblick über das Thema Business Development geben konnte und Ihnen im täglichen Geschäft ein guter Ratgeber ist.

Ich wünsche Ihnen und Ihrer Firma für die Zukunft alles Gute und viel Erfolg bei der permanenten, kundenorientierten und zukunftsweisenden Weiterentwicklung Ihres Wertangebots.

Stimmen aus Wissenschaft und Wirtschaft 10

Zusammenfassung

Für dieses Kapitel wurden Stimmen aus Wissenschaft und Wirtschaft zum Thema Business Development zusammengetragen. Dabei werden die unterschiedlichen Aussagen jeweils als Zitat wiedergegeben.

Nachdem in diesem Buch das Thema Business Development ausführlich beschrieben wurde, wurden für das folgende Kapitel Stimmen aus der Praxis zusammengetragen. Sie zeigen, wie umfangreich Business Development ist und wie unterschiedliche Branchen Business Development einschätzen und nutzen.

An dieser Stelle möchte ich mich ausdrücklich bei allen Zitatgebern und ihren jeweiligen Firmen und Universitäten für die Kommentare bedanken.

Business Development ist gerade in der Immobilienwirtschaft eine überragend wichtige Aufgabe. Die gesellschaftlichen Entwicklungen spiegeln sich immer auch in Immobilien und ihren vielfältigen Nutzungen wider. Wer in dieser Situation sein Unternehmen agil organisiert, auf neue Trends reagiert und sich konsequent an den Bedürfnissen seiner Kunden bzw. Mieterinnen und Mieter orientiert, der wird auch zukünftig Erfolg haben. Das große Ziel der Klimaneutralität, die 10-Minuten-City und viele Zukunftsthemen mehr, stellen die Akteure vor große Herausforderungen und ebenso bedeutende Chancen. Mit den richtigen Ansätzen im Business Development können die Schätze der Zukunft gehoben werden.

Dr. Marco Boksteen, Founder / Chairman of the board, Ruhrwert Immobilien und Beteiligungs GmbH und CEO Hagener Gemeinnützige Wohnungsgesellschaft mbH

—

Business Development wird oft mit Vertrieb und Geschäftsabschluss verwechselt. Ich sehe es als viel mehr an, da es mehrere Funktionen zusammenbringt. Es definiert die Strategie

© Springer Fachmedien Wiesbaden GmbH, ein Teil von Springer Nature 2022
A. Kohne, *Business Development*,
https://doi.org/10.1007/978-3-658-37914-8_10

für Zielkunden und Partner, die zu Ihrer Geschäftsstrategie passen. Es geht darum, diese Beziehungen aufzubauen und zu pflegen, ihre Vorgaben und Ziele zu verstehen und herauszufinden, wie sie am besten mit den eigenen zusammengebracht werden können. Schließlich baut Business Development ein Maß an Vertrauen auf, das alle Transaktionen zwischen den Unternehmen erleichtert.

Graham Breen, Business Development & Partnerships, Innoactive GmbH

—

Mir wurde Business Development vor vielen Jahren einmal sehr simpel so erläutert: Beim Business Development arbeitet man eher am Unternehmen – nicht unbedingt im Unternehmen. Wie ein Unternehmen sich vor disruptiven Einflüssen schützt oder welche zielgerichteten Maßnahmen zur Weiterentwicklung entscheidend sind: Business Development soll die Treiber identifizieren. Mit den Ergebnissen lassen sich meist klare Ableitungen für eine erfolgreiche Zukunftssicherung bestimmen.

Olaf Bremer, Managing Partner bei projekt//partner, storeR GmbH

—

„Die Ohren auf die Schienen legen"

Business Development ist nichts, was im stillen Kämmerlein passiert. Man muss rausgehen und den Markt kennen, die Kundenbedürfnisse sowie vor allen Dingen Trends, Wirkungszusammenhänge und Entwicklungen.

Das steht nicht immer in der Zeitung. Schnell auf Veränderungen reagieren und auch mal einen Perspektivwechsel einnehmen, funktioniert gut in Netzwerken und im Zusammenspiel mit z. T. ganz branchenfremden und kreativen Partnern.

Cross Innovation ist meine favorisierte Antwort auf die Herausforderungen, vor die jede(r) Verantwortliche(r) für das Thema steht.

Kai Bünseler, Geschäftsführer, TZ Net GmbH

—

Stagnation – was für ein abscheuliches Wort im wirtschaftlichen Kontext. Denn Stagnation impliziert Stillstand, Ideenlosigkeit und Angst – Angst vor dem Neuen und Unbekannten. Doch ist es nicht eben genau der Mut, der uns in der Vergangenheit Innovationen hervorgebracht hat? Denken wir doch mal nur an unsere geliebten Smartphones! Durch Ausharren oder „Das haben wir schon immer so gemacht!" wären wir wirtschaftlich und technologisch sicher nicht an dem Punkt, an dem wir uns heute befinden. Halten wir also einen kleinen Moment inne und kommen logisch zu dem Entschluss, dass uns ausschließlich der sukzessive Fortschritt und die Entwicklung, insbesondere von neuen Geschäftsfeldern, auch in Zukunft mit bahnbrechenden und Meilenstein setzenden Innovationen bereichern werden.

Es lohnt sich also neugierig zu bleiben, die Bedürfnisse seiner Kunden zu verstehen, Mehrwert zu schaffen und die Unternehmensbotschaft zielgruppenorientiert zu transportieren. Denn ein altbekannter Spruch fasst es hier treffend zusammen: „Wer nicht mit der Zeit geht, geht mit der Zeit!".

Sebastian Gresch, Account Executive, FedEx Express

—

Business Developer sind Pioniere, Strategen, Netzwerker, Impulsgeber, Berater – und vor allem echte Macher. In der Praxis bedeutet dies mehr als das Identifizieren neuer Märkte, Kunden und Partnerschaften. Vielmehr müssen diese Potenziale auch gehoben werden – und das gelingt nur durch die enge Zusammenarbeit mit anderen kundennahen Funktionen wie Marketing, Vertrieb oder Account- und Produkt-Management. Durch diese Vernetzung wird das Business Development zur kommerziellen Schaltzentrale im Unternehmen. In der Post-Covid-Welt geschieht dies ganz am Puls der Zeit: digital vernetzt, technologisch kompetent und ausgestattet mit einem langen Atem.

Daniel Gäßler, Director Sales & Services thyssenkrupp NXT

—

Der liebe gute Partner.

Als Softwarehersteller ist es unabdingbar, mit einem gut funktionierendem Partnernetzwerk zu agieren. Denn schließlich gilt der sogenannte Channel mit als Umsatzlieferant und Garant für eine effektivere Marktdurchdringung und somit Gewinnung von Endkunden.

Interessant wird es jedoch dann, wenn vorab langwierig und mühevoll erstellte Partnerprogramme und Konzepte nicht auf den jeweiligen Partner passen. Die Diversität der Partner kann groß sein und stellt somit eine Herausforderung dar.

Ist auf der einen Seite eine wenig erklärungsbedürftige Lösung „Out of the"-Box gefragt, fordert die andere Seite eine hoch integrative Lösung inkl. einem hohen Maß an technischem und organisatorischen Consulting. Die Welt dazwischen ist facettenreich.

Hier ist dann neben dem Partnermanagement das Business Development gefragt, um eine gemeinsame Win-win-Situation für eine gut funktionierende Partnerschaft zu entwickeln und zu etablieren. Natürlich helfen Handwerkzeuge wie die SWOT-Analyse, Business Model Canvas, Businesspläne und ggf. noch das Gold Sheet von Miller Heimann in abgewandelter Form.

Meine Erfahrung zeigt aber auch, dass immer ein hohes Maß an Flexibilität von Vorteil ist und starre Strukturen und Prozesse selten zum Erfolg führen.

Natürlich muss der sogenannte „rote" Faden enthalten sein, aber es hat immer geholfen, auch individuelle Vereinbarungen zu treffen. Das hat unweigerlich Konsequenzen auf das eigene Unternehmen. Angefangen bei verschiedensten Anforderungen an die Abteilung der Forschung der Entwicklung bis hin zu Anpassungen von Zahlungsmodalitäten in der

Finanzabteilung. Auch diese gilt es zu bewerten. Generell also ein bunter Blumenstrauß an Tätigkeiten, um das Partnerbusiness gemeinsam und erfolgreich aufzugleisen. Aus meiner Erfahrung eine stets spannende und nie langweilig werdende Aufgabe, mit dem lieben guten Partner.

Christian Hanisch, Abteilungsleiter Business Development, Ceyoniq Technology GmbH

—

Herausforderungen im Business Development:

Im Rahmen vieler Projekte rund um den Aufbau neuer Märkte durch Ausweitung des Produktportfolios oder mittels Internationalisierung hat sich in den letzten Jahrzehnten vieles verändert. Als Beispiel möchte ich hier die Kommunikationsstrategie nennen.

Im Rahmen einer „Kundenorientierten Geschäftsfeldentwicklung" gilt es heute mehr denn je, die Kommunikationsstrategie den unterschiedlichen Kulturen einer ansonsten homogen Zielgruppe anzupassen. Konnte man früher länderspezifische Kommunikations-strategien einsetzen, ist das heutige „Multi-Kulti" in jedem Land Herausforderung des Busi-ness Development, um die erwarteten Marktpotentiale heben zu können. In der globalisierten und medial stark fragmentierten Welt sollte man bei internationalen Projekten daher Kom-munikationsstrategien auf unterschiedliche Kulturen und Kommunikationskanäle und nicht nur länderspezifisch ausrichten.

Das bezieht sich auch auf den eigenen Sprachraum. So kam es noch Ende der 1990er-Jahre bei einer Marketingmaßnahme zum Eintritt in den deutschen Küchenmarkt zu massiven Protesten der Katholischen Kirche, da man mit dem Bonmot „Kommen Sie in Teufels Küche" geworben hat. Gott sei Dank gab es damals noch kein Social Media. Heute muss man darauf achten, die Bedürfnisse/Ansprüche einer multikulturellen Gesellschaft bei der Markterschließung zu berücksichtigen.

Jan Hoettges, Gesellschafter, Böcker Ziemen Management Consultants GmbH & Co. KG

—

Business Development geht weit über die Einstellung eines Business Development Managers hinaus. Eine offene Unternehmenskultur, die Förderung der persönlichen Entwicklung der Mitarbeiter und eine Geschäftsführung, die bereit ist, aktiv Veränderungen einzugehen, sind essenziell, um die vom BDM gelieferten Impulse mit Leben zu füllen. Sind diese Bedingungen gegeben, ist Business Development ein wahnsinnig spannendes Themenfeld, welches ein Unternehmen auf die nächste Stufe heben kann.

Lisa-Marie Ihnen, Business Development Managerin, ahd GmbH & Co. KG

—

In unserem sich schnell verändernden Geschäftsumfeld hat die Rolle des Business Development eine entscheidende Bedeutung. Effektive Geschäftsentwicklung ist der Schlüsselfaktor für die digitale Transformation und die Gründung neuer Unternehmen.

Dirk Kanngiesser, CEO Cryptowerk Corp. und Geschäftsführer TU capital

—

Business Development heute sollte immersiv sein. Es braucht eine gute Balance und vor allem eine gute Kommunikation zwischen den Kontexten und Systemen, zwischen Plan und Experiment, zwischen Modell und Prototyp, zwischen Ambiguitätstoleranz und Kohärenz. Vielleicht benötigt es aber eben auch eine neue Begrifflichkeit. Business oder „busy sein" als Begrifflichkeit hat immer noch das Etymologische des Beschäftigtseins in sich – ein gegebenenfalls ungerichtetes geschäftiges Sein oder gar ein dem Selbstzweck verschriebenes Beschäftigtsein. Wir sollten uns auf die Suche nach einer neuen Begrifflichkeit machen.

Dr. Martin Kiel, the black frame. think tank.

—

Innovation benötigt eine Spielwiese. Eine Spielwiese, die Mitarbeiterinnen und Mitarbeiter aus verschiedenen Unternehmensbereichen einen gemeinsamen geschützten Raum bietet, in dem Neues ausprobiert werden kann. Diese Spielwiese muss zeitlich geschützt sein, sprich: Um auf ihr zu experimentieren und zu spielen, muss ein fest zugestandenes Arbeitszeitkontingent zur Verfügung stehen. Der normale Arbeitstrott und Business as usual haben hier nichts zu suchen. Und die Spielwiese muss finanziell abgesichert sein. Auf ihr soll ganz bewusst nicht jeder Cent dreimal umgedreht werden, sie muss erlauben, Dinge erst einmal auszuprobieren – eben zu experimentieren und zu spielen. Was dann gespielt wird? Das hängt vom jeweiligen Unternehmen ab. Ein Journal Club, in dem gemeinsam aktuelle Studien diskutiert werden, passt dort genauso hin wie das Ausprobieren neuer Techniken und Devices – von Augmented und Virtual Reality über Blockchain bis hin zu Quantencomputing. Alles ist per se erst einmal wert, ausprobiert zu werden. Also: Geht spielen!

Dr. Sebastian Klöß, Bereichsleiter Consumer Technology & AR/VR, Bitkom

—

Strategisches Business Development entwickelt sich im Versicherungs- und Bankenumfeld zunehmend zu einem entscheidenden Erfolgsfaktor. In der Vergangenheit lag der Fokus hier vielfach auf dem klassischen Produktverkauf, z. B. am Bankschalter, über Vermittler oder mittels eigener Direktabsatzkanäle. Im B2B2C-Umfeld erwarten Partner nun zunehmend die intelligente und flexible Integration relevanter White-Label-Angebote („embedded offerings") an ihrem Point of Sale. Da diese Angebote vom Endkunden anschließend als Einheit wahrgenommen werden sollen, ist ein tiefes Verständnis für den Partner unerlässlich.

Die Aufgabe des Business Developments geht hier weit über den rein vertrieblichen Ansatz hinaus. Neben eingehender Kenntnisse der Zielindustrie, des jeweiligen Partners und dessen Endkunden steht die Entwicklung und Operationalisierung einer gemeinsamen strategischen Vision im Vordergrund. Aus dieser werden anschließend die Anforderungen an Produkte, Prozesse sowie Digitalisierung abgeleitet und regelmäßig den aktuellen Entwicklungen und zukünftigen Chancen angepasst. Strategisches Business Development schafft hier den Rahmen für einen kontinuierlichen Prozess und unterstützt den Partner aktiv, langfristig erfolgreich am Markt zu agieren.

Gregor Mandt, Senior Projektleiter Strategie, HDI AG

—

Business Development bedeutet, sich für die strategische und operative Weiterentwicklung des Unternehmens einzusetzen, dabei neue Geschäftsfelder zu erschließen und neue Geschäftsideen umzusetzen.

Hierbei gilt es, den fachlichen Bezug zu durchdringen und die Wertschöpfungsprozesse der handelnden Akteure zu ergründen. Die Antwort auf die entscheidende Frage ist zu finden: Wie kann die Leistungsfähigkeit des eigenen Unternehmens eingebracht werden, so dass ein quantifizierbarer Gewinn für den Kunden entsteht.

Wenn diese Frage beantwortet ist und gute Produkte dazukommen, dann ist der positiven Entwicklung der Weg bereitet. Im Zuge des Business Development werden zudem die Kontakte geknüpft, um diese Botschaft für den neuen Markt wirkmächtig zu verkünden.

Michael Mundt, Senior Business Development Manager, Esri Deutschland GmbH

—

Mit Business Development können Unternehmen Antworten auf Fragen geben, an die ihre Kunden nie gedacht haben, dass sie diese haben, und später sagen diese Kunden: „Genau auf diese Lösung habe ich doch schon immer gewartet." Daher ist Business Development zu wichtig, um es nur ein paar Leuten im Unternehmen zu überlassen. Es ist die Aufgabe der gesamten Mannschaft von Marketing, Vertrieb, Entwicklung, Controlling etc. und muss vom Top-Management in der Rolle als Coach initiiert, unterstützt und geführt werden.

Prof. Dr. Christian Müller-Roterberg, Hochschule Ruhr West University of Applied Science

—

Kundenorientierte Geschäftsfeldentwicklung für erfolgreiche Unternehmen aus der Sicht eines Business Development Managers:

Was qualifiziert mich zu einem Business Development Manager? Von meinen Kolleginnen und Kollegen werde ich gerne als „Glue Code", Lösungsfinder und Schnittstellenmanager bezeichnet. Diese drei Bezeichnungen beschreiben meine unterschiedlichen Aufgaben, die ich glücklicherweise in einem erfolgreichen Unternehmen, mit einer vertrauensvollen Unternehmenskultur, erfülle. Dieses Unternehmen bietet Menschen eine innovationsfördernde und familiäre Plattform. Hier verwirklichen sich viele IT-Begeisterte mit ihren Ideen und Vorstellungen. Ich bringe dabei Menschen zusammen, die durch ihre individuelle Expertise in Kollaboration den Wert, die Effizienz und den Nutzen von Unternehmungen steigern. Bedeutet für mich, sich aktiv für die Entwicklung des Unternehmens und die der Kunden einzubringen und die Abteilungen zu verbinden.

So sein zu dürfen, wie ich bin und andere zu achten, wie sie sind und mit diesem beständigen Stil für Sicherheit, Vertrauen und letztlich Erfolg zu sorgen. Ein ehrbarer Kaufmann zu sein und dabei die inhärenten Grundsätze fördern und sich durch Engagement sowie Verhalten in Wort und Tat vorbildlich für die Ziele des Unternehmens und der Kunden einzusetzen. Persönliche Stärken und Kompetenzen in das Team einzubringen und Schwächen mit einem erfolgsorientierten Team ausgleichen. Allen Kolleginnen und Kollegen, Partnern und Kunden gleichermaßen dienen und ihnen durch kollaborative und innovative Unterstützung das Leben etwas einfacher machen.

Echte, abteilungsübergreifende, interdisziplinäre, partnerschaftliche, vertrauensvolle, loyale und kluge Kollaboration mit dem richtigen Mindset, den richtigen Dreiklang aus Methoden, Prozessen und Werkzeugen. Ein beispielhaftes Mindset kann Folgendes sein: immer an die Brücke von der Wissenschaft in die Praxis zu denken und nach dem Managementkonzept „Die fünfte Disziplin Kunst und Praxis der lernenden Organisation von Peter M. Senge" zu handeln:

1. Persönliche Meisterschaft (intrinsische Motivation und Fleiß)
2. Mentale Modelle (Offenheit und Ehrlichkeit)
3. Gemeinsame Vision (Identität, Zweck und Nutzen)
4. Teamlernen (Dialogkultur)
5. Systemdenken (Abhängigkeiten und Wechselwirkungen)

Wertschöpfende Aktivitäten durch konkrete Management- und Unterstützungsprozesse planen und durchführen.

Mit allen Menschen auf Augenhöhe zu sprechen und keine auf den ersten Blick scheinbar negative Aussagen persönlich zu nehmen, aber immer selbstkritisch zu prüfen oder mit anderen Worten „ein dickes Fell" zu haben. Wenn es mal stressig wird, dann immer vor Augen führen, dass es nicht, wie z. B. bei dem Beruf eines Arztes, um Menschenleben geht. Als Freudenträger meinen Mitmenschen mit Rat und Tat vorbildlich, ehrlich und wirksam zu dienen. Ein Delphin im Haifischbecken der realen Wirtschaft zu sein und das zu einem starken Alleinstellungsmerkmal zu machen. Wenn nötig, mithilfe eines Equalizers im eigenen Hirn die empfangenen Signale und Töne so filtern, dass man objektive, sachliche und nützliche Informationen aus einem Gespräch herauszieht. Großzügig im Lob und behutsam mit Kritik zu sein.

Charalambos Panagiotidis, Business Development & Operations Manager, itemis AG

—

Als Unternehmen mit einem gut laufenden operativen Geschäft kann es leicht passieren, dass man die Entwicklung von Geschäftsfeldern vernachlässigt. Damit geht das Risiko einher, an Marktrelevanz zu verlieren und plötzlich zu drastischen Handlungen gezwungen zu werden. In einer sich digitalisierenden Welt mit immer kürzeren Innovationszyklen wird dieses Risiko immer größer, verkürzt entsprechend die Lebenserwartung von Unternehmen. Business Development ist die systematische Antwort auf dieses Risiko. In unserer eigenen Vergangenheit als Unternehmen und auch bei der genaueren Analyse unseres Marktumfelds haben wir immer wieder die Bedeutung von Business Development als langfristigen Erfolgsfaktor erkannt.

Dr. Gero Presser, Geschäftsführer, QuinScape GmbH

—

Erfolgreiche Geschäftsfeldentwicklung und Business Development Engagements unterliegen im Bereich Öffentliche Auftraggeber zusätzlichen Anforderungen und bedürfen eines besonderen „Weitblicks" über den Tellerrand des einzelnen Kunden oder Ressorts hinaus. Der Public-Sector-Markt ist gekennzeichnet von vielfältigen, vernetzten „Center-Strukturen", die alle in Interdependenzen stehen bzw. kein Behördenkunde hat für sich allein die finale Entscheidungshoheit:

Buying Center wie zum Beispiel das Beschaffungsamt des BMI, in denen aggregierte Bedarfe gebündelt zur Vergabe gebracht werden, Kooperationsverbünde auf Landesebene (z. B. im Bereich der Justiz-, Polizeiverwaltung), Policy Setting Center wie der IT-Planungsrat, Bundeskanzleramt, Shared Delivery Center wie z. B. das ITZ Bund bis hin zu zahlreichen Kommunalen Rechenzentren u. a.

Die maßgeblichen Treiber des Public-Sector-Marktes sind immer die nationale und supranationale (EU) Gesetzgebung. Diese Komplexität und Wirkzusammenhänge muss bei einem Business Development im Public Sector zwingend in einem längeren Betrachtungszyklus einbezogen, bewertet und frühzeitig adaptiert werden. Dies macht BDM-Aktivitäten zwar aufwendig, aber dafür auch spannend.

Johannes Rosenboom, Vice President Sales, Business Development und Marketing – Business Line Public Sector, Materna Information & Communications SE

—

Nehmen Sie sich die Zeit, Ihre Axt zu schleifen

In Management-Workshops arbeite ich gerne mit einem Zitat von Abraham Lincoln: „Wenn ich acht Stunden Zeit habe, um einen Baum zu fällen, nutze ich sechs Stunden, um die Axt zu schleifen." Diese Analogie bringt den Gedanken von Business Development wunderbar auf den Punkt: Um als Unternehmen am Markt erfolgreich zu sein und Bestand zu haben, muss ich stets neugierig und gut informiert sein. Ich sollte der strategischen Arbeit und Informationsgewinnung die Priorität einräumen, die sie verdient. Bedeutet: Synergien und Lösungen finden, Potentiale erkennen, wo andere nur Hindernisse sehen – erfolgreiche Strategien identifizieren, analysieren, abstrahieren und auf die eigene Geschäftssituation übertragen.

Ben Unruh, Chief Business Development Officer, Z-Systems GmbH

—

Besonders beim Erstkontakt mit Kunden ist es wichtig herauszufinden, was er tatsächlich braucht. Denn das ist nicht unbedingt das, was er möchte. Im Umgang mit neuen Technologien müssen Erwartungshaltung, Zielvorstellung, Realisierbarkeit und Wirtschaftlichkeit gemeinsam mit dem Kunden in Einklang gebracht werden. Je besser das gelingt, desto überzeugender das Ergebnis.

Robin Wenk, Co-Founder, Lightshape GmbH & Co. KG

—

Stichwortverzeichnis

© Springer Fachmedien Wiesbaden GmbH, ein Teil von Springer Nature 2022
A. Kohne, *Business Development*,
https://doi.org/10.1007/978-3-658-37914-8

Printed in the United States
by Baker & Taylor Publisher Services